旅游电子商务

王　宁　熊翠娥　朱红兵　罗志慧　主　编
熊翠威　唐春玲　陈　玲　王少娜　副主编

清华大学出版社
北京

内 容 简 介

本书包括旅游电子商务体系结构、信息技术、支付结算及安全、网络营销、管理方法和工具、旅行社电子商务、旅游中间商电子商务、酒店电子商务等旅游电子商务基本知识，并通过项目化教学，引导学生强化应用技能培养。

本书具有知识系统、重点突出、强调结合行业和企业应用、注重学生岗位胜任能力培养等特点，内容既有理论性又有实践性，是一本适合应用型本科及高职高专旅游管理专业学生学习的教材，也是一本适合旅游行业从业者转型和自我提升的参考用书。

图书在版编目(CIP)数据

旅游电子商务/王宁等主编. —北京：清华大学出版社，2022.8
ISBN 978-7-302-59360-7

Ⅰ．①旅…　Ⅱ．①王…　Ⅲ．①旅游业—电子商务　Ⅳ．①F590.6-39

中国版本图书馆 CIP 数据核字(2021)第 210642 号

责任编辑：孟　攀
装帧设计：杨玉兰
责任校对：李玉茹
责任印制：朱雨萌

出版发行：清华大学出版社
　　　　网　　　址：http://www.tup.com.cn, http://www.wqbook.com
　　　　地　　　址：北京清华大学学研大厦 A 座　　　邮　　编：100084
　　　　社 总 机：010-83470000　　　　　　　　　邮　　购：010-62786544
　　　　投稿与读者服务：010-62776969, c-service@tup.tsinghua.edu.cn
　　　　质量反馈：010-62772015, zhiliang@tup.tsinghua.edu.cn
　　　　课件下载：http://www.tup.com.cn, 010-62791865
印 装 者：三河市君旺印务有限公司
经　　销：全国新华书店
开　　本：185mm×260mm　　　印　张：16.75　　　字　数：401 千字
版　　次：2022 年 9 月第 1 版　　　印　次：2022 年 9 月第 1 次印刷
定　　价：49.80 元

产品编号：091553-01

前　　言

中国互联网络信息中心发布的第 49 次《中国互联网络发展状况统计报告》显示，截至 2021 年 12 月，我国网民规模达 10.32 亿，较 2020 年 12 月增长 4296 万，互联网普及率达 73.0%，较 2020 年 12 月提升 2.6 个百分点。我国手机网民规模达 10.29 亿，较 2020 年 12 月增长 4373 万，网民使用手机上网的比例达 99.7%，与 2020 年 12 月持平。

随着科技的不断进步与发展，中国旅游电子商务百花齐放，不断产生新业态，而这些新业态为旅游行业带来崭新的商机。2021 年 3 月 4 日，携程集团公布了截至 2020 年 12 月 31 日第四季度及全年的财务业绩：2020 年，携程集团的 GMV(总交易额)达到 3950 亿元，连续 3 年稳居全球在线旅游行业第一。全年净营业收入为 183 亿元人民币。财报显示，在携程内容生态不断进化的同时，携程营销体系也从过去"服务集团交易平台的高质量增长"朝着"构建泛旅游行业营销枢纽"的方向转变。

旅游电子商务日新月异的发展，为旅游行业带来转型和升级迭代机会的同时，也让旅游专业人才培养体系和培养质量面临更大挑战。"旅游电子商务"作为旅游管理专业的核心课程之一，在当前旅游行业快速发展的重要地位不言而喻。本书紧紧围绕培养高素质的复合型旅游专业人才培养目标，紧密对接旅游行业新业态，与旅游行业企业深度接轨，梳理最新的旅游电子商务企业发展案例。在编写过程中以"业态引领、任务驱动、项目导向和创新意识"的逻辑主线组织和编写教材内容，力求最大限度地展现最新的旅游电子商务技术和手段。与同类教材相比，本书具有以下特点。

1. 业态引领、任务驱动

以旅游电子商务新技术、新业态和新职业为引领，在认识旅游电子商务、信息技术基础、旅游网络营销模式和策略的基础上，再分析旅行社、旅游酒店、旅游景区、旅游餐饮等细分行业的信息化、创新手段下的业态重构、业态创新和创新发展，最后阐述旅游消费升级衍生新方法和工具。每个项目分为若干个子任务，每个子任务以任务单为导入，任务单内容涵盖任务目标、任务实施过程、任务评价等步骤。在不同的项目和任务中，通过引用和分析大量源自于旅游电子商务一线企业的案例场景，让学生能够逐步掌握当前旅游电子商务工作流程及相关工作技能。

2. 校企合作、产教融合

旅游电子商务立足现代旅游服务业的发展，以满足个性化旅游消费需求为己任。本书在编写过程中，得到华南地区多家旅行社的支持，在此特别鸣谢广东省旅行社行业协会、同程旅游广东公司、广州广之旅国际旅行社、广州喜玩国际旅行社、广东嘉邺国际旅行社、广东羊城之旅国际旅行社、广东粤美国际旅行社、湖南郴州假期旅行社等公司，正是这些行业协会和公司的大力参与，才使本书各个项目的内容更加体现企业实际和市场需求。

3. 项目导向、突出应用

本书是旅游大类专业的校企双元和工学结合教材，教材以当前的企业案例开始导入，在项目中穿插经典的理论内容、具有特色的案例，以及案例分析、知识拓展等内容，有助于学生从易到难地逐步掌握旅游电子商务知识点。在教材项目中，介绍了电子商务网站的规划与构建、移动终端的规划与开发、多媒体和 3S 等技术，侧重于引导学生开展最新的技术运用，全面提升学生的旅游电子商务职业技能。

4. 创新发展、与时俱进

本书以"创新发展、与时俱进"为主线设计工作项目和组织教材内容，从典型的旅游电子商务方法和工具到消费升级衍生的新方法和工具，从微博与微信营销应用到旅游垂直App 和小程序，再到短视频营销的特点、方式和主流平台，以及直播营销的优势、常见平台和运营设计，力求最大限度地体现与时俱进的旅游电子商务手段、方式和应用。

本书通过总结旅游电子商务方法和工具，分析当前传统旅游电子商务信息技术更迭带来的旅游消费市场重构和挑战，优化过去教材的编写逻辑，在旅游新业态对旅行社的冲击和影响下，重构课程内容，梳理教材体系，更新教学案例和挖掘教学热点，为相关师生提供有益的教学资料和研究参考。

本书由王宁、熊翠娥、朱红兵、罗志慧担任主编，熊翠威、唐春玲、陈玲、王少娜担任副主编，李颖蕾参与编写。

本书在写作过程中参考和借鉴了多位专家学者的著作和研究成果、大量优秀教材、众多旅游企业案例以及互联网上的公开资料，关于资料来源和参考文献，已经一一列于教材内容和参考文献中，在此一并表示衷心的感谢。但由于旅游电子商务发展瞬息万变，编写组水平有限和时间紧迫，难免出现疏漏和欠妥之处，欢迎各位行业专家、教育同行和专业读者批评与指正。

编　者

目　　录

项目一　旅游电子商务概述及其体系

项目二　旅游电子商务的信息技术基础

项目三　旅游网络营销的模式和策略

项目四　旅行社电子商务

项目五　酒店电子商务

项目六　旅游景区电子商务

项目七　餐饮电子商务

项目八　旅游电子商务的新方法和工具

项目一

旅游电子商务概述及其体系

【学习目标】

知识目标：认识旅游电子商务的产生与发展；了解旅游电子商务的定义、运作模式与经营模式、现状与发展过程；熟悉旅游电子商务体系的构成；掌握旅游电子商务体系的应用。了解旅游电子商务体系的特点以及交易模式等，对旅游电子商务有一个全面的理解，为后续的学习打下良好的基础。

能力目标：培养较强的学习能力、总结分析能力；撰写旅游电子商务分析问题及发展对策的基本文书。

素质目标：热爱旅游电子商务工作，具有较强的责任心，具有全面与多角度看问题的能力和创新意识。

【关键词】

旅游电子商务　旅游电子商务运作　经营模式　旅游电子商务分类及其特点　旅游电子商务体系的构成与特点

引导案例

文旅融合"三新"时代，旅游"十四五"规划不可忽视的四大课题

2018 年 3 月，文化部、国家旅游局被批准整合为国家文化和旅游部。促进文化和旅游的融合发展，成为一个关系国民社会经济发展的重要命题，一场自上而下的改革与尝试正式拉开序幕。经过两年多的磨合和探索，"十四五"时期，文旅融合的实践将进入实质性阶段，"十四五"将成为实打实的文旅融合新时代。

文化和旅游，自古以来就密不可分，文旅融合也不是一个新概念，在"十四五"这个新时代，文旅融合究竟意味着什么？旅游的新时代会出现哪些关键词？地方政府应如何作为？

一、文旅融合的新时代，不只有文旅融合

"十四五"将是旅游的"三新"时代。近年来的文旅发展已经呈现出较为明显的"新趋势、新要求、新思路"：新趋势即传统景区经济增长遭遇瓶颈，休闲消费在"内循环"大背景下必将不断增长，以"网红旅游"为代表的新业态、新场景、新体验正在崛起；新要求即文化和旅游"宜融则融，能融尽融"的要求，优质旅游产品升级的要求，"旅游+"产业融合发展的要求；新思路即旅游要"做好配角"，站在全域旅游的角度，服务于文化振兴、乡村振兴、生态保护、产业转型、美好生活的更好发展。

二、旅游"十四五"规划，必须带着问题意识

文化旅游的"十四五"规划就是在新趋势中，应对新要求，寻找新思路。"十四五"时期，国内绝大多数地区在旅游发展方面已有一定的基础，少数地区也已有发展规划、构想、谋划。而在目前的发展阶段和发展实践中，各地通常会遇到六种问题：旅游资源的开发脱离游客需求，招商运营难；优质旅游谋划遭遇投资难题，传统的招商项目包装与投资人的诉求脱节；旅游品牌营销难解市场瓶颈，传统营销手段与市场脱节；旅游产业运营遭遇制度桎梏，旅游资源资产统筹发展难；旅游乡村振兴遭遇"造血"瓶颈，产业运营难；旅游策划规划难解落地疑惑，传统规划解决不了实际问题。各地旅游发展在"十四五"期间的主要任务，就是啃下这些发展中的"硬骨头"。

三、旅游"十四五"规划需要研究的四个普遍性课题

在"新趋势、新要求、新思路"的形势下，"十四五"时期文旅产业事业，绝不仅限于文旅融合一个课题，各地的文化旅游"十四五"规划都将遇到产旅融合、城乡旅融合、招商落地、品牌升级等方面的课题。其中，有四个课题是最具有普遍性的。

(1) 如何依托文化构建更好的旅游吸引力？

无论是西安、故宫这样的传统文化型旅游目的地"翻红"，还是重庆、袁家村这种并非基于文化底蕴却拥有文化内核的"网红旅游目的地"爆发，都是文化旅游相融合的典范。

很多文化元素难以成为大众游客的旅游动机，只有像故宫那样以体验为形式进行包装，才能将文化转化为旅游吸引力。又因为很多旅游景区景点缺乏足够的内涵与深度，导致游客体验与消费无法提升，这就需要像袁家村那样将缺乏优势的传统文化元素焕新为当代百姓喜闻乐见的形式，将传统文化对接当代市场需求。又如很多地区拥有较丰富的文化资源，文化活动能力、文化设施也很强，需要的也不是吸引外地游客，而是增强城市的整

体影响力和软实力，这就可以突出"文化走进生活"的主题，通过类似上海的"阅读建筑""博物馆进商场"等方式，或是天津滨海新区"网红图书馆"、东莞图书馆"暖心"故事等方式，让文化资源成为提升城市品质、主客共享、吸引游客的文旅产品。

(2)　如何用旅游的方式用好存量文化资源资产？

就像故宫文创和上海"阅读建筑"所做的，旅游的发展是为了文化遗产得到更好的弘扬和发展，所以"十四五"时期的旅游发展，需要突破原有以产业投资为核心的狭义项目开发模式，重新审视文化资源的特质与开发方式，关注巨大的文化存量资源资产，将项目开发重点从增量建设转移到存量提升，通过公共空间场景改造、基础设施与配套设施提升、现有节庆活动提升等途径，以旅游的方式提升文化的内在价值，实现存量文化空间的激活、升华、繁荣、变现。

而文化旅游"十四五"规划，就需要将文旅项目开发的关注点从产业项目拓展到日常生活公共性项目，通过新建文旅公共空间与地标场景、培育文化演艺与赛事活动、丰富群众文化生活，打造本地文旅休闲空间，以旅游的形式实现"主客共享美好生活空间"的增量。在此过程中，充分树立"用创意激活文化，而不是用建设覆盖土地"的理念，充分利用文创形象 IP、节会展演赛、小而精业态、城乡美丽场景氛围营造等途径，开发"软性"文旅项目，实现从"重开发"到"轻运营"的转变，真正用文化发展的思维来发展旅游项目，用文化发展的理念来发展美好城乡。

(3)　如何更加精细化地引导文旅业态招商？

当新时代旅游发展的关注点，更多地从"旅游地产大项目"转移到"文旅融合小内容"，当消费升级时代的细节与品质成为精致文化、优质旅游的保障时，文旅招商工作的重点也将从相对粗放式的大项目招商，转向更具针对性的多样化业态运营招商。这就需要优化文旅招商项目包装，制定产业招商导向遴选目录，优化招商评估机制，通过分类、分区、分业态的"靶向招商"、邀商选商，引进更加精准适配的文旅内容。

(4)　如何更加合理地部署文旅发展的节奏、顺序、计划？

在文旅融合新时代开启之际，各地政府都处在摸索与尝试阶段。近两年来，各地文旅局大多还处于从"文化人做文化事、旅游人做旅游事"到"文化人尝试做旅游事，旅游人尝试做文化事"的过渡阶段。这个过渡期不应长久，各地政府、文旅局，一定要尽快明确文旅融合的工作抓手、工作节奏。这就需要以"宜融则融、能融尽融"的理念，对全局的发展、文化旅游的角色与使命进行精准的重新判断，尤其是需要更加科学地研判文旅发展的客观条件，研判"易落地、见效快、影响大"的文旅工作突破口，研判真正能够高效推进近期工作的抓手，科学谋划各项工作的部署与时序。

总之，面对这些发展中的问题，文化旅游"十四五"规划不能再是大而全的旅游发展总体规划，也不能是以往"粗放式"的"图上落点"规划，而是要在旅游发展的突破期，从问题导向对各地的旅游发展"望闻问切，对症下药"，就具体破题抓手进行研究、谋划、部署，真正为各地文旅发展起到解决问题、面向长远的作用。

(资料来源：百度百家号播报文章(引自奇创旅游集团)，
https://baijiahao.baidu.com/s?id=16780517788222595540&wfr=spider&for=pc)

任务一　旅游电子商务及其发展现状

任务目标

假如你和朋友毕业后准备开设或加盟一家旅游电子商务公司，同时需要向投资人(或亲友)融一笔投资，你需要向他们介绍你们的业务范围、行业发展现状及发展趋势。

任务实施过程

请每个小组将任务实施的步骤和结果填写到如表 1-1 所示的任务单中。

表 1-1　项目一之任务一的任务单

小组成员：		指导教师：
任务名称：	任务完成地点：	
工作岗位分工：		
工作场景： (1) 毕业后，你和朋友即将成为合伙人，准备开设或加盟一家旅游电子商务公司； (2) 向投资人(或亲友) 介绍你们的业务范围、行业发展现状及发展趋势		
教学辅助设施	文字、图片、视频等多媒体	
任务描述	通过对旅游电子商务行业的调研分析，让学生认识旅游电子商务	
任务重点	主要考查学生对旅游电子商务的认识和市场分析能力	
任务能力分解目标	(1) 旅游电子商务的定义； (2) 旅游电子商务的特征及特性； (3) 旅游电子商务的类型与发展趋势	
任务实施步骤	(1) 学习相关知识点； (2) 学生以小组为单位，通过书籍、互联网搜集旅游电子商务行业信息，分析相关数据并给出一定的结论； (3) 每小组以多媒体形式进行汇报，展示调研分析成果； (4) 各小组进行互评，教师进行点评	

任务评价

(1) 熟悉旅游电子商务的定义。

(2) 了解旅游电子商务的特征及特性。

(3) 掌握旅游电子商务的类型与发展趋势。

情境一　初识旅游电子商务

旅游的 1.0 时期，是一个电话打给旅行社订机票、签合同的时期；旅游的 2.0 时期，崛起于 Web(指万维网，是建立在国际互联网或因特网上的一种网络服务)，意味着曾经在电视或报纸等媒体上不得不以文字与照片辅助的旅游产品被搬到线上，消费者可以较快地完成比价。随着需求端、商家、消费趋势的改变，一个旅游 3.0 时代呼之欲出——它的背后，是以数字化的形式，对整个产业进行重构。

一、旅游电子商务的定义

旅游电子商务的概念始于 20 世纪 90 年代，最初是瑞佛·卡兰克塔(Ravi Kalakota)提出的，由约翰·海格尔(John Hagel)进一步发展。简单而言，旅游电子商务就是利用先进的计算机网络及通信技术和电子商务的基础环境，整合旅游企业内部和外部的资源，扩大旅游信息的传播范围，拓宽旅游项目的推广渠道，实现旅游产品的在线发布和销售，为旅游者与旅游企业之间提供一个知识共享，增进交流与交互的网络化运营平台，它是电子商务技术在旅游业中的应用。狭义地理解，旅游电子商务就是在互联网上在线销售，即旅游网站在线为每一位旅游者提供专门的服务。广义地理解，旅游电子商务就是以整个旅游市场为基础的电子商务，泛指一切与数字化处理有关的商务活动。除了信息检索、在线服务，企业还可通过计算机网络与供应商、财会人员、银行、政府机构建立业务联系。

知识拓展 1-1

国内旅游电子商务的鼻祖——华夏旅游网

我国旅游网站的建设最早可以追溯到 1996 年。1997 年由国旅总社参与投资的华夏旅游网的创办是中国旅游电子商务预订网兴起的引人注目的先声。此后，各类旅游预订网站如雨后春笋般纷纷建立，行业规模逐渐扩大。

(资料来源：赵立群. 旅游电子商务[M]. 北京：清华大学出版社，2018.)

二、旅游电子商务的特征及特性

(一)旅游电子商务的特征

第一，产品和价格信息最受关注。游客出游前最希望获取的信息主要是旅游核心产品及价格信息，包括旅游目的地与旅游线路、景区、住宿与交通价格的信息，以及食、住、行、游、购、娱等旅游关联产业的信息和服务质量信息。

第二，游客的散客化趋势进一步明晰。出游前希望通过参加旅行社或自己组织团队的形式出行的游客较多，通过单位组织出游的游客比例相对较低。

第三，互联网已成为当前绝大部分居民出游前了解相关信息的最主要渠道，亲朋好友对旅游目的地的评价也是居民出游的重要信息渠道。

(二)旅游电子商务的特性

1. 聚合性

旅游电子商务把众多旅游供应商、旅游中介、旅游者联系在一起，将分散的利润点集中起来，提高了资源利用率。

2. 有形性

网络多媒体给旅游产品提供了一个身临其境的展示机会，使无形的旅游产品开始慢慢变得有形起来。旅游产品的无形性使旅游者在购买产品前不能亲自体验，"网络旅游"提供了大量的旅游信息和虚拟旅游产品，给旅游消费者提供了"身临其境"的体验机会。

3. 服务性

旅游网站若期望具有较高的访问量，产生大量的交易，必须提供在线交易的平台，提供有特色、多角度、多侧面、多种类、高质量的服务，以吸引各种类型的消费者。

4. 便捷性

旅游业属于服务性行业，旅游电子商务更是通过在线服务方式随时为游客提供服务。在线旅游企业正是依托于自身的技术优势，实现了传统旅游企业无法提供的 24 小时随时服务。利用网络进行推广，利用电子媒介传递信息并进行实时订单确认与支付等，既快捷又便利。因此，旅游业也被认为是对互联网敏感度最强的产业之一。

5. 优惠性

在线上平台预订往往会比线下门市优惠。

6. 个性化

个性化旅游产品越来越受到人们的欢迎。个性化服务的最大好处在于当公众的喜好都暴露无遗时，商家可以开展有针对性的促销活动，而客户也可以得到最满意的方案。这就需要全面地收集、提炼和整合不同消费者的需求信息，然后将这些信息加以细分，并提供相应的产品和服务。消费者可以自由选择旅游目的地、饭店、交通工具、旅游方式等。

三、旅游电子商务的市场效用

随着电子商务的发展，已经有越来越多的电子商务网站开辟了旅游这一功能，例如阿里巴巴就有旅游同业者特约商家。旅游类电子商务网站也逐步向多元化发展，已经不再是单一的订购门票和旅游线路，而是逐渐开始构建出行一站式服务体系了。例如酒店订房、租车服务、地方特产购买，甚至电影院和 KTV 及一些娱乐场所的优惠预订等。总体而言，旅游电子商务的市场效用主要体现在以下几个方面。

(1) 开拓出新的网上市场流通渠道。

(2) 构造出新的产品销售平台。

(3) 降低了旅游企业的各种经营成本。

(4) 扩大了规模经济性与范围经济性。

四、旅游电子商务信息的终端类型

旅游电子商务的网络信息系统中必须具备一些有交互功能的信息终端，使信息资源表现出来被用户使用，同时接受用户向电子商务体系反馈的信息。按信息终端形式划分的旅游电子商务包括网站电子商务(W-Commerce，Web Commerce)、语音电子商务(V-Commerce，Voice Commerce)、移动电子商务(Mobile Commerce)和多媒体电子商务(Multimedia Commerce)。

(一)网站电子商务

用户通过与网络相连的个人计算机访问网站实现电子商务，是目前最通用的一种形式。Internet 是一个全球性媒体，它是一个宣传旅行和旅游产品的理想媒介，集合了宣传册的鲜艳色彩、多媒体技术的动态效果、实时更新的信息效率和检索查询的交互功能。它的平均成本和边际成本极为低廉。一个网站，无论是 10 000 人还是 1 000 人访问，其制作和维护的成本都是一样的。目的地营销组织在运用其他手段进行营销时，预算会随着地理覆盖范围的增加而增加。而互联网与地理因素毫无关系，在全球宣传、销售的成本与在本地销售的成本并无差别。互联网用户以年轻、高收入人群居多，是有潜力的旅游市场。

1. 旅游网站的类型

我国旅游网站的建设最早可以追溯到 1996 年。经过二十几年的摸索和积累，国内已经建起一大批具有一定资讯服务实力的旅游网站，这些网站可以提供比较全面的，涉及旅游食、住、行、游、购、娱等方面的网上资讯服务。按照不同的侧重点，这类网站可以分为以下六种类型。

(1) 由旅游产品(服务)的直接供应商所建的网站。如北京昆仑饭店、上海青年会宾馆、上海龙柏饭店等所建的网站就属于此类型。

知识拓展 1-2

北京昆仑饭店

北京昆仑饭店位于北京市朝阳区 CBD 中心区域，毗邻各外交使馆区，能便利到达各首都商务区和历史文化旅游景区。它是我国第一家由中国人自己设计建造和管理的，具有国际水准的五星级豪华商务型饭店，是上海锦江国际酒店管理有限公司在北京的旗舰店。该饭店现拥有 589 间各类豪华客房及套房，14 个不同菜系且装饰风格迥异的餐厅及酒廊。设备先进的宴会及会议场所和健身中心，是旅客进行各类会议、宴会及娱乐休闲的首选之地。

(资料来源：北京昆仑饭店官网，http://www.kunlunhotels.com/)

(2) 由旅游中介服务提供商(又叫在线预订服务代理商)所建的网站。这类网站大致又可分为两类：一类由传统的旅行社所建，如易起行、遨游网分别由广州广之旅国际旅行社和中青旅控股股份有限公司推出；另一类是综合性旅游网站，如携程旅行网、中国旅游资讯网等，它们一般有风险投资背景，以其良好的个性化服务和强大的交互功能抢占网上旅游市场份额。

(3) 地方性旅游网站。如金陵旅游专线、广西华光旅游网等，它们以本地风光或本地旅游商务为主要内容。

(4) 政府背景类网站。如航空信息中心下属的以机票预订为主要服务内容的信天游网站，它依托于 GDS(Global Distribution System，全球分销系统)运行。

(5) 旅游信息网站。它们可为消费者提供大量丰富的专业性旅游资源信息，有的网站也可提供少量的旅游预订中介服务。如中华旅游报价、网上旅游等。

(6) 在 ICP(Internet Content Provider，互联网内容提供商)门户网站中，几乎所有的网站都不同程度地涉及旅游内容，如新浪网生活空间的旅游频道、搜狐网和网易的旅游栏目、中华网的旅游网站等，显示出网上旅游具有强大的生命力和广阔的市场空间。

2. 旅游网站的服务功能

从服务功能看，旅游网站的服务功能可以概括为以下三类。

(1) 旅游信息的汇集、传播、检索和导航。这些信息内容一般都涉及景点、饭店、交通旅游线路等方面的介绍；旅游常识、旅游注意事项、旅游新闻、货币兑换，以及旅游目的地天气、环境、人文等信息和旅游观感等。

(2) 旅游产品(服务)的在线销售。网站提供旅游及其相关产品(服务)的各种优惠、折扣，航空、饭店、游船、汽车租赁服务的检索和预订等。

(3) 个性化定制服务。从网上订车票、预订酒店、查阅电子地图到完全依靠网站的指导在陌生的环境中观光、购物。这种以自定行程、自助价格为主要特征的网络旅游在不久的将来会成为国人旅游的主导方式。能否提供个性化定制服务已成为旅游网站，特别是在线预订服务网站面临的首要问题。

(二)语音电子商务

所谓语音电子商务，是指人们可以利用声音识别和语音合成软件，通过任何固定或移动电话来获取信息和进行交易。这种方式速度快，而且还能使电话用户享受 Internet 的低廉费用服务。对于旅游企业或服务网站而言，语音电子商务将使电话中心实现自动化，降低成本，改善服务质量。

语音商务的一种模式是由企业建立单一的应用程序和数据库，用以作为现有的交互式语音应答系统的延伸，这种应用程序和数据库可以通过网站传送至浏览器，传送到采用无线应用协议(WAP)的小屏幕装置，也可以利用声音识别及合成技术，由语音来传送。语音商务的另一种模式是利用 VoiceXML 进行网上冲浪。VoiceXML 是一种新的把网页转变成语音的技术协议，该协议于 20 世纪 90 年代由美国电话电报、IBM、朗讯和摩托罗拉等公司进行构思。当时有专家断言："虽然语音技术尚未完全准备好，但它将是下一次革命的重要内容。"2003 年 1 月 VoiceXML 2.0 正式版发布。

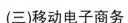

(三)移动电子商务

所谓移动电子商务,是指利用移动通信网和 Internet 的有机结合来进行的一种电子商务活动。网站电子商务以个人计算机为主要界面,是"有线的电子商务";而移动电子商务,则是通过手机、PDA(个人数字助理)这些可以装在口袋里的终端来完成商务活动的,其功能将集金融交易、安全服务、购物、招投标、拍卖、娱乐和信息等多种服务功能于一体。随着移动通信、数据通信和 Internet 技术的发展,三者的融合也越来越紧密。根据中国互联网信息中心报告显示,截至 2020 年 3 月,我国手机网民规模达 8.97 亿,较 2018 年年底增长 7992 万,我国网民使用手机上网的比例达 99.3%,较 2018 年年底提升 0.7 个百分点(见图 1-1)。

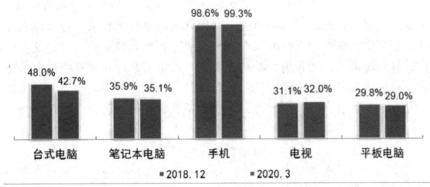

(来源: CNNIC 中国互联网络发展状况统计调查)

图 1-1　互联网接入设备使用情况

旅游者是流动的,移动电子商务在旅游业中将会有广泛的应用。诺基亚公司已开发出一种基于"位置"的服务:事先将个人的数据输入移动电话或移动个人助理,当我位于某一个点上的时候,它会告诉我,附近哪里有电影院,将放映什么电影;哪里有我喜欢看的书;哪里有我喜欢吃的菜;我会知道去机场会不会晚点,如果已经晚了,那么下一班是几点,它不会把巴黎的时刻表,而是只把北京的时刻表给我。这些完全是由移动性带来的,固定 Internet 服务不是这样的。

(四)多媒体电子商务

多媒体电子商务一般由网络中心、呼叫处理中心、营运中心和多媒体终端组成,它将遍布全城的多媒体终端通过高速数据通道与网络信息中心和呼叫处理中心相接,通过具备声音、图像、文字功能的电子触摸屏计算机、票据打印机、POS 机、电话机以及网络通信模块等,向范围广泛的用户群提供动态、24 小时不间断的多种商业和公众信息,可以通过 POS 机实现基于现有金融网络的电子交易,可以提供交易后票据打印服务,还可以对接自动售货机、大型广告显示屏等。

为旅游服务的多媒体电子商务,一般在火车站、飞机场、饭店大厅、大型商场(购物中心)、重要的景区景点、旅游咨询中心等场所配置多媒体触摸屏计算机系统,根据不同场所咨询对象的需求来组织和定制应用系统。它以多媒体的信息方式,通过采用图像与声音等简单而人性化的界面，生动地向旅游者提供范围广泛的旅游公共信息和商业信息，包括城市旅游景区介绍、旅游设施和服务查询、电子地图、交通查询、天气预报等。有些多媒体电子商务终端还具有出售机票、车票、门票的功能，旅游者可通过信用卡、储值卡(或充值卡)、IC 卡、借记卡等进行支付，得到打印输出的票据。

📖 知识拓展 1-3

四川省旅游电子商务协会

2015 年 6 月 11 日，全国首家省级旅游电商服务机构——四川省旅游电子商务协会在成都正式成立。这表明四川省方兴未艾的"互联网+"旅游产业的发展步入新的航程。

四川是旅游大省，传统旅游业向新型互联网电商转型升级已成趋势。但在过去，传统旅游企业的转型和进入旅游行业的新兴科技公司都存在单打独斗的问题，没有形成有效的互补和整合。在省旅游局、省旅游协会的支持下，四川省旅游电子商务协会应运而生，成为国内首家获得民政部门审批通过的行业电商协会。

在成立大会上，协会会长、四川航旅集团董事长郭辉通报了协会的工作计划。据悉，该协会首批推出的四川省旅游电子商学院的概念在中国西部地区尚为首次，旨在通过与高等院校联合办学，为传统旅游行业提供电商转型培训服务，也为旅游电商行业培养新的专科人才。在成立大会上，成都信息工程大学银杏学院与该协会签署了联合办学的战略合作协议，该模式还将延展到更多的院校。

该协会在成立大会上还发布了首批孵化项目，这些项目从创意到开发到资源整合都得到了协会的支持和扶助。其中，合创视野公司的无人机景区应用的发布、境外游服务平台游必应的即将上线、智游科技公司 U 游掌店的推出以及国内首个旅游包机票务平台Folome(飞乐觅)的发布受到了参会的众多旅游机构、投资机构的关注。

(资料来源：中国网，http://www.china.com.cn/)

情境二　旅游电子商务的发展现状与趋势

一、旅游电子商务的发展现状

(一)国内外旅游电子商务的发展现状

1. 国外发展现状

OTA(Online Travel Agency，在线旅行社)是当前旅游产业链的中游环节，为下游消费者提供优质产品及服务。从国际演变来看，OTA 发展可以分为以下三个阶段。

1) 萌芽期(1950—1995 年)

在线旅游渠道和平台的技术基础发源于现代航空业。1952 年，Ferranti Canada 为环加拿大航空公司开发了世界上首个计算机预订系统，命名为"ReserVec"。此后，美国航空公司借鉴 ReserVec 的成功，与 IBM 合作投资开发自己的计算机预订系统——于两年后推出

Sabre 系统。在此基础上，其他航空公司也纷纷开发自己的计算机预订平台，从 20 世纪 60 年代开始，Deltamatic、DATAS、Apollo、PARS、Amadeus 等系统纷纷诞生并开始投入使用，这些计算机预订系统的重点服务对象是旅行社。随着旅游业及信息技术的发展，于 1985 年，Sabre 发明了一种直接面向消费者的预订系统"eAAsy Sabre"，消费者可以跨过旅行社，直接通过该系统进行机票、酒店和车票的在线预订。

早期批发商模式被酒店方偏好。1991 年，Hotel Reservations Network 成立，消费者可以通过电话进行酒店预订。该公司首先采用收取佣金的方式，由于大多数酒店不愿意支付佣金，公司随后发明了批发商模式。在该模式下，公司以净利价格支付给酒店，而以毛利价格出售给消费者。消费者预付款，公司可以赚取毛利和净利价格之间的价差。

众多在线旅游网站的诞生，为 OTA 的萌芽奠定了基础。1994 年，世界上第一个酒店综合名单网站 Travelweb.com 建立，不久之后，该网站推出了直接预订服务。一年后，Viator 系统公司(即 Viator.com)成立专门的旅行科技部门，开始以互联网提供目的地旅行的预订服务。同时，世界主流旅游出版社 Lonely Planet 积极利用互联网发展线上业务，该业务的成功激励其他旅游出版社纷纷从事线上业务。

2) 起步发展期(1996—2001 年)

全球范围内大量 OTA 纷纷成立。1996 年，微软创办 Expedia，提供机票、酒店和租车服务的在线预订。Expedia 的成立使众多模仿者纷纷进入 OTA 市场，在全球范围内掀起了OTA的创业与投资潮流。1997 年 Priceline 创立，并于 1998 年以"Name Your Own Price"模式向全球用户提供酒店、机票、租车、旅游打包产品等在线预订服务。此后，携程网、TripAdvisor、Orbitz 等著名 OTA 网站也相继在 1999—2001 年建立。

3) 整合集成期(2002 年至今)

OTA 巨头借助资本力量以并购形式扩张。OTA 业务高度同质化使得并购扩张成为重要的提升市场占有率方式，国际上主流的 OTA 通过一次次并购扩大自身业务边界、完善产业链，成就龙头地位。Priceline 在 2005 年和 2007 年收购的 Booking.com 和 Agoda 是其海外扩张的主要动作，尤其是 Booking.com 成为其长期增长的动力。此后又收购了 KAYAK、Rentalcars.com 和 OpenTable，向不同业务领域扩张。Expedia 也通过收购 Travelocity、Orbitz 等众多公司快速扩张。国内的携程网与去哪儿网于 2015 年合并，合并后机酒业务市占率超过 50%，旅游度假业务市场占有率达到 25%。

目前 OTA 市场的总体格局呈三足鼎立之势。线上 OTA 马太效应和规模优势明显，通过公司间的并购，已经形成少数龙头把握市场的竞争格局。国外的 Priceline、Expedia 以及国内的携程占主导地位。2017 年，在全球前十家的 OTA 中，Priceline 实现收入 126.8 亿元，占比 39.9%；Expedia 实现收入 100.6 亿元，占比 31.6%；携程实现收入 41 亿元，占比 12.9%。

经过多年发展，OTA 已形成复杂的产业链。OTA 在在线旅游产业链中处中游地位，上游对接丰富的旅游资源(为消费者提供旅游产品及服务)，下游面对广大的消费群体(为旅游资源方导入客流)，旅游资源的丰富度以及消费者需求的多样性决定了 OTA 行业具有业务范围广、市场规模大、商业模式日新月异的特点。

案例 1-1 缤客——世界上
最大的网上住宿预订公司

2. 国内发展现状

我国旅游电子商务发展起步较晚，国内旅游预订网站始建于1996 年，落后西方国家十多年。自国旅总社参与投资的华夏旅游网创办之后，各类旅游预订网站纷纷建立，行业规模逐渐扩大。其间经历了 1997 年至 2000 年上半年的炒作式发展，2000 年下半年至2001 年的遭遇困境与冷静回归后，我国旅游网站经过分化、整合以及经营策略的再调整，逐渐走入一个成熟稳健的发展阶段。到目前为止，具有一定旅游资讯能力的网站已达到 6000多家，其中专业性旅游网站有 400 余家，主要包括地区性网站、专业网站和门户网站的旅游频道三类。

2020 年在线旅游行业的发展现状如下。

(1) 旅游行业正在迎来复苏：在疫情影响下，2020 年全年国内旅游人数达 28.79 亿人次，旅游业在非线性复苏中孕育新机遇，同比下降 52.1%。国内旅游收入 2.23 万亿元，下降61.1%。但从 2020 年 5 月开始中国旅游业就在稳步恢复，2020 年 12 月，航空客运量、铁路客运量、在线旅游月活用户与 2019 年 12 月相比，恢复率分别达到 74.5%、78.9%、92.1%。

(2) 在线旅游交易额下降 50.9%，"一超多强"竞争格局稳定：虽然 2020 年旅游消费大幅下降，但在疫情影响下，线上交易比例提高较快，2020 年全年在线旅游交易额同比下降50.9%，降幅显著低于旅游消费降幅。从竞争格局来看，在线旅游市场呈现"一超多强"格局，2020 年携程在线旅游市场份额达 40.7%，排名榜首，遥遥领先于主要竞争对手。携程作为全球三大在线旅游平台之一，业务恢复率也显著快于 Booking 及 Expedia。此外，去哪儿旅行、美团及同程旅行稳居第二梯队，竞争力较强。从在线旅游整体来看，携程及其投资公司、去哪儿旅行及同程旅行占据主导地位。

(3) 收入分层，旅游消费分层：疫情加剧了收入分配的不平衡，中国资产超过 1 亿美元的高净值人士数量近 500 人，总财富达到 2.38 万亿美元，同比增长 51.6%，收入分配的不均衡导致了旅游消费的分层趋势持续加强。在旅游行业复苏过程中，低价经济型与高端旅游产品恢复速度较快，而中端旅游消费产品恢复乏力，存在需求塌陷的风险。在疫情影响下，本地游、特色游、深度游兴起，小团化、高端化、精品化旅游项目深受高消费能力用户青睐。此外，疫情让人们更加关注家人团聚，2021 年迎春亲子游需求强劲。

(二)我国旅游电子商务存在的问题

我国旅游电子商务服务行业具有巨大的潜在市场，但是市场的不成熟和高速的发展速度并存，使行业存在的问题暴露得更快、更彻底。

1. 旅游企业不重视

大多数旅行社包括一些知名旅行社都认为，目前大多数消费者依然凭借传统的服务方式选择旅游公司，因而忽视了应用电子商务系统所能带来的潜在收益。从成本角度考虑，建设电子商务网站需要较大支出以购买相关软硬件设备、引进人才，但是相应的回报却难以保障。从实施角度来看，电子商务是新生事物，旅游公司没有相关经验和人才，不清楚如何着手开展电子商务活动。

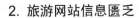

2. 旅游网站信息匮乏

很多旅游企业即便建设了网站，网站上也只是进行一些诸如景点、旅游路线、旅游知识等介绍性的描述，还没有充分利用电子商务在商家与顾客之间架起"直通桥"，也不能提供全面、专业、实用的一整套旅游服务，不能尽显网上旅游的无限魅力。旅游网站的功能非常简单，具体表现在以下几个方面：网站功能简单，内容更新不及时，搜索功能差，网络广告形式单一，虚拟社区没有发挥应有的作用，网站不能对浏览者的留言予以及时回复。

3. 旅游企业人才缺乏

目前，旅游网站信息构建所需的硬件和软件都已比较成熟。旅游网站的建设、运营和管理涉及多方面的知识，从业人员不但要具备较高的网络技术、电子商务知识，同时还应具备旅游专业知识、市场营销及管理等方面的知识。事实上，现在缺乏既熟悉电子商务又精通旅游业务的复合型人才。正是由于人才的缺乏，致使旅游公司的电子商务不能顺利开展和发展壮大。

4. 对网络安全缺乏信心

目前，影响网上交易的阻力之一就是安全问题。计算机病毒和非法闯入等均构成对电子商务网络系统的威胁。很多用户不愿意进行网上支付是因为担心网络安全没有保证，以致自己的信用卡等资料被网络黑客窃取，造成损失。除此之外，就是网上交易要经过一系列用户认证程序，用户大量的隐私被暴露在网上，使越来越重视隐私权的公众不愿意进行网上交易。目前，在线的网上支付问题尚未真正解决，仍大量沿用"网上交易，网下支付"的支付模式。

5. 信用安全有待加强

尽管电子商务发展迅速，但是普及率还有待提高。据调查，目前我国有网购行为的网民还局限于年轻人，广大的有经济实力的中年人仍徘徊在电子商务大门之外，除了一部分人不会使用电脑以外，更大的原因是人们对电子商务信用的顾虑。如旅游公司景点描述与实际不符、旅游公司团队成员夸大宣传、纪念品以次充好等。如何保证旅游公司在网络上的宣传所述属实、如何保证旅游公司本身的信用，已成为进一步开拓旅游网络市场亟待解决的问题。

二、旅游电子商务的发展趋势

电子商务正在成为和必将成为我国旅游业参与国际市场竞争的重要手段，我国各级旅游主管部门正在大力推进旅游业电子商务的进一步发展，各旅游企业和营销机构也逐渐意识到其在企业经营中所发挥的作用越来越大，旅游电子商务具有广阔的发展空间。

在全球旅游市场发展的带动下，结合我国旅游电子商务发展现状及存在问题的分析，我国旅游业电子商务应在以下几个方面取得突破性进展。

(一)拓展服务内容，扩大服务范围

由单一的信息发布向全方位交易服务发展，实现集预订、组团、交费、服务监控、投诉管理于一体的"一站式"服务。同时，充分体现互联网在资源整合方面的优势，鼓励企业挖掘国内特色旅游资源，推出特色旅游服务，弥补传统经营模式下偏重大团队服务内容陈旧的缺陷。

(二)增进互联与整合，实现合作双赢

旅游电子商务网站的不断增加引发了各网站之间的直接竞争，缺乏资源优势的旅游网站将无法在竞争中立足，优胜劣汰不可避免。在这种形势下，大型旅游企业将会在电子商务领域投入更多的资金和技术，扩展网站功能，提供多样化的分销渠道和支付方式；中小型旅行社则利用互联网的优势，形成企业联盟，化竞争为合作，促成双赢以维持生存与发展，在未来几年中旅游业信息技术的应用将获得空前的整合。

(三)体现个性化服务

旅游电子商务网站适应现代旅游需要的关键是它能通过旅游企业和旅游者之间的双向交流互动提供各种个性化服务。在这种潜在需求的带动下，专门面向特定群体的自助式旅游服务网站将会受到顾客的偏爱，目前一些论坛的旅游专区已经具备了这样的雏形。

(四)培养复合型旅游电子商务人才

由于旅游电子商务是旅游与电子商务的整合，只有具有电子商务和旅游知识的复合型人才才能将电子商务的技术手段、应用功能和模式深入贯彻到旅游行业组织、管理、业务方式及其特点之中，优化其价值链。

案例 1-2 携程定制游平台升级 3.0：未来两年力争实现 100 亿元 GMV

任务二 旅游电子商务体系

任务目标

假如你之前介绍的行业发展趋势与优势得到了投资人(或亲友)的认可，他们希望你能进一步说明旅游电子商务的体系架构，并说明你将采用哪种运营模式并获得发展。

任务实施过程

请每个小组将任务实施的步骤和结果填写到如表 1-2 所示的任务单中。

表1-2　项目一之任务二的任务单

小组成员：		指导教师：
任务名称：	任务完成地点：	
工作岗位分工：		
工作场景： (1) 熟悉旅游电子商务的体系构成，总结其功能并进一步打动投资人； (2) 结合旅游电子商务体系的特点和交易模式，探讨你们将要采取的运营模式； (3) 形成报告进行汇报		
教学辅助设施	文字、图片、视频等多媒体	
任务描述	通过对旅游电子商务体系构成、应用、特点的学习，让学生全面了解电子商务体系	
任务重点	主要考查学生对旅游电子商务体系的构成和特点的认识	
任务能力分解目标	(1) 旅游电子商务体系的构成； (2) 旅游电子商务体系的应用； (3) 旅游电子商务体系的特点； (4) 旅游电子商务体系的交易模式	
任务实施步骤	(1) 学习相关知识点； (2) 学生以小组为单位，分析旅游电子商务体系的构成与特点； (3) 每组模拟旅游电子商务创业，分析并汇报自己的应用领域和交易模式； (4) 各小组进行互评，教师进行点评	

任务评价

(1) 旅游电子商务体系的构成。

(2) 旅游电子商务体系的应用。

(3) 旅游电子商务体系的特点。

(4) 旅游电子商务体系的交易模式。

情境一　旅游电子商务体系及其应用

一、旅游电子商务体系的构成

　　旅游商务活动，通常是在旅游者与旅游营销机构之间、旅游者与旅游企业之间、旅游企业与旅游企业之间进行的商务活动，一般在旅行社、饭店、机场、车站等环境下双方面对面达成交易。

　　旅游电子商务是在旅游商务活动中引入了现代网络技术、信息技术而形成的一个不同于传统商务活动的交易平台。旅游电子商务使原本由人们互相见面到互相交换信息并达成交易，变成了利用电子交易平台进行的不需要面对面就可信息交换的商务活动，完成更简单、更节省成本的交易。

电子商务体系的构成包括电子商务本身和社会环境、公共政策。旅游产业中的旅游电子商务结构，同样包含了整个社会的经济环境、技术环境、社会环境以及政府的政策和法规等。在旅游商务活动中，旅游者、旅游营销机构和旅游企业是交易的三个直接参与者；其需要使用的信息交换平台，实际上是一个网络信息系统，网络服务提供商是一个间接参与者；虽然旅游电子商务中涉及实物传递比较少，但不能完全避免，所以物流配送企业属于一个间接参与者；交易的达成涉及支付结算，有些结算可以在提供服务时用现金支付，随着现代支付手段的不断翻新，因此相关的金融企业(如提供微信支付的腾讯公司和提供支付宝业务的阿里巴巴集团关联公司)也是一个间接参与者。图 1-2 展示了电子商务体系的各主要因素。

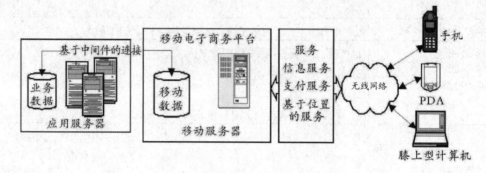

图 1-2　旅游电子商务体系的构成

旅游电子商务体系是一个复杂的系统，包括作为旅游电子商务的基础信息平台的网络信息系统；提供技术和网络支持的电子商务服务商；作为参与主体的旅游者、旅游营销机构和旅游企业；起到规范和推动作用的旅游信息化组织，以及现代支付体系和物流配送体系。

知识拓展 1-4

《"十三五"全国旅游信息化规划》发布

《"十三五"全国旅游信息化规划》(以下简称《规划》)共五章，明确了"十三五"时期旅游信息化面临的形势、发展目标、主攻方向、重点工程、优先行动和体制机制保障等内容，是统筹推进"十三五"时期我国旅游信息化发展和改革的综合性、纲领性文件，是指导各地加快推进旅游信息化建设的行动指南。

根据《规划》，到 2020 年，旅游"云、网、端"基础设施建设逐步完善，信息新技术创新应用在行业不断深化，旅游数字化、网络化、智能化取得明显进展，旅游公共信息服务水平显著提高，旅游在线营销能力全面发展，行业监管能力进一步增强，旅游电子政务支撑行业治理体系和治理能力现代化坚实有力，信息化引领旅游业转型升级取得明显成效。按此规划，到 2020 年的发展目标和几个量化目标如图 1-3 所示。

《规划》提出"十三五"时期我国旅游信息化工作的十个主攻方向：一是推进移动互

联网应用,打造新引擎;二是推进物联网技术应用,扩大新供给;三是推进旅游电子支付运用,增加新手段;四是推进可穿戴技术应用,提升新体验;五是推动北斗系统应用,拓展新领域;六是推动人工智能应用,培育新业态;七是推动计算机仿真技术应用,增强新功能;八是推动社交网络应用,构建新空间;九是推进旅游大数据运用,引领新驱动;十是推进旅游云计算运用,夯实新基础。

图 1-3　图解《"十三五"全国旅游信息化规划》

图片来源:新华社

《规划》提出了"十三五"时期需推进的九大重点工程,即全国/全球全域旅游全息信息系统工程、民宿客栈信息化工程、旅游电子商务平台工程、旅游网络营销平台工程、"12301"国家智慧旅游公共服务平台提升工程、旅游行业监管综合平台提升工程、旅游应急指挥体系提升工程、旅游信息化标准体系提升工程和国家旅游基础数据库提升工程。

《规划》部署了旅游公共信息服务建设优先行动、旅游网络营销建设优先行动、旅游电子商务建设优先行动、旅游电子政务建设优先行动四项优先行动,并明确了各项优先行动的目标和内容。

(资料来源:中国政府网,http://www.gov.cn,2017-03-09)

二、旅游电子商务体系的应用

从应用的角度看,旅游业电子商务可以分为两个层面:一个是以市场为中心,实现在线发布旅游信息、在线市场调研、在线市场营销,以及在线咨询洽谈、在线交易支付和在线售后服务等各种促成交易的商业行为。二是利用互联网进行旅游机构内部的优化管理,实现企业内部经营管理的电子化。

电子商务在旅游业中的应用具体包括以下几个方面。

(一)信息查询服务

旅游服务机构可以将相关的企业信息、旅游产品、旅游服务、旅游机构(酒店、饭店、旅行社、民航公司等)等信息通过互联网呈现出来,便于旅游消费者的查询、浏览。

(二)在线预订服务

预订服务具有无须库存、包装和配送的特点，非常适合通过互联网进行业务处理。因此，旅游机构可以提供酒店客房、民航航班、高铁动车、旅游路线等实时信息的查询、预订和支付等服务。

(三)在线客户服务

旅游服务机构可以通过互联网提供在线通信应用程序，及时解答旅游客户的咨询，实现实时网上业务洽谈和交易，使旅游客户获得即时、高效、优质和个性化的服务。

(四)实时广告促销

旅游景点及相关服务机构可以通过互联网展示其旅游产品和服务，发布旅游广告，传递促销信息，在推广企业产品的同时，树立良好的企业形象。

知识拓展 1-5

《中国旅行服务业发展报告2019》在开封发布

2019年10月23日，由中国旅游研究院、河南省文化和旅游厅、开封市人民政府、河南大学联合主办的"2019年中国旅行服务产业发展论坛暨'一带一路'城市旅游联盟年会"在开封市举行，戴斌院长带领研究团队参会并发言。

会上，我院产业所张杨博士代表课题组发布了《中国旅行服务业发展报告2019》，报告主要回答了旅行服务产业发展中的三个问题：为什么我们当前更加需要无处不在的旅行服务？游客需要的是什么样的旅行服务？从供给侧来看，无论是市场还是政府，正在提供什么样的服务？

细分市场的蓬勃发展正在让旅游业变成一个有门槛的生意，国民在全球更广范围内的自由行走离不开专业的旅行服务。个性碎片化的需求要求以更宏观包容的视野来看待旅游资源，接入更多单体资源方，并以更高效的能力整合这些资源，构建有活力的开放式平台。游客对效率理性的追求，势必需要服务供给有更快的响应速度，也势必要求服务链条变得更短、更高效。全球DTC(Direct to Consumer，直接面对客户)浪潮正在对旅游业产生影响，直客模式可能成为旅游链条上诸多节点企业的未来选择。从目前来看，游客对企业的黏性还显不足，这要求旅行服务商从一次性"服务顾客"学会如何"运营顾客"，市场主体在私域流量和付费会员方面的尝试，正印证了这个趋势。

(资料来源：中国旅游研究院官网，

http://www.ctaweb.org.cn/cta/xsjl/202103/ 94fcdf129ba24cfbb4c97444d49b6495.shtml)

(五)游客消费指南

购物消费是旅游活动中必不可少的环节，为了保证游客的购物活动更有保障，旅游服务机构可以通过互联网向游客提供丰富而公正的消费指南，让游客充分了解当地的景点、

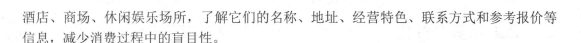

酒店、商场、休闲娱乐场所，了解它们的名称、地址、经营特色、联系方式和参考报价等信息，减少消费过程中的盲目性。

(六)游客社区服务

旅游服务机构可以通过互联网搭建一个交流和沟通的平台，使游客在交谈中获得更多的旅游信息，同时，通过这种虚拟社区的信息传递，还可以争取更多的潜在客户。

随着现代信息技术的高速发展，社会富裕程度的不断提高，以及人们可自由支配时间的增多，旅游业电子商务的应用必将为广大游客和旅游机构带来服务与效益的双赢。

情境二　旅游电子商务体系的特点

旅游业是一个典型的以服务为本的传统服务性行业，也是典型的信息密集型和信息依托型产业，是最适合应用电子商务系统、提高顾客服务水平的行业之一。旅游电子商务体系既具有信息技术行业的特点，同时也具备服务行业的特点。旅游电子商务体系是构筑在互联网基础之上的，是由旅游机构、旅游者、旅游企业以及其他相关机构共同组成的信息化体系。因此，旅游电子商务体系具有以下四个特点。

一、旅游信息数字化

在网络时代，电子商务运营成本低，用户范围广，无时空限制，能同用户直接交流。要让旅游者在旅游前、旅游中、旅游后三个阶段得到最大限度的旅游服务，使我们线上线下的旅游服务能够跨地区高效地进行资金和信息流的流动，都离不开旅游信息的数字化，这是电子信息旅游商务的基础。

知识拓展 1-6

《"十三五"全国旅游信息化规划》发布　将推进旅游大数据运用

近日，国家旅游局办公室印发《"十三五"全国旅游信息化规划》，提出到 2020 年，将力争实现信息服务集成化、市场营销精准化、产业运行数据化、行业管理智能化四大目标。主攻方向包括将推进旅游大数据运用，引领创新驱动。

一是运用大数据对游客数量、结构特征、兴趣爱好、消费习惯等信息进行收集分析，为旅游市场细分、精准营销、旅游战略制定提供依据。

二是运用大数据对旅游消费信用等信息进行收集分析，加强对旅游市场主体的服务和监管。

三是运用大数据对游客信息进行关联分析，进一步优化旅游公共服务资源配置。

四是运用大数据对旅游景区信息进行关联分析，为景区流量控制及安全预警提供数据支持。

(资料来源：中国大数据产业观察，http://www.cbdio.com/BigData/2017-03/09/content_5466613.htm)

二、旅游服务个性化

在旅游业中应用电子商务，可以为游客提供更加个性化、人性化的服务。这无疑能提高顾客满意度，赋予旅游业无限的生机和活力。传统旅游大多以包团形式进行，受诸多条件的制约，很难实现旅游个性化的服务。在旅游电商的新环境下，旅游企业与旅游者之间以多对一的模式，以及便捷的沟通渠道，使企业能及时掌握消费者的个性化、定制化的旅游需求，这也是目前自由行旅游为什么火爆的原因之一。

案例1-3 个性化旅游服务——中青旅旗下高端旅游品牌耀悦

三、旅游产品的聚合化

目前出现的新型的在线旅游服务提供商能够成为旅游行业的多面手，将不同景区、旅行社、酒店、旅游购物店等资源，聚合到一个平台招揽更多的顾客，将旅游利用点集中起来。

案例1-4 旅游产品的聚合——飞猪旅行

四、旅游企业合作整体化

旅游体验是一个连续的过程，但它涉及旅游环节的所有要求，需要各个旅游企业密切配合、无缝对接，才能为旅游者提供优质、完整的旅游产品，在旅游电子商务深度推进的背景下，现代旅游逐步形成了跨地区、跨国家、跨行业的全球性的旅游产业，产生了一大批各有专长、各具特色的国际旅游品牌企业，形成了由旅游批发、代理组成的具有便利性的旅游产销体系，形成了一个为顾客服务的合作整体。

案例1-5 飞猪旅行产品迭代：从OTA到OTP，再到OTM

情境三 旅游电子商务体系的交易模式

一、B2B 交易形式

B2B(Business to Business)是指旅游企业之间的产品代理，如旅行社代订机票与酒店客房，旅游代理商代售旅游批发商组织的旅游线路产品等。

组团旅行社之间互相拼团。当两家或多家组团旅行社经营同一条旅游线路，并且出团时间非常相近，而每家旅行社只拉到为数较少的客人时，旅行社在征得游客同意后可将客源合并，将客人交给其中一家旅行社负责，以实现规模运作，从而降低成本。

案例1-6 上航旅游与中国联合航空公司签署战略合作协议

二、B2E 交易模式

B2E(Business to Enterprise)中的 E，指旅游企业之间有频繁的业务联系，或为之提供商务旅行管理服务的非旅游类企业、机构、机关单位。

案例 1-7　携程会奖

大型企业经常遇到大量的公务出差，并经常会处理会议展览、奖励旅游等事务。它们会选择和专业的旅行社合作，旅行社负责提供专业的商务旅行预算和旅行方案咨询，开展商务旅行全程代理，从而帮助企业节省时间和财务成本。还有一些企业则与特定机票代理商、旅游酒店保持固定的业务关系，由此享受优惠的价格。

三、B2C 交易模式

B2C(Business to Customer)旅游电子商务交易模式即电子旅游零售模式。交易时，旅游散客先通过网络获取目的地信息，然后在网上自主设计旅游活动日程表，预订酒店客房、车船机票等，或报名参加旅行团。

对旅游业这种旅游地域高度分散的行业，B2C 旅游电子商务模式方便旅游者远程搜寻、预订旅游产品，解决了距离带来的信息不对称的问题。B2C 旅游电子商务还包括旅游企业向旅游者拍卖旅游产品、旅游电子商务网站提供中介服务等形式。

四、C2B 交易模式

C2B(Customer to Business)交易模式是指旅游者提出需求，企业通过竞争满足旅游者的需求；或旅游者通过网络结成团体与旅游企业进行讨价还价的模式。

C2B 旅游电子商务主要通过中间商(专业旅游网站、门户网站旅游频道)进行。中间商提供一个虚拟开放的网上中介市场，提供一个信息交互的平台。网上的旅游者可以直接发布需求信息，旅游企业查询信息，然后双方通过交流自愿达成协议。

项 目 小 结

本项目主要让学生了解旅游电子商务的定义、产生与发展，熟悉旅游电子商务体系的构成、特点，掌握旅游电子商务体系的应用，了解旅游电子商务体系的交易模式等，对旅游电子商务有一个全面的掌握，为后续的学习打下良好的基础。学生能够进行小组配合，利用书籍、互联网搜集行业信息，锻炼其分析总结能力；能够形成旅游电子商务问题分析及发展对策的基本文书等。

旅游电子商务不但为旅游者提供了不间断的、跨地域的信息及其他服务，同时旅游电

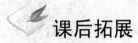

子商务也对应用电子商务的旅游企业和整个旅游业的发展起到了优化资源、提高效率的作用，使传统的旅游业走向信息化和现代化。

📖 课后拓展

一、简答题

1. 什么是旅游电子商务？
2. 简述旅游电子商务的运作与经营模式。
3. 简述旅游电子商务网站的分类和特点。
4. 简述我国旅游电子商务在现阶段存在的问题。
5. 简述我国旅游电子商务的发展现状与未来发展趋势。
6. 旅游电子商务的发展会对旅游行业产生哪些影响？

二、分析题

1. 旅游电子商务体系中主要涉及哪些参与因素？这些参与因素在体系中有什么作用？
2. 假设请你为某个旅游发达地区建设一套旅游目的地电子商务系统提出建议，你会建议由谁来主持这项工作？系统中应该有哪些必需的功能？
3. 试述旅游电子商务的集中交易模式。

项目二

旅游电子商务的
信息技术基础

【学习目标】

知识目标： 了解电子商务网站的构建原则，掌握电子商务网站的构建流程，根据旅游电子商务网站的特点，了解对应的主要系统，并掌握现在最火热的移动端 App 的开发种类和技术；知晓旅游电子商务所涉及的多媒体技术和 3S 技术。

能力目标： 能够掌握构建电子商务网站所需的基础知识；模拟网站的构建流程；了解旅游业常见的 App、多媒体技术和 3S 技术。

素质目标： 热爱旅游业，对旅游业的科技进步与时俱进，具有创新意识和学习精神。

【关键词】

电子商务网站构建　旅游电子商务　移动端技术　多媒体技术
3S 技术

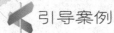

携程旅行网

携程旅行网创立于 1999 年，总部设在中国上海，员工超过 30 000 人，目前公司已在中国内地的北京、广州、深圳、成都、杭州、南京、厦门、重庆、青岛、武汉、三亚、南通等 95 个城市，中国香港以及国外的新加坡(市)、韩国首尔等 21 个城市设立分支机构，在中国江苏南通、英国苏格兰(首府)爱丁堡设立服务联络中心。

作为中国领先的综合性旅行服务公司，携程成功整合了高科技产业与传统旅行业，向超过 3 亿会员提供集无线应用、酒店预订、机票预订、旅游度假、商旅管理及旅游资讯在内的全方位旅行服务，被誉为互联网和传统旅游无缝结合的典范。

如今的携程在国内的在线旅行服务市场居领先地位，连续 4 年被评为中国第一旅游集团，2019 年的财报显示携程的 GMV(Gross Merchandise Volume，成交总额)达 8650 亿元，是全球市值第二的在线旅行服务公司。

随着移动互联网的发展与普及，人们的使用习惯开始从 PC 端向移动端转移。携程于 2010 年便成立无线事业部，开始进入无线旅游市场，2012 年更是一次性推出 5 个 App，实现无线旅游市场的初步布局，携程旅行 App 正是此时诞生的，2013 年开始，携程移动端 App 的订单比达 40%，已经超 PC 端网站。

携程技术演进路线，可以大致分成三个阶段。

(1) 呼叫中心时代，主要是以线下业务驱动为主。

携程自 1999 年建立以来便开始使用的商业模式——"鼠标+水泥"模式，即以呼叫中心为基础，通过网站积累的庞大会员体系，整合酒店、票务等资源，由呼叫中心员工为用户在网上提供酒店、机票预订等服务的运营模式；而"水泥"是指携程在线下扩张城市分公司，负责线下销售、商旅管理等业务。

2000 年 11 月，携程收购了国内最早、最大的传统订房中心——现代运通。在收购完成后，携程开始调整开发了相配套的互联网平台——"实时控房系统"和"房态管理系统"，与所有会员酒店实现信息同步。2002 年 4 月，携程又收购了散客票务公司——北京海岸航空服务公司，并建立了全国统一的机票预订服务中心。

(2) 互联网+移动互联网时代，产品技术驱动为主。

从 2006 年开始，伴随着早期电商网站的起步，很多用户的消费行为已经逐步转向互联网，人们更习惯在网上买商品。伴随着用户行为的改变，携程的流量入口也从电话转向 online，再到后来的移动端 App。

依托多个产品和 App，携程建立了一整套现代化服务系统，包括海外酒店预订新平台、国际机票预订平台、客户管理系统、房量管理系统、呼叫排队系统、订单处理系统、e-booking 机票预订系统、服务质量监控系统等。2013 年携程发布"大拇指+水泥"策略，构建指尖上的旅行社，提供移动人群无缝的旅行服务体验。

(3) 数字化+AI 时代，大数据驱动为主。

这个阶段，则是依托海量用户和海量数据，发展平台个性化和数字化，以及通过 AI 赋能。携程主要是使用"ABC 战略"，自下而上依次是：①C——Cloud(云)，通过分布式计算，将多个平台的业务数据存储云端化；②B——Big data(大数据)，在云上将整个携程集团数据集成、共享、交换、打通；③A——AI(人工智能)，在大数据的基础之上，通过人工智能做到千人千面和需求挖掘。

携程的技术体系组成如图 2-1 所示。

图 2-1　携程的技术体系组成

随着互联网的迅速发展，携程在 OTA 的竞争对手也逐渐演变成互联网巨头；同程艺龙与马蜂窝达成战略合作协议，背靠腾讯，在微信生态下持续布局；飞猪也依托阿里大生态获得了支付宝、淘宝等阿里系超级 App 的流量支持，资源与现金流都极其充沛；美团将酒旅定位为公司的"三驾马车"，以低佣金模式，快速切入低线城市和低星酒店，尤其是在三、四线城市，美团酒店的预订量逐步赶超了携程。

(资料来源：携程官网，http://pages.ctrip.com/public/ctripab/abctrip.htm，

http://pages.ctrip.com/public/aboutctrip/ac5_corStre.html)

任务一　电子商务网站的规划与构建

任务目标

了解电子商务网站的特点，熟悉搭建原则，掌握电子商务网站构建所需要的软硬件基础和开发流程。

任务实施过程

请每个小组将任务实施的步骤和结果填写到如表 2-1 所示的任务单中。

表 2-1　项目二之任务一的任务单

小组成员：		指导教师：
任务名称：	任务完成地点：	
工作岗位分工：		

续表

工作场景：

(1) 你所在的企业需要上线电子商务网站，你负责规划和构建；

(2) 公司主营业务为旅游板块，根据需求开发具有通用性的旅游电子商务网站

教学辅助设施	计算机、图片、视频等多媒体
任务描述	通过对电子商务网站的剖析，让学生了解构建电子商务网站的流程
任务重点	主要考查学生对旅行电子商务网站特点的认识
任务能力分解目标	(1) 电子商务网站的规划与构建； (2) 旅游电子商务网站的构建
任务实施步骤	(1) 学习相关知识点； (2) 学生以小组为单位，通过对主流的电子商务平台进行竞品分析，或通过书籍、网络收集资料，调研分析其中一个电子商务平台的构建模式； (3) 每小组以多媒体形式进行汇报，展示调研成果； (4) 各小组进行互评，教师进行点评

任务评价

(1) 了解电子商务网站的规划原则和内容。

(2) 了解电子商务网站的构建流程和基础。

(3) 掌握旅游电子商务网站的特点。

情境一　电子商务网站规划

随着通信网络技术的跨越式发展，互联网已经融入人们生活的方方面面，特别是互联网打破了空间和实践的限制，可以极为便利地进行网络采购和交易，使得电子商务爆炸式增长，更新了人们的消费观念和消费模式，同时整个商务系统也发生了翻天覆地的变化，推动了制造业、商业、贸易、金融、广告、物流、教育、旅游等行业的快速创新，产生了大量的新兴产业。

电子商务源于英文 Electronic Commerce(EC)，主要是依托于互联网，以包括移动智能手机、计算机、智能电视等电子设备为载体进行的一种贸易活动，在这种贸易过程中，进行买卖的双方，都是在不谋面的前提下，交流商务信息、产品信息、销售信息、服务信息以及进行电子支付等活动，总体来说，就是利用先进的电子技术进行商务活动的总称。

一、电子商务的模式

电子商务模式是指企业运用互联网开展经营活动取得营业收入的基本方式。传统的观点将企业的电子商务模式归纳为下述几种。

(一)企业与企业之间的电子商务

企业与企业之间(Business to Business,B2B)的电子商务是指市场的领域中一种企业对企业之间的营销关系或模式。电子商务是现代 B2B 营销的一种具体的表现形式。它将企业内部网,通过 B2B 网站与客户紧密结合起来,通过网络的快速反应,为客户提供更好的服务,从而促进企业的业务发展。

B2B 电子商务主要包括两种基本模式:一种是企业之间直接进行的电子商务(如制造商的在线采购和在线供货等);另一种是通过第三方电子商务网站平台进行的商务活动。例如,阿里巴巴就是一个 B2B 平台,各类企业可以通过阿里巴巴进行企业间的电子商务,如发布和查询供求信息,与潜在客户/供应商进行在线交流和商务洽谈等。

目前企业采用的 B2B 可以分为以下四种模式。

1. 面向制造业或面向商业的垂直 B2B

垂直 B2B 可以分为两个方向,即上游和下游。生产商或商业零售商可以与上游的供应商建立供货关系,比如 Dell 计算机公司与上游的芯片和主板制造商就是通过这种方式进行合作。生产商与下游的经销商可以建立销货关系,比如 Cisco 与其分销商之间进行的交易。

2. 面向中间交易市场的 B2B

这种交易模式是水平 B2B,它是将各个行业中相近的交易过程集中到一个场所,为企业的采购方和供应方提供了一个交易平台,像 Alibaba(阿里巴巴)、环球资源网、ECVV(深圳伊西威威网络科技股份有限公司运营的一家 B2B 国际贸易信息平台)、TOXUE 外贸网等。

3. 自建 B2B 模式

行业龙头企业自建 B2B 模式是大型行业龙头企业基于自身的信息化建设需要,搭建以自身产品供应链为核心的行业化电子商务平台。行业龙头企业通过自身的电子商务平台,串联起行业整条产业链,供应链上下游企业通过该平台实现资讯、沟通、交易。但此类电子商务平台过于封闭,缺少产业链的深度整合。

4. 关联行业 B2B 模式

关联行业 B2B 模式是相关行业为了提升目前电子商务交易平台信息的广泛程度和准确性,整合综合 B2B 模式和垂直 B2B 模式而建立起来的跨行业电子商务平台。

(二)企业与消费者之间的电子商务

企业与消费者之间(Business to Consumer,B2C)的电子商务指的是企业针对个人开展的电子商务活动,如企业为个人提供在线医疗咨询服务、在线商品购买服务等。B2C 翻译过来就是企业到客户,是指利用互联网进行全部的贸易活动,即在网上将信息流、资金流、商流和部分物流完整地实现连接。

B2C 电子商务平台可分为下述几种类型。

1. 综合型 B2C

综合型 B2C 电子商务平台发挥自身的品牌影响力，积极寻找新的利润点，培养核心业务。如卓越亚马逊，可在现有品牌信用的基础上，借助母公司亚马逊国际化的优势，探索国际品牌代购业务或者采购国际品牌产品销售等新业务。网站建设要在商品陈列展示、信息系统智能化等方面进一步细化。对于新老客户的关系管理，需要精细客户体验的内容，提供更加人性化、直观的服务。选择较好的物流合作伙伴，增强物流实际控制权，提高物流配送服务质量。

2. 垂直型 B2C

垂直型 B2C 电子商务平台在核心领域内继续挖掘新亮点。积极与知名品牌生产商沟通与合作，化解与线下渠道商的利益冲突，扩大产品线与产品系列，完善售前、售后服务，提供多样化的支付手段。目前个别垂直型 B2C 运营商开始涉足不同行业，急需要规避多元化的风险，避免资金分散。与其投入其他行业，不如将资金放在物流配送建设上。可以尝试探索"物流联盟"或"协作物流"模式，若资金允许也可逐步实现自营物流，保证物流配送质量，增强用户的黏性，将网站的"三流"完善后再寻找其他行业的商业机会。

3. 传统生产企业网络直销型 B2C

传统生产企业的网络直销型 B2C 电子商务平台首先要从战略管理层面明确这种模式未来的定位、发展与目标。协调企业原有的线下渠道与网络平台的利益，实行差异化销售，如网上销售所有产品系列，而传统渠道销售的产品则体现地区特色。实行差异化的价格，线下与线上的商品定价根据时间段的不同进行设置。线上产品也可通过线下渠道完善售后服务。在产品设计方面，要着重考虑消费者的需求感觉。大力吸收和挖掘网络营销精英，培养电子商务运作团队，建立和完善电子商务平台。

4. 第三方交易平台型 B2C

B2C 受到的制约因素较多，但中小企业在人力、物力、财力有限的情况下，使用第三方交易平台型 B2C 网站不失为一种拓宽网上销售渠道的好方法。首先，中小企业要选择具有较高知名度、点击率和流量的第三方平台；其次，要聘请懂得网络营销、熟悉网络应用、了解实体店运作的网店管理人员；再次，要以长远发展的眼光看待网络渠道，增加产品的类别，充分利用实体店的资源、既有的仓储系统、供应链体系以及物流配送体系发展网店。

5. 传统零售商网络销售型 B2C

传统零售商自建网站销售，可以将丰富的零售经验与电子商务有机地结合起来，有效地整合传统零售业务的供应链及物流体系，通过业务外包解决经营电子商务网站所需的技术问题，典型代表就是国美。

(三)消费者与消费者之间的电子商务

消费者与消费者之间(Consumer to Consumer，C2C)的电子商务实际上是利用电子商务的交易平台，个人与个人之间进行电子交易的模式。C2C 即消费者对消费者直接进行交易。C2C 领域现已形成了四足鼎立之势：淘宝、易趣、拍拍、有啊。

C2C 将为用户提供更加完美的购物解决方案，费用、即时通信、社区资源、搜索等均可影响平台黏性。C2C 电子商务经营的显著趋势是：①在已有的业务模式基础上，C2C 运营商开始纷纷向 B2C 等其他模式寻求发展的可能和空间，以实现模式融合和互补，为 C2C 提供新的盈利模式。②以搜索引擎为基础，探索 C2C 的新空间。目前 C2C 网站流量 40%以上是通过搜索导入的，而 eBay 和 Google 的紧密合作、中国流量最大的搜索引擎公司——百度宣称 2008 年要进入 C2C 市场，都证明了搜索引擎和 C2C 利益管道的存在。③同时要活跃社区，培养人气，增强客户体验，使用户有强烈的归属感，从而提升网站黏性。

(四)线下商务与互联网之间的电子商务

线下商务与互联网之间(Online to Offline, O2O)的电子商务模式利用电子商务平台将不在线的资源整合、打包后形成平台上的统一标准，为在线用户提供网上信息查询、检索等服务，使用户足不出户就可以享受到经济、可靠、方便的服务，以此吸引和积累用户群。简单说来就是线下服务可以用线上来揽客，消费者可以用线上来筛选服务，还有成交可以在线结算，很快达到规模。该模式最重要的特点是推广效果可查，每笔交易可跟踪。目前市场上大家比较熟悉的大众点评、58 同城、口碑等都属于 O2O 模式。

进行电子商务活动的平台是电子商务网站，电子商务网站在企业的电子商务体系中有着重要的作用，网站内容规划是否合理、设计是否优秀、推广是否成功，直接关系到企业实施电子商务能否成功。

二、电子商务系统要遵循的原则与网站规划的定位

随着互联网的蓬勃发展，电子商务逐渐融入人们日常生活的方方面面，企业也慢慢都发现了电子商务网站建设的重要性，不少企业纷纷开始开发新的电子商务网站。电商网站可谓是销售、服务跟资讯一体化的电子商务平台，除具有强大的订购功能之外，还能集批发、零售、团购及在线支付等功能于一体，这是一个能够让消费者跟商家进行交易的一个网络平台。

(一)电子商务系统要遵循的原则

经过对电子商务模式进行综合分析，制订出企业网站整体规划，确定网站的发展方向和符合本企业特点的服务项目后，接下来就可以进行网站的设计工作。 电子商务网站既要处理企业与企业之间、企业同消费者之间大量复杂而零散的数据和信息，又要保证数据和信息传输的安全性，因此比普通的 Web 网站在数据处理和传输方面要求更高，流程也更加复杂。电子商务系统必须遵循以下原则。

(1) 系统的安全性原则。在任何情况下，保证网站安全、稳定地运行，确保数据的完整性、正确性和可恢复性无疑是网站设计的前提。

(2) 系统的经济性原则。高性价比是一个好网站的重要指标。设计的时候，要注意系

统的整体优化和可扩展性，避免重复建设。

（3）系统的开放性原则。商务网站只是企业整个商务体系中的一部分，它可能是企业的第一个系统，但绝不应该是最后的一个。因此，它必须设计成支持开放性、符合相关技术标准的系统，使其能与原有系统(如果有的话)协调工作，并与将来新建系统相互兼容。

（4）系统的先进性原则。信息技术的发展日新月异，我们在设计时，要尽量采用先进而成熟的技术和设备，保证系统高效、可靠安全地运行。与此同时，也要防止片面地追求"一步到位"的倾向。

（5）系统的易用性原则。网站必须设计成易于使用，而不只是信息的简单堆砌。因此，要求网站要有良好的导航功能；当网站的网页数目比较多时，应该提供站内搜索引擎服务，便于客户方便、快捷地在站内查找所需的信息。此外，网页要有可读性，可以考虑把长篇的网页分成多幅，或者提供网页之内的书签链接。

(二)电子商务网站规划的定位

电子商务是现代互联网经济发展的主要表现形式，若想更好地支撑电子商务经济的发展，必须做好网站的合理性规划，在满足受众的需求，为受众呈现更具吸引力的电子商务网站版面与琳琅满目的商品。网站建设前，必须进行一系列网站规划，工作人员必须对现有的市场环境进行调查，普查供求与消费者的消费需求，然后确定网站的实际功能与网站构建目的。同时，还应对网站建设所需的费用、技术以及网站内容都进行严谨的设计与规划，还要及时对网站进行测试与维护，进而制订更为详细的方案。

1. 网站定位

网站建设之前，必须先分析市场、确定网站的目的和功能，并根据需要制订网站建设技术的计划。计划必须全面考量，不能只考虑某一方面。

2. 用户体验

网站规划对网站建设具有计划和指导的作用。而一个受用户喜爱，愿意在其上面逗留，乃至消费的电子商务网站，都必须使用户获得良好的用户体验，无论是网站的打开速度，还是浏览体验以及交互功能，均应带给用户愉悦的感受。因此在网站规划时，需要从用户出发，做好用户体验工作。

三、电子商务网站的建设

(一)电子商务网站规划的内容

电子商务网站的规划是指从战略高度为网站的建设和运营制订实施方案。其主要内容应该包括网站构建目标和进行业务分析、网站目标客户分析、网站市场定位分析、技术与经济可行性分析、运行环境和技术及工具的选择等。下面仅简单地论述前几个问题。

1. 网站构建目标和进行业务分析

目标是网站构建的出发点，企业能够在网上开展的业务是以自身的商务需求和产品特色及行业特点作为选择的标准的。

2. 网站目标客户分析

调查与分析目标客户，了解网站可能服务的对象和他们的需求，规划与设计符合目标客户群的商务网站，为他们提供所需的产品或服务，以及激发他们的兴趣与爱好，吸引他们对网站的注意力，使企业的网站不仅仅是停留在公司形象宣传、信息发布与简单的信息浏览的层面上，而是真正成为满足客户需求的商务网站。

3. 网站市场定位分析

现代企业的运行，在生产和制造产品之前，往往都会对自己的产品在市场上处于何种位置、竞争对手的情况、市场份额以及消费者心理进行全面的了解和分析，然后再生产，这样才能与消费者的消费需求紧密对接，电子商务网站也是如此。盲目地建立一个网站就发布在 Internet 上，只能徒增企业的成本而已。因此，市场定位分析对电子商务网站的建设是必要而又行之有效的。

4. 技术、经济及组织人员可行性分析

技术可行性分析主要是指构建与运行电子商务网站所必需的硬件、软件及相关技术对电子商务业务流程的支撑分析；经济可行性分析主要是指构建与运行网站的投入与产出效益分析；组织人员可行性分析主要是指保证网站构建与运行所需要的人力资源、组织设计和管理制度的分析。学会有效的管理，能使网上交易的安全性得到明显提高。因此，一个好的电子商务网站管理系统应对这方面给予充分的重视。

(二)电子商务网站建设流程

在充分做好前期网站规划之后，便可以开始建立一个电子商务网站。

1. 注册域名和申请 IP 地址

接入 Internet 的每个用户在网络上都应该有唯一的标识记号，即 IP 地址，以便别人能够访问。由于 32 位二进制数的 IP 地址不容易记忆，所以每个 IP 地址都可以申请唯一与其对应的、便于记忆的域名。域名可以理解为接入 Internet 的企业在网络上的名称，它是每个网络用户的 IP 地址的别名，是一个公司或企业的网络地址。

一个好的域名必须遵循以下原则：简短、切题、易记，与企业密切相关。一个著名的域名如同一个著名的品牌、一个著名的商标一样，具有无形资产价值。取好域名后，必须向权威机构申请注册，获得批准后方可使用。

域名注册一般有如下步骤。

(1) 查询并选择域名。

(2) 用户资料确认。

(3) 购物订单确认。

(4) 域名注册成功。

(5) 缴纳一定的域名注册费用后，即可开通网站。

2. 确定网站的技术解决方案

注册域名和确定 IP 地址是建立电子商务网站的第一步，接下来需要选定网站软硬件平台。无论是自己拥有独立的服务器，还是租用虚拟主机，如果想进行电子商务活动，都要根据企业的规模、网站预计的访问流量、建站的投资及以后网站运营的费用来选择确定网站的建站方案。

在建站时要考虑确定的技术因素有以下几点。

(1) 根据网站不同的规模，选择不同的主机方案，搭建不同的网站建设平台。

(2) 根据网站不同的规模，选择网络操作系统、Web 服务器和数据库系统。

(3) 决定电子商务管理系统的解决方法，是选购还是自己开发电子商务的管理系统。

(4) 制定相关的开发系统，如网页编辑软件、ASP(Active Server Pages，动态服务器页面)、JSP(Java Server Pages，服务器页面)、数据库软件等。

(5) 制定网站的安全措施，如防黑客、病毒、商业欺诈等方案。

3. 规划网站的内容并制作网页

网页是电子商务网站的对外表现形式，建立制作网站主页是电子商务网站重要的环节之一。在制作主页前需要考虑网站的风格和主要实现的功能，需要根据自己企业的特点作充分的准备，使网站的基调符合客户的需要。网站的外观设计及制作将直接影响着浏览访问者的兴趣，一个好的、有鲜明特色的电子商务网站会吸引很多浏览者再次访问。这就需要在网站的内容、外观、栏目、功能上多下功夫。

4. 网站的发布和推广

利用 Dreamweaver MX 或其他软件可将制作完成的网页上传到 Web 服务器中，在 Internet 上发布。但是，网站建设不可能一劳永逸，企业在不断发展，网站的内容也需不断地更新，所以网站信息的发布是一项经常性的工作。网站建设完毕后，网站推广工作也是一个重要的环节。一个电子商务网站如果不进行推广宣传，一般很难有较大的访问量，这个辛辛苦苦建设的网站便毫无意义，因此必须及时推广宣传。网站的推广一般有以下方式。

(1) 在各大搜索引擎注册，让客户通过搜索引擎可以找到网站。

(2) 在传统的广告媒体中对网站的内容、网站的地址、产品的性能以及可以提供的便捷服务进行宣传，扩大网站的影响。

(3) 在访问量较大的 BBS(Bulletin Board System，电子公告板)上发布广告信息或开展与企业相关问题的讨论，进一步扩大网站的影响。

(4) 通过电子邮件将网站的信息发送给客户和消费者。

(5) 通过与其他类似网站合作，建立友情链接，获得双赢。

5. 网站的更新维护

网站建成之后，在运营过程中需要定期更新网站的信息，及时总结经验、吸取教训，逐步完善网站的数据库服务系统，使客户可以通过网络查询网站上的产品信息及各种资料；建设 FTP 服务、电子邮件服务及搜索引擎等；设立 BBS 区和产品服务等登记区等。

Internet 的发展也存在着安全问题，一个电子商务网站也经常会遭到"黑客"和"病毒"的攻击。在网站的日常维护中，网站的安全是至关重要的。网站的管理人员需要定期对网站的服务器、数据库、网页程序进行测试，对可能出现的故障和问题进行评估，制定出应急方案、解决方法和响应时间，使网站的维护制度化、规范化。

四、电子商务网站的软硬件基础

(一)硬件基础

通常，建立一个电子商务网站要考虑很多因素。一个网站运行好坏，硬件发挥着很重要的作用，硬件是整个电子商务网站正常运行的基础，这个基础的稳定可靠与否，直接关系着网站的访问率以及网站的发展、维护和更新等问题。

电子商务网站的硬件构成主要有两大部分，即网络设备、服务器。

1. 网络设备

网络设备主要用于网站局域网建设、网站与 Internet 连接。网站访问速度的快慢，很大程度上与网络设备有关。网络设备的关键设备有三种，即路由器、交换机和防火墙。

(1) 路由器。路由器是一种连接多个网络或网段的网络设备，是将电子商务网站接入广域网的重要设备。路由器能对不同网络或网段进行路由选择，并对不同网络之间的数据信息进行转换，它还具有在网上传递数据时选择最佳路径的功能。

(2) 交换机。交换机是局域网组网的重要设备，多台不同的计算机可以通过交换机组成网络。交换机不但可以在计算机数据通信时，使数据的传输做到同步、放大和整形，而且可以过滤掉短帧、碎片，对通信数据进行有效的处理，从而保证数据传输的完整性和正确性。交换机在工作的时候，发出请求的端口和目的端口之间相互对应而不影响其他端口，因此交换机就能够隔离冲突域和有效地抑制广播风暴的产生。另外，交换机的每个端口都有一条独占的带宽，交换机不但可以工作在半双工模式下，而且可以工作在全双工模式下。

(3) 防火墙。电子商务网站中储存着大量的重要信息，如客户资料、产品信息等，网站开通之后，系统的安全问题除了应考虑计算机病毒之外，更重要的是防止非法用户的入侵，目前预防的措施主要靠防火墙(firewall)技术完成。防火墙是一个由软件、硬件或软硬件结合的系统，是电子商务网站内部网络和外部网络之间的一道屏障，可限制外界未经授权用户访问内部网络，管理内部用户访问外部网络的权限。

2. 服务器

选择服务器是电子商务网站建设极其重要的环节，必须要选择一个性能好、成本低、可扩展、安全可靠的服务器。

选择服务器的原则应该视实际需要而定，如电子商务网站的规模、能够接受访问量的大小、今后的扩展计划以及运营何种类型商品等。而且要考虑到随着时间的推移，服务器的价格会下降，性能更好的服务器会不断上市。

服务器选择方案如下所述。

(1) 建立自己独立的站点。需要自己建立机房，配备专业人员，购买服务器、路由器、网管软件等，再申请专线、出口，从而建立一个完全属于自己的、自己管理的独立网站。在服务器上安装相应的网络操作系统，开发使用 Web 服务程序，设定各项 Internet 服务功能，包括 DNS(Domain Name System，域名系统)服务器及 WWW、FTP 服务设置，远程访问测试和远程 HTML 方式管理，建立自己的数据库查询服务系统等。这种方式的优点是可以自由设置功能，自由使用软件，不受 ISP(Image Signal Processing，图像信号处理)的限制；缺点是需要有水平较高的专业技术人员，要投入较大的资金购置软硬件，还要支付上不封顶的日常维护和线路通信费，建设周期也较长。

(2) 服务器托管。用户要自行购买主机服务器，并安装相应的系统软件及应用软件以实现用户独享专用高性能服务器，实现 Web + FTP + Mail + DNS 全部网络服务功能，然后将该服务器放在 ISP 的专用机房委托其管理，而用户则可以通过 Internet 进行远程管理。相较于方式(1)，本方式可以节省高昂的专线及网络设备费用。与单独构建机房和租用专线上网相比，这种方式的优点是整体运营成本有较大降低。

(3) 租用服务器。用户不必自己购买主机，只需根据自己业务的需要，提出对硬件配置的要求，主机服务器由 ISP 配置。用户采取租用的方式，安装相应的系统软件及应用软件以实现用户独享专用高性能服务器。这种方式的优点是初期采购成本大大降低，且在后期使用上和服务器托管没有区别。

(4) 租用虚拟主机。虚拟主机是使用特殊的软硬件技术，把一台运行在 Internet 上的服务器主机分成一台台"虚拟"的主机，每一台虚拟主机都具有独立的域名，具有完整的 Internet 服务器(WWW、FTP、E-mail 等)功能，虚拟主机之间完全独立，并可由用户自行管理，在外界看来，每一台虚拟主机和一台独立的主机几乎完全一样。这种方式的优点是费用低，容易管理。

选择主机时应注意，这种主机适合当前需要吗？性价比如何？在和主机提供商签订合同之前，应浏览一些他们服务器上的网站，看其网络速度如何，并和其他服务器对比一下。和该主机提供商的其他客户联系一下也是一个很好的选择。

(二)软件基础

在网站的硬件平台上运行什么样的软件系统，这是关系到电子商务网站成败的关键问题之一。电子商务网站的软件主要包括操作系统软件、服务器软件、数据库软件等。运行这些软件与网站提供的服务有关。以下分别简要介绍这些软件的概况。

1. 操作系统软件

目前比较流行的、能够用于电子商务网站的操作系统主要有 Windows 2000/XP/7/10、UNIX、NetWare、Linux 等。

(1) Windows 2000/XP/7/10 操作系统支持多种硬件平台和多种网络协议；可以与多种服务器操作系统进行互操作，其中包括 NetWare、UNIX、LAN Manager 等；具有良好的安全保障措施与容错能力；Windows 2000 Server 和 Windows Server 2003/2008 R2/2012/2016/

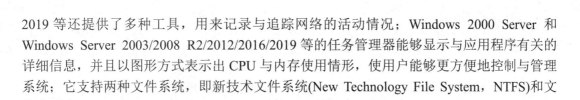

2019 等还提供了多种工具，用来记录与追踪网络的活动情况；Windows 2000 Server 和 Windows Server 2003/2008 R2/2012/2016/2019 等的任务管理器能够显示与应用程序有关的详细信息，并且以图形方式表示出 CPU 与内存使用情形，使用户能够更方便地控制与管理系统；它支持两种文件系统，即新技术文件系统(New Technology File System，NTFS)和文件分配表(File Allocation Table，FAT)。

(2) UNIX 操作系统是一个具有不同硬件平台的多用户操作系统，具有多种不同的版本。UNIX 的结构和 MS-DOS(微软磁盘操作系统)的结构很相似，有一个核心程序，叫作 Kernel(内核)。另外，还有一些命令解释程序，叫作 Shell(外壳)。Kernel 是常驻内存的，而 Shell 只在键入命令时才调入内存，一旦执行完这条命令其功能也就消失了，Shell 程序是用户和 Kernel 的接口。常用的有两种 Shell，一种是 B Shell，也称标准 Shell，提示符为 "$"；另一种是 C Shell，提示符为 "%"。

(3) NetWare 操作系统。NetWare 是世界上第一套真正的微机局域网操作系统，1998 年推出的 NetWare 5.0，增加了使用互联网的功能，使 NetWare 成为开发和配置网络应用程序的一个系统平台。NetWare 5.x 是当前 Novell 网络操作系统的最新版本系列；由于 NetWare 在通用性、可靠性和扩展性等方面具有许多特点，以及它在局域网领域中的举足轻重的地位，使 Novell 网获得了相当广泛的应用。目前 NetWare 在我国仍然是使用较多的一套网络操作系统。

(4) Linux 操作系统是 UNIX 在微机上的完整实现，它性能稳定、功能强大、技术先进，是目前最流行的微机操作系统之一。有一个基本的内核 Kernel，一些组织或厂商将内核与应用程序、文档包装起来，再加上安装、设置和管理工具，就构成了直接供一般用户使用的发行版本。具有源代码公开、完全免费、完全的多任务和多用户、适应多种硬件平台、稳定性好、易于移植、用户界面良好、强大的网络功能等特点。

2. Web 服务器软件

选择 Web 服务器时，不仅要考虑目前的需要，还要兼顾网站发展的需要，因为若更换 Web 服务器软件，将会产生一系列问题。选择 Web 服务器时，还需要和操作系统联系起来考虑，大多数 Web 服务器主要是为一种操作系统进行优化的，有的只能运行在一种操作系统上，所以对于 Web 服务器的性能，一般要考虑以下几个问题。

(1) 响应能力，即 Web 服务器对多个用户浏览信息的响应速度。响应速度越快，单位时间内可以支持的访问量就越多，用户单机的响应速度也就越快。

(2) 与后端服务器的集成。Web 服务器除直接向用户提供 Web 信息外，还担负着服务器集成的任务，这样客户机就只需要一种界面来浏览所有后端服务器的信息。Web 服务器可以说是 Internet 中的信息中转站，它将不同来源、不同格式的信息转换成统一的格式，供具有同一界面的用户浏览器浏览。

(3) 管理的难易程度。Web 服务器的管理包含两种含义，一是管理 Web 服务器，二是利用 Web 界面进行网络管理。

(4) 信息开发的难易程度。信息是 Web 服务器的核心，其是否丰富直接影响着 Internet 的性能，信息开发是否简单对 Web 信息是否丰富影响很大，即它所支持的开发语言是否满足要求。

(5) 稳定性。Web 服务器的性能和运行都要非常稳定。

(6) 可靠性。如果 Web 服务器经常发生故障，将会产生严重影响。

(7) 安全性。安全性可以从两方面考虑，一是 Web 服务器的机密信息是否泄密，二是要防止黑客的攻击。

(8) 与其他系统的搭配。对用户来讲，应选择最合适的 Web 平台。一个简单方法是视 Web 服务器的硬件平台而定。

3. 数据库软件

电子商务建设是以 Web 网络技术和数据库技术为基础的，其中 Web 数据库技术是电子商务的核心技术。它将数据库技术与 Web 技术很好地结合在一起，大大地拓展了数据库的应用范围。

目前，Web 数据库中关系型数据库占据了主流地位。关系型数据库的发展主要经历了主机/终端方式的大型机的应用阶段和客户机/服务器阶段。随着 Internet 应用的普及，人们对关系型数据库进行了适应性调整，增加了面向对象成分以及处理多种复杂数据类型的能力，还增加了各种中间件(主要包括 CGI、ISAPI、ODBC、JDBC、ASP 等技术)，较大地扩展了基于 Internet 的应用能力。在基于 Internet 的应用模式中，关系型数据库的表现形式为三层或四层的多层结构。在这种多层结构体系下，关系型数据库较好地解决了数据在 Internet 上发布、检索、维护、数据库管理等应用问题。

目前关系型数据库技术已经非常成熟，相关的数据产品也非常多，如 DB2、Oracle、Sybase、Informix、SQL Server、MySQL 等。

(1) Oracle 是一种适用于各种类型(包括大型、中型和微型)计算机的关系型数据库管理系统，使用 SQL(Structured Query Language)作为数据库语言。

(2) Sybase 是世界上第一款真正的基于 Client/Server 结构的 RDBMS 产品。

(3) DB2 是美国 IBM 公司开发的关系型数据库管理系统，它有多种不同的版本，可运行在 OS/2、Windows NT/2000/XP/7/10、UNIX 操作系统上。

(4) SQL Server 是微软公司开发的一个关系型数据库管理系统。SQL Server 采用二级安全验证、登录验证及数据库用户账号和角色的许可验证。

情境二　旅游电子商务网站构建

旅游业是一个关联性极强的服务性行业，涉及的单位、部门、人员较为广泛，其内部是一个较为复杂的系统，包括吃、住、行、游、购、娱等子系统，旅游业内外资源的有效配置需要一套快捷、准确、科学、方便的机制作为促进发展和增强竞争力的手段。

旅游电子商务是指通过先进的网络信息技术手段实现旅游商务活动各环节的电子化，包括通过网络发布、交流旅游基本信息和商务信息，以电子手段进行旅游宣传营销、开展旅游售前售后服务；通过网络查询、预订旅游产品并进行支付；也包括旅游企业内部流程的电子化及管理信息系统的应用等。

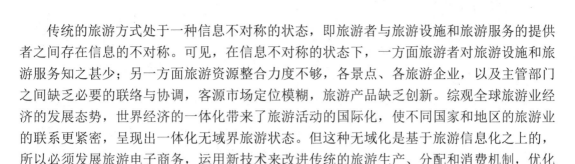

　　传统的旅游方式处于一种信息不对称的状态，即旅游者与旅游设施和旅游服务的提供者之间存在信息的不对称。可见，在信息不对称的状态下，一方面旅游者对旅游设施和旅游服务知之甚少；另一方面旅游资源整合力度不够，各景点、各旅游企业，以及主管部门之间缺乏必要的联络与协调，客源市场定位模糊，旅游产品缺乏创新。综观全球旅游业经济的发展态势，世界经济的一体化带来了旅游活动的国际化，使不同国家和地区的旅游业的联系更紧密，呈现出一体化无域界旅游状态。但这种无域化是基于旅游信息化之上的，所以必须发展旅游电子商务，运用新技术来改进传统的旅游生产、分配和消费机制，优化旅游经济的运作，加快旅游经济增长，最终推动旅游产业全面发展。

一、旅游电子商务网站的种类

　　随着网络技术的发展和电子商务的持续升温，大大小小的旅游电子商务网站如雨后春笋般建立和发展起来。目前，互联网上的旅游电子商务网站按业务可以划分为以下三种。

1. 信息业务型

　　信息业务型旅游电子商务网站是一种最基本的旅游电子商务网站。它主要为用户提供旅游企业的有关信息，以满足用户对其企业文化、旅游产品、旅游服务和旅游资讯等信息的了解，但不能实现用户的在线预订和在线交易。信息业务型旅游电子商务网站一般涉及数据库和编程技术较少，实现简单方便，实施所需资金最少，一般适用于中小型旅行社、酒店或景点。

2. 交易业务型

　　交易业务型旅游电子商务网站可以在网上接受预订，进行网络支付。其中，酒店预订、机票预订、度假预订和旅程预订及其在线支付是这类网站的主要功能。通过旅游电子商务网站平台，可以促使交易操作程序更加简便，交易环节合并压缩，交易成本大幅节省，渐渐形成量的优势。

3. 综合型

　　综合型旅游电子商务网站是一种高级形式的旅游电子商务网站，除了能将旅游企业的企业文化、企业动态、旅游产品、旅游服务和旅游资讯等信息发布到网络外，还能在线接受预订，变现网络支付，具备完善的网络订单跟踪处理能力，而且这类网站集成了企业流程的信息处理系统，要求的技术含量很高，需要大量的人力、物力和财力方可实现，一般被有实力的大型旅游企业所采用。

二、旅游电子商务网站的定位分析

1. 市场的主要竞争者分析

　　详细分析已经建设网站的旅游企业，特别是行业前三的网站及主营业务类似的企业，分析它们的具体运营，包括行业背景、资金实力等，分析它们的网站功能和运营状况等，总结它们网站定位、核心功能和盈利模式、用户属性和反馈等优势以便借鉴，分析它们网站存在的不足和发展过程中遇到的难题以便改进。

2. 旅游企业目前的自身条件分析

详细分析企业所具有的全部资源及其运用能力，包括企业概况、业务范畴、业务规模、资源协调能力等，以及通过旅游电子商务网站可提高企业的哪些效率和竞争力。一般企业主要采取 SWOT 分析方法[S(strengths，优势)、W(weaknesses，劣势)、O(opportunities，机会)、T(threats，威胁)]进行态势分析，从而得到全面、系统、准确的结论，辅助企业进行决策。

3. 经济上的可行性分析

经济上的可行性分析包括对建设电子商务网站的投资进行估算，以及对后续运营所需要的人力、维护、推广等成本进行分析，预测网站会给企业带来市场份额的提升和经济回报。确保企业如果投资建设旅游电子商务网站，从经济角度上看，经济效益应超过开发、维护、推广的成本。

4. 技术上的可行性分析

技术上的可行性分析主要指制订的网站开发方案在现有技术条件下是否有可能实现，如网站要求的用户体验(响应速度、界面美观、功能齐全)、安全级别等。技术上的可行性分析包括硬件条件、软件条件和通信条件等多方面分析。

5. 管理上的可行性分析

管理上的可行性分析主要分析企业是否在管理方面具有旅游电子商务网站开发和运行的基础条件和运行环境。如企业决策层是否支持、现有员工能否适应、业务流程能否支持网站变更等。

三、旅游电子商务网站的功能规划

旅游电子商务网站的常用功能有新闻发布管理、网站内容管理、酒店预订管理、景点预订管理、线路预订管理、会议预订管理、机票预订管理、留言板管理、广告发布管理、自助友情链接、天气预报、注册(代理)会员、旅游论坛、订单管理等。除此之外，完善的电子商务网站还包括公司内部的管理，如人事管理、办公自动化管理、财务管理等。显然，不是每个旅游电子商务网站都需要提供上述的所有功能。要根据企业自身的业务特点和网站今后发展的趋势、用户需求和网站预算来决定旅游电子商务网站的功能。再根据网站功能，确定网站要达到的目的和作用。图 2-2 所示为途牛旅游电子商务网站的功能规划。

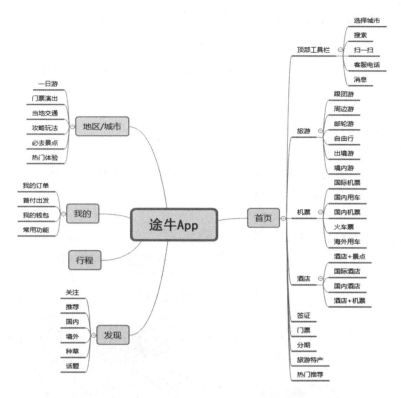

图 2-2　途牛旅游电子商务网站的功能规划

四、旅游电子商务网站的构建

1. 旅游电子商务网站的构成要素

从服务功能看,旅游电子商务网站的服务功能可以概括为以下四类。

(1) 旅游信息的汇集、传播、检索和导航。这些内容一般都涉及景点、饭店、交通旅游线路等方面的介绍,以及旅游常识、旅游注意事项、旅游新闻、货币兑换、旅游目的地、天气、环境、人文等信息和旅游观感等。

(2) 旅游产品(服务)的价格公示。网站提供旅游及其相关产品(服务)的各种折扣、优惠、航空、饭店、游船、汽车租赁服务的价格公示等。

(3) 个性化的定制服务。从网上订车票、预订酒店、查阅电子地图到完全依靠网站的指导在陌生的环境中观光、购物。这种以自定行程、自助价格为主要特征的网络旅游服务在不久的将来会成为旅游服务的主导方式。能否提供个性化定制服务(特别是在线预订)已成为旅游网站必备的功能。只要登录此类网站,旅游者足不出户,在家中就可通过旅游电子商务系统查询到欲往城市的相关旅游信息,并根据自己的需要预订酒店、旅游线路和往返机票,不仅方便快捷,而且价格优惠。

(4) 其他功能。包括广告征订、网上交互、导游服务、客户服务、投资服务和在线招聘等。

2. 旅游电子商务网站的创建流程

旅游电子商务网站系统建设是一个包括商务、技术、交易、支付、安全、物流等诸多要素的系统工程。开始建设前，必须充分研究所有因素，做好统筹规划，制订完善的设计方案。这类网站的创建流程如图 2-3 所示。

(1) 需求分析。这一阶段是进行充分的商务分析，主要包括需求分析(包括企业自身需求、市场需求以及客户需求等)和市场分析(包括市场环境分析、客户分析、供求分析和竞争分析等)两个方面。

(2) 确定用户体验。通过大量的数据调研和分析，以便确定用户的搜索习惯，给用户展现出他们想要的内容。要获得这种效果，一般应该使用用户体验五要素(战略层、范围层、结构层、框架层、表现层，见图 2-4)通盘设计网站的架构，给用户提供一个真实、高效的体验机会，吸引用户持续使用你的网站，实现盈利。

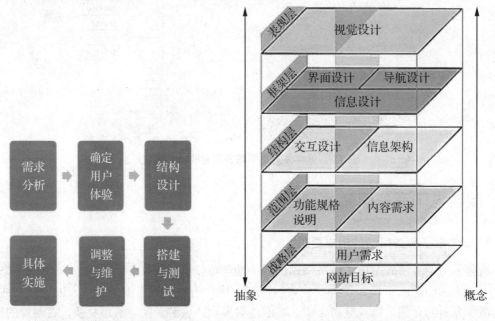

图 2-3　网站的创建流程　　　　　　图 2-4　用户体验五要素

(3) 结构设计。从子系统、前台、后台、技术支持、系统流程、人员设置等各方面全面地构架电子商务系统。此阶段的工作类似于为电子商务系统的建设绘制蓝图，直接关系到后续电子商务系统建设和将来电子商务系统运行和应用的成功与否。

(4) 搭建与测试。此阶段的工作可从两个层面同时着手，在技术层面上，要按照电子商务系统的设计规划，完成计算机硬件、网络平台的搭建，软件和电子商务系统的开发与集成；在管理层面上，也要按照规划，全面调整、变革传统的组织、管理方式和业务流程，以适应电子商务运作方式的要求。

(5) 调整与维护。进行整个电子商务系统的试运行，根据试运行的效果评估网站的使用体验，调整软硬件的搭配以便后续使用过程中易于维护。

(6) 具体实施。经过必要的调整、改进以后，就可以进入整合运行阶段，开始实现电子商务应用。

　　有关人员必须清楚地认识到，企业电子商务系统建设不可能一劳永逸，在系统应用的过程中，要根据企业发展的需要和科技的更新，不断创新、优化和完善，确保和增强企业电子商务系统的竞争力。

3. 电子商务网站系统的开发方法

　　从系统的观点来看，电子商务网站本身就是一个系统，而且这个系统又是更大的系统——企业信息系统和电子商务系统的一部分。因此，电子商务网站的建设过程，实质上是信息系统的开发、设计与实现的过程。生命周期法与快速原型法是进行电子商务网站建设时常用的系统开发方法。

　　(1) 生命周期法(瀑布模型)。类似于生物，计算机信息系统也会经历一个产生、发展和消亡的过程。生命周期法是采用结构化系统[结构化分析方法(SA)—结构化设计方法(SD)—结构化程序设计方法(SP)]分析与设计原则，并按照生命周期流程来进行信息系统开发的方法。生命周期法将整个信息系统开发过程划分为若干个相对独立的阶段，然后分阶段实施。每一阶段都有明确的开发任务和开发的成果以及相应的评测指标；每一阶段都会产生相关的开发文档和资料；每一阶段的开发成果都可成为下一阶段开发的基础和依据。生命周期法适用于大型信息系统、应用软件及商务网站的开发，它的开发流程一般可分为 5 个阶段，如图 2-5 所示。

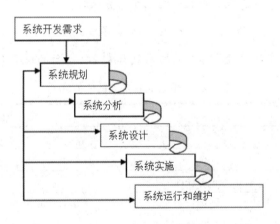

图 2-5　生命周期法开发流程

　　(2) 快速原型法(面向对象方法)。快速原型法也称为面向对象方法，是近年来针对结构化开发方法(SA-SD-SP)的缺陷提出的设计新方法，是适应当前计算机技术的进步及对软件需求的极大增长而提出的，是一种快速、灵活、交互式的软件开发方法。其核心是用交互的、快速建立起来的原型取代形式的、僵硬的(不易修改的)、大块的规格说明，用户通过在计算机上实际运行和试用原型而向开发者提供真实的反馈意见。快速原型法的实现基础之一是可视化的第四代语言的出现。快速原型法的开发流程如图 2-6 所示。

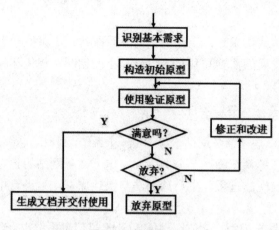

图 2-6　快速原型法

任务二　移动终端的规划与开发技术

任务目标

你是旅游公司移动端系统搭建负责人，在原有 PC 端的基础上对系统进行升级、改造，根据移动端的特点，构建适合移动端使用的电子商务网站。

任务实施过程

请每个小组将任务实施的步骤和结果填写到如表 2-2 所示的任务单中。

表 2-2　项目二之任务二的任务单

小组成员：		指导教师：
任务名称：	任务完成地点：	
工作岗位分工：		
教学辅助设施	计算机及相关软件	
任务描述	了解移动端规划的要点，根据旅游电子商务的需求，掌握开发匹配的 App 以及对应的开发技术	
任务重点	主要考查学生如何进行旅行移动端的规划及了解对应 App 的开发技术	
任务能力分解目标	如何进行移动端的规划； 移动端 App 的不同种类； 开发 App 所需要的技术	
任务实施步骤	(1) 学习相关知识点，了解移动端与 PC 端的不同之处； (2) 4～6 个学生为一个小组，搜索并认识不同类型的旅游 App； (3) 根据搜索到的旅游 App，每组选择其中一个进行功能和竞品分析	

任务评价

(1) 了解移动端 App 的种类。

(2) 掌握开发 App 所需要的技术。

情境一　移动电子商务的规划

移动电子商务(M-Commerce)是指通过手机、掌上电脑、笔记本电脑等移动通信设备与无线上网技术结合所构成的一个电子商务体系。相对于传统的电子商务而言，移动商务可以真正使任何人在任何时间、任何地点得到整个网络的信息和服务。随时随地的信息交流意味着需求的增加和多样化，同时也给企业带来了更多的商业机会。

移动电商深入人们的日常生活，未来它在各个方面的发展将更加契合人们的生活。

一、移动电商的未来发展趋势

1. 移动化

随着移动互联网与智能终端设备的普及，越来越多的消费者在购物时选择了移动电商。

从电脑端转移到移动端，消费者与互联网连接的方式已经发生了根本性的变化，移动互联网逐渐渗透至各行各业，如医疗、餐饮、美妆、住宿等。

2. O2O 化

O2O 在未来几年都是移动互联网电子商务的主流发展方向。中国网络的发展从工业时代直接进入了互联网时代，互联网的浪潮还未平息，如今又进入了移动互联网时代。因此，移动互联网时代和工业时代的碰撞产生了具有中国特色的移动 O2O 电子商务模式。在传统的商业经营理念中，用服务和产品吸引顾客，才是商业的本质目的。

所以，理论只能在一定程度上促进商业的发展，而商业本质一定是尽心做好产品和服务。因为消费者需要的是优质的产品和良好的服务体验，这是永远不会变的。

例如，快递巨头顺丰，它与电商有着密切的关系，最后它选择了以"社区实体店+网购预售+快速配送"的形式布局 O2O。从发展规划看，顺丰速运还将继续扩大在全国的布点，以完成"最后一公里"的客户与市场对接。

3. 社交化

如今，在移动互联网融入社交化元素，并将社交场景和用户进行连接，已经成为移动电商向社交化发展的大趋势。

随着移动互联网、社交网络时代的到来，电话、短信等传统的联络方式已经逐渐落寞，商家和消费者之间的沟通方式变得更加多种多样，手机 QQ、微信、Facebook、微博、Twitter等被用来维持彼此的互动关系。在移动社交媒体上，消费者能随时享受商家提供的服务，而商家也能随时了解消费者的需求，这样的联络方式使得商家与消费者之间的联系变得更加紧密。

二、移动端与 PC 端规划的不同之处

移动端和 PC 端的网站规划核心是一样的，但是由于硬件和系统的不一样，移动端和 PC 端在开发过程中仍有区别，因此在规划时需要注意以下几个不同点。

1. 页面承载量不同

PC 端屏幕大，内容多，而移动端屏幕相对较小，承载的内容也会因此有很大差异。当一款成熟的 PC 端产品移植到移动端，需要考虑什么功能应该被砍掉，什么功能应该被保留，内容也应该更加简练。

2. 交互方式不同

PC 端采用鼠标点击的方式，移动端采用手指触碰的方式。在设计时，PC 端往往更多地考虑用户视觉浏览路线，而移动端则会更多地考虑手指交互习惯、人体工学等。

3. 使用场景不同

PC 端使用场景一般比较固定，而移动端则有很大不同，可能是走路的时候，吃饭的时候，等人、坐公交/地铁途中，上班、上课期间休息，睡觉之前等。不同的使用环境肯定会导致不同的设计方案。PC 端因为使用环境相对固定，设计方案会更加清晰。而移动端使用环境千变万化，很难同时兼顾所有的使用场景，只能找出最主要的目标用户的主要使用场景，以此为主要目标点同时兼顾次要目标点来进行设计。

4. 网络接入方式

PC 端一般连接宽带或者 Wi-Fi，而移动端则连接 3G/4G/5G 等，需要消耗流量。因此，在 PC 端的用户一般不会考虑页面消耗的流量，而移动端如果耗费流量过大，用户会因为流量费用/加载速度等原因而不愿意或者根本不能使用。

情境二 手机应用的开发技术

一、手机 App 的形式

1. 手机 Web App

简单来说，Web App 就是针对 iOS/Android 优化后的 Web 站点，用户不需要下载安装即可访问。一般的 Web 站点侧重使用网页技术在移动端进行展示，包括文字、视频、图片等，而 Web App 更侧重"功能"，是基于网页技术开发实现特定功能的应用，必须依赖手机浏览器运行。Web App 开发成本低，维护更新简单，支持云修复，用户不用下载更新，但是 App 的用户体验不足，页面跳转迟钝甚至卡壳，页面交互动态效果不灵活，而且可能上不了 App Store，如果企业的核心功能不多，App 需求侧重于信息查询、浏览等基础功能，

可以选择 Web App。

2. Native App(原生 App)

Native App 是基于智能手机操作系统(现在主流的是 iOS 和 Android)用原生程序编写运营的 App。其运行基于本地操作系统，所以它的兼容能力和访问能力更好，拥有最佳的用户体验、最好的交互界面，但也是开发难度最大，开发成本和维护成本最高的 App。

3. Hybrid App(混合 App)

Hybrid App 即半原生半 Web 的混合类 App，同时采用网页语言和程序语言进行开发，通过不同的应用商店进行打包分发，用户需要下载安装使用。Hybrid App 兼具 Native App 良好的用户交互体验和 Web App 跨平台开发的优势，因在开发过程中使用网页语言，所以开发成本和难度大大降低。Hybrid App 是现在的主流应用，大型的 App 如淘宝、掌上百度、微信都是走的 Hybrid App 路线。

二、开发不同类型的 App 需要使用的技术

1. Web App

iOS/Android 的内置浏览器是基于 WebKit 内核的，所以在开发 Web App 时，多数使用 HTML 或 HTML5、CSS3、JavaScript 技术在 UI 布局，使其在网站页面上实现传统的 C/S 架构软件功能，服务端技术用 Java、PHP、ASP。现在也有很多一键生成 Web App 的平台，如百度 SiteApp、移动开发平台 APICloud，APICloud 平台提供基于腾讯 X5 浏览器引擎生成 Web App，因为移动端的超级流量入口微信、手机 QQ 等用的也是腾讯 X5 内置浏览器，所以用腾讯 X5 浏览器生成的 App 在移动页面展示时适配于微信的浏览体验，这样可以帮助 Web App 引流。

2. Native App

开发 Native App 需要根据运行的手机系统采用不同的开发语言，开发 Android App 需要的开发语言是 Java，还需要熟悉 Android 环境和机制。主要知识点如下所述。

(1) 开发环境，Android Studio、Eclipse 如何搭建 Android 开发环境可以去百度搜索。

(2) 数据结构，App 的某些功能涉及计算，所以要有一定的数学基础。要熟悉 Android SDK，会 API 接口开发，包括自行开发 API 的能力和调用第三方 API 的经验。还要熟悉 TCP/IP、Socket 等网络协议。如果涉及服务器，你还需要了解 Web Service 相关知识和相应的开发语言，常用的有 PHP、JSP、ASP.NET。除了这些功能基础，App 开发还涉及 UI 设计、框架、性能优化、调试适配等。

(3) Objective-C 是开发 iOS 系统 App 的主流编程语言，开发者一般用苹果公司的 iOS SDK 搭建开发环境。iOS SDK 是开发 iOS 应用程序中不可少的软件开发包，提供了从创建程序到编译、调试、运行、测试等多种开发过程中需要的工具。学习 iOS 开发可以去看苹果官方文档，那可以说是比较权威的 iOS 教程。

3. Hybrid App

混合开发中的主流方式是以 Web 为主体型的开发方式，即以网页语言编写，穿插 Native 功能的 Hybrid App 开发类型，网页语言主要有 HTML5、CSS3、JavaScript。Web 主体型的 App 用户体验好坏，取决于底层中间件的交互与跨平台的能力。国内外有很多优秀的开发工具，如国外的 appMaker、appMobi，国内的 APICloud，APICloud 的底层引擎用 Deep Engine，使用半翻译式原理，将运行中的 Web 翻译成 Native API，并且支持扩展 API，开发时可调用原生语言开发的功能模块，以此达到媲美原生 App 的用户体验，同时节省开发时间。

对企业来说，可以根据自己的需求选择不同的开发类型和开发工具。目前来看，Hybrid App 已经成为移动开发的发展趋势：一方面，Hybrid App 开发时不采用或者大部分不采用原生语言，却能拥有原生应用的特性；另一方面，随着 Web 技术的发展，Hybrid App 技术已经成熟，很多大型 App(如淘宝、微信、携程)都属于这种开发模式，Hybrid App 给企业移动应用的开发、维护、更新都带来了极高的便捷性，从成本投入和用户体验考虑，Hybrid App 都是首选。

情境三　旅游业常见 App

旅游类 App 可分为很多种类，有大众认知的典型旅游 App，如携程旅行、途牛旅游；也有短程的提供代步功能的 App，比如滴滴出行、快的打车；还包括火车票、机票的预订 App。所以旅游类 App 是一个很宽广的范围。攻略类 App 包括穷游、马蜂窝、携程旅行；交通类 App 包括 CityMaps2Go、谷歌地图、航旅纵横；住宿类 App 包括 Airbnb、Agoda、Booking、途家；工具类 App 包括旅行翻译官、旅行箱。

一、去哪儿旅行

图 2-7　去哪儿旅行网网站标识

去哪儿旅行网(其网站标识如图 2-7 所示)可以随时随地为旅行者提供国内外机票、酒店、度假、旅游团购及旅行信息的深度搜索服务。它的关键词是比价、机票、酒店、旅游和搜索。

其目标用户包括下述几种类型。

(1) 经常出行的商务人士。对于这类人群来讲，酒店和机票信息是出行必不可少的。

(2) 爱好旅游的人士。去哪儿网提供了团购游服务，价格优惠，路线多样，对于特别喜欢自助游的人群更有度假路线搜索，可以找到各种各样的玩法，满足各种旅游爱好。

(3) 经济宽裕而又谨慎出游的白领或大学生。去哪儿网提供了各种省钱游服务，包括酒店也可以双向对比，确定最优惠的旅游方案。并且为进一步吸引用户，去哪儿网与给惠网达成合作协议，通过给惠网订票者还可得到返利优惠。

从去哪儿网的目标用户就可以看出，它主要为中低端的旅游爱好者提供服务，并且价格实惠，整体比较亲民。

二、携程旅行

众所周知，"去哪儿"和"携程"是我国旅游类 App 的两大巨头。说完"去哪儿"，咱们再来说一说携程(其网站标识如图 2-8 所示)。就算没用过携程的人，应该也知道他们的那句广告词，"携程在手，说走就走"。强大的广告和宣传策略，使他们在旅游类 App 的地位一直居高不下。

图 2-8　携程旅行网网站标识

(1) 携程的主要功能有酒店预订、机票预订、旅游度假、高铁预订、商旅管理、特惠商户及旅游资讯。

(2) 携程的关键词是酒店、机票、高铁预订。

携程网主要是 OTA，是代理商，它直接与酒店、航空公司合作，通过交易赚取佣金。就酒店而言，酒店的价格越高，赚取的佣金自然也就越多，而入住这类酒店的用户，往往都是商旅人士或者是高消费人群。而价格高的酒店相对来说服务质量也会更好，用户消费后会给予很好的评价，这样就形成了一个良性循环，高评价吸引后面的人群来消费。

(3) 目标用户。因为携程本身的产品定位，所以它面对的主要都是中高端的商务会员，有强大的消费能力，业务的需求频率非常高。

携程的合作酒店目前主要偏重高消费人群，以扩大酒店市场。虽然低端酒店在佣金、服务等方面不及中高端酒店，但用户需求还是比较大的，可以牢牢抓住这部分用户。另外，对于未来，携程可以发展旅游周边产业，如美食、娱乐、休闲服务，真正构建一条龙服务体系。

三、同程旅游

同程旅游与"去哪儿"相似，也可为用户提供国内外机票、酒店、度假、旅游团购及旅行周边、美食、休闲一大类的旅行服务。与旅游巨头"去哪儿"和"携程"相比，同程旅游在行业内首创"先行赔付"和"点评返奖金"等特色增值服务，成为中国增长速度极快的旅游预订平台。同程旅游网站标识如图 2-9 所示。

图 2-9　同程旅游网网站标识

同程旅游有自己的"一起游"旅游社区，以旅游攻略、点评、问答、博客为特色，并为旅游者提供全球上千个热门目的地官方旅游攻略。100 万篇驴友原创游记攻略，300 万条以上高质量旅游点评与问答。驴友们可以在此一起互相分享旅游的乐趣。总体来说，同程旅游与去哪儿旅行类似，都是针对于中低端用户，有着实惠的价格和各种特价产品。但由于起步较晚，用户使用量和市场份额还是不如去哪儿旅行。不过，如果把他们饱为用户诟病的售后服务加以改善，留住经常使用的用户，同程旅游的未来还是值得期待的。

四、途牛旅游

途牛旅游网于 2006 年 10 月创立于南京(其网站标识如图 2-10 所示),以"让旅游更简单"为经营宗旨,为消费者提供由北京、上海、广州、深圳、南京等 64 个城市出发的旅游产品预订服务,产品全面,价格透明,全年 365 天 24 小时 400 电话预订,并提供丰富的后续服务和保障。

图 2-10　途牛旅游网网站标识

"要旅游找途牛",与携程类似,途牛的广告宣传也是业内首屈一指的,无论是热门综艺节目《爸爸去哪儿》,还是《最强大脑》,都有途牛十分醒目的广告。这也是它虽然起步晚,但是上升势头很猛的原因。和大多数旅游 App 一样,途牛也支持跟团游、自助游、景点门票等项目。但与其他旅游 App 相比,途牛的优势体现在下述两方面。

(1) 旅行定制。有专业的旅游顾问团针对每个人个性化的需求定制个性化的旅行项目。

(2) 双重保障。售中、售后跟踪服务以及质检,旅途中出现任何质量问题,途牛都会帮你维权到底,使你的权益得到切实保障。所以选择途牛就相当于有了双重保障。

由于途牛完善的售中和售后服务,因此口碑一直很好,这也是它能在旅行 App 高手如林的今天,依旧保持可观的用户量,并且不断上涨的原因。

任务三　多媒体技术

任务目标

了解什么是多媒体技术;多媒体技术的核心和主要研究内容;未来的发展方向以及在旅游业中的应用。

任务实施过程

请每个小组将任务实施的步骤和结果填写到如表 2-3 所示的任务单中。

表 2-3　项目二之任务三的任务单

小组成员:		指导教师:
任务名称:	任务完成地点:	
工作岗位分工:		
工作场景: (1) 了解多媒体技术的研究对象; (2) 分析一般旅游电子商务网站使用到的多媒体技术		
教学辅助设施	计算机	
任务描述	通过分析旅游电子商务网站的内容,认识多媒体技术在其中的运用	

续表

任务重点	主要考查学生对多媒体技术的研究对象和核心技术的掌握情况
任务能力分解目标	多媒体技术的研究对象和核心技术； 多媒体技术的使用案例
任务实施步骤	(1) 学习相关知识点； (2) 列出你选择该 App 所使用的多媒体技术，分析其作用； (3) 了解智慧旅游的概念及案例； (4) 各个小组进行互评，教师最后点评

任务评价

(1) 了解多媒体技术的研究对象和核心技术。

(2) 以智慧旅游为代表，分析景区使用的多媒体技术。

情境一　认识多媒体技术

当今社会，多媒体技术迅速兴起，蓬勃发展，其应用已遍及国民经济与社会生活的各个角落，促使人类的生产方式、工作方式乃至生活方式发生了巨大的变化。早期，人们通过交谈与手势交流信息，随着社会的进步，信息传播的方式发生了变化，开始有了文字和图片，后来又有了照片乃至电报、电话、录音、广播、电视、电影、计算机网络，等等。

多媒体自诞生以来发展迅速，现在已逐渐家喻户晓，多媒体技术综合了计算机声音处理技术、计算机图形处理技术、图像处理技术、计算机通信技术、存储技术、计算机文字处理技术、计算机动画处理技术及活动影像技术、集成电路技术等，这些技术的有机结合，对科技界、产业界、教育界、创作、娱乐界及军事指挥等领域产生了强劲的冲击波，它使传统的微型计算机、音频、视频设备发生了革命性的变革，对大众传播媒介产生了巨大影响。

一、多媒体技术的含义

1. 多媒体技术的定义

多媒体技术(Multimedia Technology)是指通过计算机对文字、数据、图形、图像、动画、声音等多种媒体信息进行综合处理和管理，使用户可以通过多种感官与计算机进行实时信息交互的技术，又称为计算机多媒体技术。真正的多媒体技术所涉及的对象是计算机技术的产物，而其他单纯的影像，如电影、电视、音响等，均不属于多媒体技术的范畴。

媒体(medium)在计算机行业里有两种含义：其一是指传播信息的载体，如语言、文字、图像、视频、音频等；其二是指存储信息的载体，如 ROM、RAM、磁带、磁盘、光盘等，主要的载体有 CD-ROM、VCD、网页等。

多媒体技术中的媒体主要是指前者，就是利用计算机把文字、图形、影像、动画、声音及视频等媒体信息都数位化，并将其整合在一定的交互式界面内，使计算机具有交互展示不同媒体形态的能力。它极大地改变了人们获取信息的传统方法，符合人们在信息时代的阅读方式。多媒体技术的发展改变了计算机的使用领域，使计算机由办公室、实验室中的专用品变成了信息社会的普通工具，广泛应用于工业生产管理、学校教育、公共信息咨询、商业广告、军事指挥与训练，甚至家庭生活与娱乐等领域。

2. 多媒体技术的特点

多媒体技术具有以下几个主要特点。

(1) 集成性。能够对信息进行多通道统一获取、存储、组织与合成。

(2) 控制性。多媒体技术以计算机为中心，综合处理和控制多媒体信息，并按人的要求以多种媒体形式表现出来，同时作用于人的多种感官。

(3) 交互性。交互性是多媒体应用有别于传统信息交流媒体的主要特点之一。传统信息交流媒体只能单向地、被动地传播信息，而多媒体技术则可以实现人对信息的主动选择和控制。

(4) 非线性。多媒体技术的非线性特点将改变人类传统循序性的读写模式。以往人类读写方式大都采用章、节、页的框架，循序渐进地获取知识，而多媒体技术将借助超文本链接(hypertext link)技术，把内容以一种更灵活、更具变化的方式呈现给读者。

(5) 实时性。当用户给出操作命令时，相应的多媒体信息都能够得到实时控制。

(6) 信息使用的方便性。用户可以按照自己的需要、兴趣、任务要求、偏爱和认知特点来使用信息，任意选取图、文、声等信息表现形式。

(7) 信息结构的动态性。"多媒体是一部永远读不完的书"，用户可以按照自己的目的和认知特点重新组织信息，增加、删除或修改节点，重新建立链接。

二、多媒体技术的发展历程

1. 多媒体技术的发展历史

多媒体技术兴起于 20 世纪 80 年代末期，是近些年来计算机领域中最热门的技术之一。它集计算机、声像和通信技术于一体，采用先进的数字记录和传送方式，可代替目前的多种家用电器。因此，美国、日本、欧洲等发达国家和地区都十分关注多媒体技术的开发和应用，相继成立了一些组织，专门从事多媒体技术的开发及有关标准的制定工作。近两年来，全球多媒体计算机市场呈现迅速增长的趋势。尤其随着家庭 PC 的迅猛发展，多媒体日益受到用户的青睐，正逐渐成为计算机的必备功能。多媒体技术初露端倪肯定是 x86 时代的事情，如果真的要从硬件上来印证多媒体技术全面发展的时间，准确地说应该是在 PC 上第一块声卡出现后。早在没有声卡之前，显卡就已经出现了，至少显示芯片已经出现了。显示芯片的出现自然标志着计算机已经初具处理图像的能力，但是这不能说明当时的计算机可以发展多媒体技术，20 世纪 80 年代声卡的出现，不仅标志着计算机具备了音频处理能

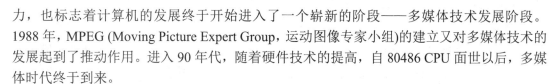

力，也标志着计算机的发展终于开始进入了一个崭新的阶段——多媒体技术发展阶段。1988 年，MPEG (Moving Picture Expert Group，运动图像专家小组)的建立又对多媒体技术的发展起到了推动作用。进入 90 年代，随着硬件技术的提高，自 80486 CPU 面世以后，多媒体时代终于到来。

自 20 世纪 80 年代之后，多媒体技术发展之速可谓惊叹。不过，无论在技术上多么复杂，在发展上多么迅速，似乎都有两条主线可循：一条是视频技术的发展，一条是音频技术的发展。从 avi 格式出现开始，视频技术进入了蓬勃发展时期。这个时期内的三次高潮主导者分别是 avi、stream(流格式)以及 mpeg。avi 的出现无异于为计算机视频存储奠定坚实的基础，而 stream 格式使网络传播视频成为非常轻松的事情，mpeg 格式则是将计算机视频应用进行了最大化的普及。而音频技术的发展大致经历了两个阶段，一个是以单机为主的 wav 和 midi 阶段，一个就是随后出现的形形色色的网络音乐压缩技术的发展阶段。从 PC 喇叭到创新声卡，再到目前丰富的多媒体应用，多媒体正改变着我们的生活方式。

2. 多媒体技术的展望

总体来看，多媒体技术正朝着下述几个方向发展。

(1) 多媒体通信网络环境的研究和建立将使多媒体从单机单点向分布、协同多媒体环境发展，在世界范围内建立一个可全球自由交互的通信网。对该网络及其设备的研究和网上分布应用与信息服务研究将是热点。

(2) 利用图像理解、语音识别、全文检索等技术，研究多媒体基于内容的处理、开发，能进行基于内容的处理系统是多媒体信息管理的重要方向。

(3) 多媒体标准仍是研究的重点：各类标准的研究将有利于产品规范化，应用更方便。它是实现多媒体信息交换和大规模产业化的关键所在。

(4) 多媒体技术与相邻技术相结合，提供了完善的人机交互环境。多媒体仿真、智能多媒体等新技术层出不穷，扩大了原有技术领域的内涵，并创造新的概念。

(5) 多媒体技术与外围技术构造的虚拟现实研究仍在不断取得进展。多媒体虚拟现实与可视化技术需要相互补充，并与语音、图像识别、智能接口等技术相结合，建立高层次虚拟现实系统。

三、多媒体技术的研究对象

多媒体技术可以处理文本、图形、图像、声音、动画和视频等各种媒体信息，使各种媒体信息之间建立逻辑关系，集成为一个系统并具有交互性和实时性。

1. 文本

在计算机中，最常使用的媒体元素是文本，文本包含字母、数字、字、词语等基本元素。文本处理就是进行文本类稿件的输入、编辑、排版和发布，可以借助文字编辑处理软件，如记事本、写字板、Word、WPS 等进行。文本文档在计算机中的存储格式有 ASCII、txt、doc、wps、html、pdf 等。

2. 图像

图像即位图图像，它是由像素构成的，是对客观事物的一种相似性、生动性的描述或写真，是人类日常生活中最常用的媒体信息。一般而言，利用数码相机、扫描仪等输入设备获取的实际景物的图片都是图像。位图图像的像素之间没有内在联系，而且它的分辨率是固定的，如果在屏幕上对它们进行放大或低分辨率打印时，将丢失其中的细节并会出现锯齿状。图像的分辨率和表示颜色及亮度的位数越高，图像质量就越高，但图像存储空间也就越大。图像文件在计算机中的存储格式有 jpg、bmp、tif、gif、png 等。

3. 图形

图形即矢量图，是图像的抽象表现，它反映图像上的关键特征，如直线、圆、弧线、矩形和图表等的大小和形状，也可以用更为复杂的形式表示图形中的光照、材质等特征。图形可以被任意移动、缩放、旋转和弯曲，清晰度不会发生改变。图形一般用计算机绘制而成，著名的绘图软件有 CorelDRAW 和 AutoCAD 等。矢量图形文件存储格式有 3ds(用于3D造型)、dxf(用于 CAD)、wmf(用于桌面出版)等。

4. 声音

声音属于听觉媒体，它有音效、语音和音乐三种形式，它的频率在 20~20 000 Hz 范围内连续变化。音效是指声音的特殊效果，如下雨声、风声、动物叫声、铃声等，它可以在自然界中录制，也可以采用特殊方法人工模拟制作；语音是指人们讲话的声音；音乐是一种最常见的声音形式，是能够让人产生共鸣效果的声频。声音的编辑与处理软件有 GoldWave、Sound Forge、CoolEdit 等，声音文件存储格式有 wav、mp3、wma 等。

5. 动画

动画是通过人工或计算机绘制出来的一系列彼此有差别的单个画面，通过一定速度的播放可获得画中图像连续变化的效果。目前，计算机动画不仅包含基于传统动画方式的二维平面动画，而且还有高质量、立体感强、效果好的三维动画。著名的动画软件有 Flash、Ulead GIF Animator、Autodesk Animator Studio 等，动画文件存储格式有 swf、gif、flc 等。

6. 视频

视频是由连续的画面组成动态图像的一种方式，其中的每一幅图像称为一帧(frame)，随视频同时播放的数字化声音简称"伴音"。当图像以每秒 24 帧以上的速度播放时，由于人眼的视觉暂留因素，我们看到的就是连续的视频。视频由一系列的位图图像组成，其文件的格式与单帧文件格式有关，还与帧与帧之间的组织方式有关，它的数据量比较大，一般都要进行数据压缩后再保存与传输。视频的编辑与处理软件有"会声会影"、Adobe Premiere 等，视频文件存储格式有 avi、mpg、mov 等。

动画和视频都建立在活动帧的理论基础之上，但对帧的速率的要求有所不同。动画没有任何帧播放速率的限制要求，但 PAL 制式的视频通常标准速率为 25 帧/秒，NTSC 制式通常速率为 30 帧/秒。在一个多媒体作品或应用软件里，都会包含以上媒体要素。

四、多媒体核心技术

多媒体技术研究内容主要包括感觉媒体的表示技术、数据压缩技术、多媒体数据存储技术、多媒体数据传输技术、多媒体计算机及外围设备技术、多媒体系统软件平台技术等。尽管多媒体技术涉及的范围很广，但多媒体的核心技术可归纳如下。

1. 多媒体压缩技术

在多媒体计算机系统中，为了获得令人满意的图像、视频画面质量和听觉效果，必须解决视频、图像、音频信号数据的大容量存储和实时传输问题。解决的方法，除了提高计算机本身的性能及通信信道的带宽外，更重要的是对多媒体进行有效的压缩。

数据的压缩实际上是一个编码过程，即把原始的数据进行编码压缩。数据的解码压缩是数据压缩的逆过程，即把压缩的编码还原为原始数据。因此，数据压缩方法也称为编码方法。根据解码后数据与原始数据是否完全一致进行分类，压缩方法可分为有失真编码和无失真编码两类。

2. 多媒体存储技术

随着多媒体与计算机技术的发展，多媒体数据量越来越大，对存储设备的要求也越来越高。因此，具备高效快速的存储设备是多媒体技术得以应用的基本条件之一。目前流行的 U 盘、光盘和移动硬盘，主要用于保存和转移多媒体数据文件。

3. 多媒体数据库技术

传统数据库的模型主要针对整数、实数、定长字符等规范数据，而多媒体数据库是数据库技术与多媒体技术结合的产物。多媒体数据库不是对现有的数据进行界面上的包装，而是从多媒体数据与信息本身的特性出发，考虑将其引入数据库中之后而带来的有关问题。

4. 超文本与超媒体技术

超文本这个概念最早是由美国的 Ted Nelson 在 20 世纪 60 年代提出的，超文本是对信息进行表示和管理的一种方法，类似人的联想记忆方式，采用一种非线性网状结构组织信息。超媒体技术是超文本与多媒体技术的结合，它以超文本的非线性结构为基础，对各种类型的多媒体数据信息，如文本、图片、声音、图像以及动画等，进行有效的处理和管理。

5. 多媒体信息检索技术

多媒体信息检索是指根据用户的要求，对图形、图像、文本、声音、动画等多媒体信息进行识别和获取所需信息的过程。与传统的信息检索相比，多媒体信息检索具有信息类型复杂、交互性、同步性、实时性、界面友好、操作简单等特性。在这一检索过程中，它主要以图像处理、模式识别、计算机视觉和图像理解等学科中的一些方法为基础技术，结合多媒体技术发展而成。

6. 人机交互技术

人机交互技术是指通过计算机输入、输出设备，以有效的方式实现人与计算机对话的技术。它包括计算机通过输出或显示设备给人提供大量有关信息，人根据相关提示要求将信息反馈给计算机。人机交互技术是计算机用户界面设计中的重要内容之一，它与认知学、人机工程学、心理学等学科领域有密切的联系。人与计算机之间的信息交流有四种不同的形式，即人-人(通过计算机)、人-机、机-人和机-机。

7. 多媒体通信技术

多媒体通信技术是多媒体技术与通信技术的有机结合，突破了计算机、通信、网络等传统产业间相对独立发展的界限，是计算机、通信和网络领域的一次革命。它在计算机的统一控制下，对多媒体信息进行采集、处理、表示、存储和传输，大大缩短了计算机、网络之间的距离，将计算机的交互性、网络通信的分布性和电视的真实性完美地结合在一起，为人们提供了更加高效、快捷的沟通途径和服务，如提供网络视频会议、视频点播、网络游戏等新型的服务。

情境二　多媒体技术案例应用

一、多媒体技术在旅游业中的应用

进入 21 世纪以来，作为朝阳产业的旅游业在新的多媒体技术的支持下迅速发展起来，逐渐发展出了智慧旅游、智慧景区等新生事物。其中，多媒体技术运用主要体现在以下几个方面。

1. 虚拟旅游

虚拟旅游就是足不出户，通过视频、全景图、声音等，对即将前去的景区有个大概的印象，就像亲眼看到了一样。虚拟旅游系统最大的优势，就是可以以声情并茂的界面增强代入感。通过全景图显示的方式，宣传景区美丽的景色，可以让游客对景区有直观的了解，不会因为外来或者他人的因素影响判断力，还可以增加游客的满意度，吸引徘徊不决的游客。虚拟旅游的代表——美丽中国 App 的界面如图 2-11 所示。

图 2-11　美丽中国 App 的界面

2. 智能导览

在没有导游的情况下，通过手机 App 或者微信，可以给自己定制个性化的旅游路线、设置自动语音导览、智能语音播报(参见图 2-12)等。

图 2-12　智能语音播报

3. 游客互动系统

景区内通过多媒体互动设备，即使用投影、灯光、触屏等设备，打造景区场景与游客进行交互体验，可以增强游客的趣味与愉快感受，加深游客对景区的印象。

苏州园博园的互动系统包括下述几种功能。

(1) 全景地图。不同于普通的地图导航，景区导览服务中的地图更为生动精致。像乌镇的手绘地图、迪士尼的卡通地图，都别具一格，既能详细展现景区风貌，又能激发游客的游览兴趣，对游客更为友好。苏州园林导览地图如图 2-13 所示。

图 2-13　苏州园林导览地图

(2) 语音讲解。传统的导游服务，很难兼顾所有人群。而智能语音导览，则可以为游客提供一对一的讲解解说服务，景区可在后台自定义上传音频解说，提供权威的官方讲解。

(3) 图文介绍。不同于过去的传统导览，智能导览可以针对每个景点提供详尽的图文介绍，帮助游客进一步了解景点背后的人文历史，对景区有更加全面的认识。

(4) 公共服务。景区可在官方导览地图中详细标记出普通地图中没有显示出的公共服务设施，帮助游客快速获取所需服务的所在位置，真正做到"想游客所想，解游客所需"。

(5) 路线推荐。对于很多第一次前往景区的游客来说，对景区官方规划的推荐游玩路线并不是那么了解，甚至很多人都不知道。利用智慧化的景区导览系统，景区则可以向游客推荐个性化的游玩路线，让游客随心畅玩，节省游客时间。

二、多媒体技术在旅游业的应用案例

(一)北京故宫博物院

北京故宫博物院是中国一座综合性博物馆，建立于 1925 年 10 月 10 日，位于北京故宫紫禁城内，是世界上现存规模最大、保存最为完整的木质结构古建筑之一，被誉为"世界五大宫之首"，是国家 5A 级旅游景区，可以说故宫是北京乃至全中国当之无愧的景点之王。

2018 年 5 月，"玩转故宫"小程序 1.0 上线，基于腾讯地图的场景化服务，上线一年时间已为近百万游客提供了游览路线推荐、景点讲解、定位导航等智慧导览服务。

2019 年 7 月，"玩转故宫"小程序升级为 2.0 版本(见图 2-14)，除了旧功能的优化，新上线的 AI 导游福大人的语音交互成为最大亮点。AI 导游福大人身为内阁大学士，不仅能跟游客闲聊互动，还能为游客推荐个性化的游览路线，讲解景点文物，畅聊历史趣闻逸事。

"数字故宫"小程序进一步全面整合了故宫在线数字服务，不管是游故宫、逛建筑，还是赏文物、看展览，"数字故宫"小程序都可以"一站式"满足用户需求(见图 2-15)。

图 2-14 "玩转故宫"小程序

图 2-15 "数字故宫"小程序

用户可以通过小程序快速定位、浏览"数字文物库""故宫名画记""全景故宫"；还可以在"相识大考验"趣味答题中了解文物知识，分享与文物的"缘分"。

除了与腾讯合作打造"数字故宫"外，故宫博物院还与华为合作打造 5G 智慧故宫，可以让世界各地的观众随时如身临其境般体验实地参观故宫的乐趣，让来到故宫博物院的观众享受到更高速的网络服务，浏览高清视频内容，瞬间获取眼前的古建筑、文物知识链接和服务设施信息；同时也参加阿里"未来景区"合作计划，通过在阿里巴巴平台上开设官方旗舰店，实现系统直联的电子门票预订，在天猫新开"故宫文创"，与大众耳熟能详的"故宫淘宝"互为补充，打造文化礼品、创意生活用品、设计产品的展示销售平台，让故宫博物院的文化、艺术、历史通过创意设计手法，与当代产业技术结合。

(二)广州长隆旅游度假区

广州长隆旅游度假区是综合性主题旅游度假区，总占地面积 1 万亩，集旅游景区、酒店餐饮、娱乐休闲于一体，拥有长隆欢乐世界、长隆国际大马戏、长隆野生动物世界、长隆水上乐园、广州鳄鱼公园、长隆酒店、香江酒店、长隆高尔夫练习中心和香江酒家等设施。

2007 年，广州市长隆旅游度假区被评为国家 5A 级景区，是国家文化部命名的"文化产业示范基地"。2019 年长隆旅游度假区年接待游客超过 1600 万人次，在 TEA/AECOM 联合发布的"2019 全球主题公园及景点报告"中，长隆旅游度假区接待游客量排名世界第六。

长隆在智慧旅游方面，主要有以下几项举措。

1. 与腾讯共同开发并上线智慧景区小程序"腾讯智慧景区"

该小程序为游客提供了手绘地图、语音讲解、路线规划、设施查找等服务功能，帮助游客全面了解长隆景区，带来更优质的游玩体验，同时与国民级 IP——王者荣耀进行了合作，将长隆欢乐世界园区及王者荣耀主题元素生动写实地还原在手机上(参见图 2-16)。

图 2-16　长隆与腾讯共同开发的智慧景区小程序

2. 与高德地图合作推出"长隆一键智慧游"

高德地图联合长隆发布"一键智慧游"，三大智慧功能上线，直击亲子游"孩子轻松、家长受苦"的痛点，打造孩子父母齐欢乐的主题乐园。

1) 项目推荐，预先决策

一键智慧游会根据热度推荐游玩项目，如亲子排行榜和挑战排行榜。考虑到儿童身高的限制，智慧游推出身高筛选功能，根据身高筛选出适合孩子的游乐项目，游客可快速了解并选择合适的游玩项目。

2) 线上动态排队功能

长隆欢乐世界游玩项目多、精彩表演多，同时排队时间也很长。为了节省游客时间，智慧游推出线上动态排队功能，在入园之前，游客便可实时了解各游玩项目的排队时间，合理规划时间。同时，在表演开始前 15 分钟，高德地图还会提醒游客及时前往，以防错过。

3) 一键导览

长隆欢乐世界规模很大，游客容易迷失方向。"一键游"通过高德地图的景区工具，将所有游玩项目、餐饮、购物、酒店、服务、卫生间的信息进行了标注，游客一键导航便可直接到达。

3. 长隆集团携手广东移动开启 5G 智慧旅游新体验

广东移动与长隆集团在广州签署 5G+智慧旅游合作框架协议，联手积极推进 5G 等新技术在旅游行业的创新应用，打造 5G+智慧旅游标杆工程，为粤港澳大湾区打造世界级旅游目的地。依托高速率、低时延、广连接的移动 5G 网络，未来 5G+VR 直播、5G 智能票务、5G 智能停车等服务，将为游客带来更丰富、更智能的旅游体验，通过 5G+VR 眼镜参观熊猫馆，360°环绕式体验让人仿佛身临其境。

任务四　3S 技术

任务目标

认识 3S 技术包含的三个方面及最近的发展趋势，了解 3S 技术在旅游业中的应用和相关领域的使用案例。

任务实施过程

请每个小组将任务实施的步骤和结果填写到如表 2-4 所示的任务单中。

表 2-4　项目二之任务四的任务单

小组成员：		指导教师：
任务名称：	任务完成地点：	
工作岗位分工：		

续表

工作场景:	
(1) 根据 3S 技术的内容,了解 3S 技术的发展和现状;	
(2) 了解 3S 技术在旅游业中的作用,以及使用案例	
教学辅助设施	计算机
任务描述	通过了解 3S 技术的内容和发展方向,让学生认识 3S 技术在旅行业中的使用
任务资讯重点	主要考查学生对 3S 技术的概念和发展的认识
任务能力分解目标	3S 技术的概念和发展; 3S 技术的使用案例
任务实施步骤	(1) 学习相关知识点; (2) 各小组选择其中一种技术,结合景区的使用案例进行剖析; (3) 设计智慧旅游在景区中的 3S 技术使用方案; (4) 各个小组进行互评,教师最后点评

任务评价

(1) 了解 3S 技术的内容,能根据旅行社的实际情况,划分基本部门。

(2) 掌握智慧旅游的概念,并以某个景区为例子设计 3S 技术的使用方向。

情境一 认识 3S 技术

旅游资源具有地域分布广、随时间变化快(特别是自然旅游资源)、信息量大的特点,将 3S 技术应用于旅游业能够大大推动旅游信息资源的现代化管理。然而 3S 技术在旅游业中的应用尚处于起步阶段,我国大部分旅游区管理落后,这大大限制了旅游业的发展。在信息技术革命的浪潮中,旅游业的信息化和科学化管理将成为一种必然的趋势。

旅游资源种类繁多,依据旅游资源本身的属性和特征进行分类,可将其分为自然旅游资源和人文旅游资源两部分。前者是指地貌、水体、气候、动植物等自然地理要素所构成的、吸引人们前往进行旅游活动的天然景观;后者内容广泛、类型多样,包括各种历史古迹、古今伟大建筑和民族风俗等。

3S 技术与传统的地面调查方法相结合可用于自然旅游资源的调查、开发和规划等,也可用于部分人文旅游资源的研究,如对古都名城、古代工程、古代建筑的调查评价等。目前,3S 技术主要应用在旅游资源调查评价与开发、旅游规划、旅游资源动态监测和保护、遥感影像旅游地图制作、旅游信息系统设计与开发和虚拟旅游等方面。

一、3S 技术的定义

什么是 3S 技术? 3S 技术是遥感(Remote Sensing,RS)技术、地理信息系统(Geographical Information System,GIS)、全球定位系统(Global Positioning System,GPS)这三种技术名词的英文中最后一个单词字头的统称。

3S 是空间技术、传感技术、卫星定位与导航技术和计算机技术、通信技术相结合，多学科高度集成地对空间信息进行采集、处理、管理、分析、表达、传播和应用的现代信息技术的总称。3S 技术的比较如表 2-5 所示。

表 2-5　3S 技术的比较

技术名称	含　义	主要组成部分	主要功能(对解决问题的简单理解)
遥感(RS)	眼睛与目标物不接触的远距离探测	遥感平台、传感器、地面接收站、处理系统等	获取地表影像或数据(有什么？)
全球定位系统(GPS)	借助卫星定位	GPS 卫星、GPS 接收机、地面监控系统	定位、导航(在哪里？)
地理信息系统(GIS)	专门处理地理空间数据的计算机系统	地理数据、计算机硬件、软件	对地理空间数据进行输入、管理、分析、查询等(为什么？有何联系？怎么利用？)

(一)遥感技术

"遥感"，顾名思义，就是遥远地感知。地球上的每一种物体都在不停地吸收、发射和反射信息和能量。其中的一种形式——电磁波早已经被人类所认识和利用。人类发现不同物体的电磁波特性是不同的。遥感就是根据这个原理来探测地表物体对电磁波的反射和其发射的电磁波，从而提取这些物体的信息，远距离识别这些物体。

遥感技术利用飞机、卫星等空间平台上的传感器(包括可见光、红外、微波、激光等传感器)，从远距离进行观测，根据目标反射或辐射的电磁波，经过校门、变换、图像增强和识别分类等处理，快速地获取大范围地物特征和周边环境信息，获得实时、形象化、不同分辨率的遥感图像，具有探测范围大、资料新颖、成图速度快、收集资料方便等特点，遥感图像具有真实性、直观性、实时性等优点。

(二)地理信息系统

地理信息系统是在计算机软件和硬件的支持下，以一定格式输入、存储、检索、显示和综合分析应用的技术系统，具有数据输入存储、编辑、操作运算、数据查询检索、应用分析、数据显示及结果输出、数据更新等基本功能，具有标准化、数字化和多维结构等基本特点，是综合处理与分析多源时空数据的理想平台，是空间信息的"大管家"和公共的地理定位基础。

(三)全球定位系统

全球定位系统是一种同时接收来自多个卫星的电波信号，以卫星为基准求出接收点位置的技术，由空间卫星(均匀分布在 6 个轨道平面的 24 颗卫星)、地面监控站和用户接收机三部分组成，具有定位精度高、观测时间短、无须通视、操作简便、全天候接收等特点，不仅可以用于测量、导航，还可用于测速、测时等，能提供野外基础测绘的数据。

二、3S 技术的发展及趋势

3S 集成是指将遥感、空间定位系统和地理信息系统这三种对地观测技术有机地集成在一起。地理信息是一种信息流，RS、GPS 和 GIS 中任何一个系统都只侧重于信息流特征中的一个方面，而不能满足准确、全面地描述地理信息流的要求。因此，无论从物质运动形式、地学信息的本质特征还是 3S 各自的技术特征来说，3S 集成都是科技发展的必然结果。

目前，3S 集成还仅限于两两结合方式，这是 3S 集成的初级和基础起步阶段，其核心是 GIS 与 RS 的结合。这种两两结合虽然优于单一系统，但是仍然存在缺陷。将 3S 进行集成从而形成一体化的信息技术体系是非常迫切的。这种集成包括空基 3S 集成和地基 3S 集成，即在硬件方面建立具有同步获取涉谱数据和空间数据的高重复观测能力的平台，而在软件方面使 GIS 支持数据封装，同时解决图形和图像数据的统一处理问题。

(一)遥感技术的发展

遥感应用目前存在的最大问题：一个是想看的时候看不到；一个是看得到的时候看不清，要实现遥感应用看得快、看得清，必须构建高空间分辨率、高时间分辨率的遥感信息获取网络，因此近年遥感技术主要是朝着以下两个方向发展。

1. 遥感影像获取技术越来越先进

(1) 随着高性能新型传感器研制开发水平以及环境资源遥感对高精度遥感数据要求的提高，高空间和高光谱分辨率已是卫星遥感影像获取技术的总发展趋势。遥感传感器的改进和突破主要集中在成像雷达和光谱仪，高分辨率的遥感资料对地质勘测和海洋陆地生物资源调查十分有效。

(2) 雷达遥感具有全天候全天时获取影像以及穿透地物的能力，在对地观测领域有很大优势。干涉雷达技术、被动微波合成孔径成像技术、三维成像技术以及植物穿透性宽波段雷达技术会变得越来越重要，成为实现全天候对地观测的主要技术，大大提高环境资源的动态监测能力。

(3) 开发和完善陆地表面温度和发射率的分离技术，定量估算和监测陆地表面的能量交换和平衡过程，将在全球气候变化的研究中发挥更大的作用。

(4) 由航天、航空和地面观测台站网络等组成以地球为研究对象的综合对地观测数据获取系统，具有提供定位、定性和定量以及全天候、全时域和全空间的数据能力，可为地学研究、资源开发、环境保护以及区域经济持续协调发展提供科学数据和信息服务。

2. 遥感信息处理方法和模型越来越科学

神经网络、小波、分形、认知模型、地学专家知识以及影像处理系统的集成等信息模型和技术，会大大提高多源遥感技术的融合、分类识别以及提取的精度和可靠性。统计分类、模糊技术、专家知识和神经网络分类有机结合构成一个复合的分类器，大大提高了分类的精度和类数。多平台、多层面、多传感器、多时相、多光谱、多角度以及多空间分辨率的融合与复合应用，是目前遥感技术的重要发展方向。不确定性遥感信息模型和人工智能决策支持系统的开发应用也有待进一步研究。遥感技术的工作原理如图 2-17 所示。

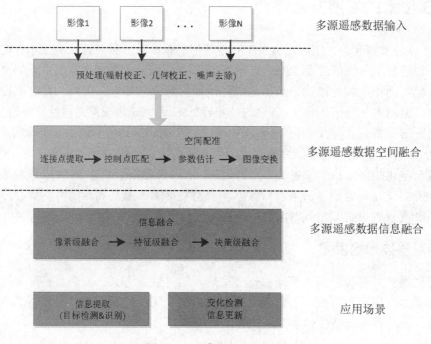

图 2-17 遥感技术工作原理

知识拓展 2-1

2015 年 10 月,《国家民用空间基础设施中长期发展规划(2015—2025 年)》正式颁布,提出了"按照一星多用、多星组网、多网协同的发展思路,根据观测任务的技术特征和用户需求特征,重点发展陆地观测、海洋观测、大气观测三个系列,构建由七个星座及三类专题卫星组成的遥感卫星系统,逐步形成高、中、低空间分辨率合理配置、多种观测技术优化组合的综合高效全球观测和数据获取能力。统筹建设遥感卫星接收站网、数据中心、共享网络平台和共性应用支撑平台,形成卫星遥感数据全球接收与全球服务能力"。

近年来,我国遥感技术重点在以下四个方面开展研究。

(1) 像素链接遥感高速处理技术。

(2) 基于人工智能的遥感信息挖掘技术。

(3) 多源异类遥感融合应用技术。

多源异类遥感数据融合是将包含同一目标或场景的在空间、时间、光谱上冗余或互补的多源异类遥感数据按照一定的规则(或算法)进行运算处理,获得比任何单一数据更精确、完整、有效的信息,以达到对目标和场景的综合、完整描述,使之更适合视觉感知或计算机处理。

(4) 星载实时处理技术。

随着卫星载荷技术的迅速发展,星上载荷数据的容量和速率快速提高,载荷数据的实时应用需求也越来越强烈,因此,支持在轨实时数据处理的高性能数据处理平台的研制是支撑后续任务的关键。

(二)地理信息系统技术的发展

随着 GIS 技术、计算机技术、计算机图形学、虚拟现实技术、测绘技术等各种理论和技术的不断发展,三维 GIS 已成为 GIS 研究的主流方向之一。

新一代三维 GIS 技术体系,以二三维一体化 GIS 技术为基础框架,进一步拓展全空间数据模型及其分析计算能力;更全面地融合倾斜摄影、BIM、激光点云、三维场等多源异构数据,并制定了开放的《空间三维模型数据格式》(S3M)标准;基于分布式技术实现倾斜摄影模型、激光点云等实景三维数据的高效全流程管理;集成 WebGL、虚拟现实(VR)、增强现实(AR)、3D 打印等 IT 新技术,带来更真实、更便捷的三维体验,推动三维 GIS 实现空天地一体化、室外室内一体化与宏观微观一体化,赋能全空间的新一代三维 GIS 应用(见图 2-18)。

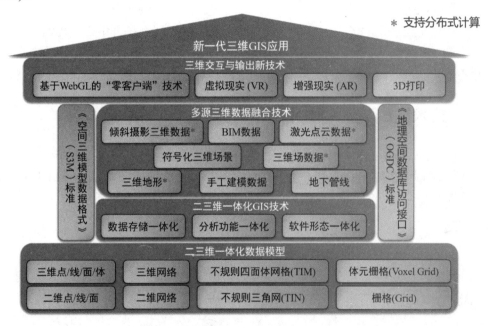

图 2-18　GIS 应用

(三)全球定位系统技术的发展

我国自主研发的北斗导航系统与美国的全球定位系统(GPS)、俄罗斯的格洛纳斯系统(GLONASS)、欧盟的伽利略系统(Galileo)并称全球四大卫星导航系统(GNSS)。如今北斗已经广泛应用于电力、金融、通信、交通、农业、测绘、减灾救灾等生产和生活领域,中国将彻底摆脱对美国全球定位系统的依赖。对于北斗导航,相较 GPS 有不足的地方,但是也具有不可忽视的优点,最主要的就是安全。北斗作为自主研发的导航定位系统,是我国的一项重要战略措施,有了北斗导航系统,可以摆脱 GPS 的垄断,具有更多自己的优势功能,更好地服务本国。

北斗卫星导航系统的优点如下所述。

(1) 北斗三频信号。北斗使用的是三频信号,而 GPS 使用的则是双频信号,这是两者的不同，也是北斗的重要优点之一。三频信号的作用是可以更好地消除高阶电离层延迟影响，从而提高定位可靠性，增强数据预处理能力，提高模糊度的固定效率。

(2) 北斗系统的安全。北斗导航作为本国自己的导航系统，自然在信息安全上做到严密的保护，GPS信号是可以加密或关闭的，军队官方都没有统一装备 GPS 的任何产品，在民用方面，应用北斗不仅可以促进北斗市场的发展，也可以更好地服务大众。虽然开发研制运行北斗导航系统花费巨大，但这是必须要花的，而且花得值。这是北斗卫星导航系统的优点之一，也是不可缺少的。

(3) 有源定位及无源定位。有源定位就是接收机自己需要发射信息与卫星通信，无源定位则不需要。北斗二代使用的是无源定位，当能观测到的卫星质量很差，且数量较少时(至少要 4 颗卫星)，仍然可以实现定位。北斗卫星导航的短报文通信服务，最重要的就是双向通信服务，在重大紧急事件中作用非常大。这是北斗所独有的功能，是北斗导航定位系统的著名且重要的优点。

北斗导航定位系统的优点还有在定位方面越来越精确，随着北斗芯片的研发、生产及应用，受到了市场的欢迎，同时也带动了北斗制造业的发展。北斗导航定位系统的不断发展，技术的不断进步，也使北斗获得了国际的认可，成为四大导航系统之一。

三、3S 技术在旅游业中的作用

3S 技术作为新的科技手段，在旅游业管理中有着巨大的发展潜力和发展前景。但目前国内旅游管理尚显落后，将 3S 技术应用到旅游资源调查评价、旅游规划及旅游信息系统创建等，将是旅游业发展的必然趋势。

情境二　3S 技术案例应用

一、3S 技术在旅游业中的案例应用——智慧旅游

智慧旅游的目的是数字化，让游览透明化、立体化、互动化，让游客感受到游览地的魅力所在。北京市智慧旅游建设主要通过"i 游北京"App 和北京市文化和旅游局监管的非营利网站"北京旅游网"实现。从使用者的角度出发，智慧旅游主要包括导航、导游、导览和导购(简称"四导")4 个基本功能，3S 技术在前 3 个功能中有充分的应用。

(1) 导航。智慧旅游将位置服务(LBS)加入旅游信息中，让旅游者随时知道自己的位置。通过 RS 技术获得的卫星遥感图与 GPS 导航获得精准的地理位置相结合。智慧旅游将导航和互联网整合在一个界面上，地图来源于互联网。当游客用手机通过 GPS 确定位置后，最新信息将通过互联网主动弹出，如景区拥堵状况、突发事故、停车场及车位状况等，并可查找其他相关信息。GPS 导航与互联网的结合使信息的表达更加直接、主动、及时和方便。例如，北京实现了全国首创的旅游产业调度中心。基于手机基站所监测到的用户量，准确地反映景区人流量的实时状态，测算出景区内的舒适度。舒适度指数每 15 分钟更新一次，共分 5 个级别，分别是 5 级舒适、4 级较为舒适、3 级一般、2 级较拥挤、1 级拥挤。游客

可以在"北京旅游网"点击查询旅游景点的当前游览舒适度信息。此外，信息栏还同时公布景区舒适度趋势图，显示游客量全天数量变化，均呈现 5 级舒适的游览状态。

(2) 导游。目前，北京大部分景区采用最新的卫星图片和 3D 地图定位技术，基本实现了地图数字化。通过 RS 技术获取卫星图片，再经过技术处理获得我们现在看到的地图，这一技术的成功运用可以使游客轻松获取景区的鸟瞰图。除此以外，游客可以自由切换到街景模式查看每个具体的景点，以 Google Earth、百度地图和高德地图为代表。

(3) 导览。随着科技的进步和时代的发展，虚拟旅游已成为可能，目前这种模拟游客真实游览行为的虚拟旅游，受到越来越多游客的追捧。虚拟现实技术(VR)，是以沉浸性、交互性和构想性为基本特征的计算机高级人机界面，是人类通过计算机对复杂数据进行可视化操作与交互的一种全新方式。虚拟旅游可为游客提供旅游景点的 360°全景、3D 实景图片和全景地图，使游客可以预览和查询实景动态、景点文字介绍，轻松实现虚拟在线旅游。虚拟旅游的主要模式有街景模式以及随之产生的全景模式。

街景模式在智慧旅游中运用广泛。其街景图片是由一批在车顶安装多镜头摄像机的车辆拍摄而成的实景图片，而不是预先渲染的画面。以 Google 公司所开发的 Google 街景视图为例，它应用于 Google 地图及 Google 地球内的功能，提供水平方向 360°及垂直方向 290°的街道全景，让使用者能检视所选城市地面上街道不同位置及其两旁的景物。

二、3S 技术在其他领域的案例应用

(一)高分辨率成像遥感技术在林业中的应用

遥感技术在林业中的应用非常广泛，主要包括以下几个方面：森林资源遥感调查、森林火灾遥感监测、森林病虫灾害遥感监测及林业资源遥感动态监测等，如图 2-19 所示。

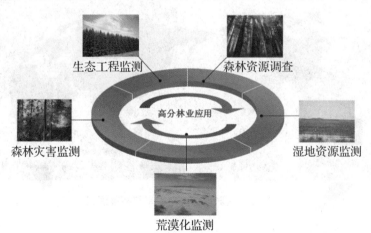

图 2-19　林业资源遥感动态监测

遥感技术在空间分辨率和光谱分辨率方面的提高，以及雷达遥感、航空遥感和无人遥感飞机的发展，为林业遥感提供了丰富的信息源，拓宽了林业遥感应用的深度和广度，给森林资源清查和监测工作带来了新的契机，为"数字林业"的顺利推广提供了强大的信息

保证。

1. 森林资源遥感调查

森林资源遥感调查主要是通过野外调查和卫星图像的对照判读，进行森林类型判别，并用遥感数据与地面各种因子建立模型的定量表达，估计森林蓄积量和森林面积，利用多时相遥感影像监测森林覆盖率等。早在 1954 年，我国就创建了"森林航空测量调查大队"，首次建立了森林航空摄影、森林航空调查和地面综合调查相结合的森林调查技术体系。

然而，过去我国森林资源规划设计调查主要是以航空照片和地形图为参考，制作外业调查手图，通过现场勾绘等手段完成林相图区划。这种传统的调查方式存在调查间隔期过长、调查人员投入多、劳动强度大、一次性经济投入大、出错概率大等问题，难以满足新时期的调查需求。自 2003 年起，高空间分辨率卫星影像写进森林资源规划设计调查规程，我国很多省区相继应用遥感数据进行了森林资源规划设计调查试点，有效推动了林业资源调查数字化进程，促进了高空间分辨率卫星遥感技术的研发，相关研究内容主要包括蓄积量估测、树冠信息的提取方法、遥感影像用于小班区划的方法，并研发了基于高分辨遥感数据的小班区划系统。在高光谱遥感数据应用方面，主要开展了星载高光谱遥感数据的预处理、基于统计模型的森林郁闭度和叶面积指数估测、森林类型遥感识别方法、森林叶绿素含量的几何光学模型反演和机载高光谱数据的优势树种识别技术等方面的研究(相关应用参见图 2-20)。

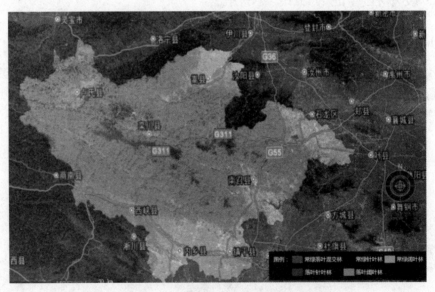

图 2-20　实时地球河南省南部林种识别

2. 森林火灾遥感监测

森林火灾是自然灾害中最为严重的一种，森林一旦发生火灾，不仅会使辛苦几十年培育的林木顷刻间化为灰烬，而且还会对生态环境带来严重的负面影响。如果能及时监测、预报森林火灾，其带来的损失就会大大减小。早在 20 世纪 50 年代，我国林业行业就开展了利用航空遥感技术进行森林火灾监测的技术方法研究。到 70 年代末 80 年代初，美国的

Landsat TM、NOAA 等卫星数据逐步被我国相关专家学者应用于森林火灾监测的研究中，并在 1987 年大兴安岭特大森林火灾监测中发挥了非常重要的作用。

随着卫星遥感技术的深入发展与应用，我国科研人员不断地进行利用遥感技术进行森林防火应用的研究，并取得了许多重要成果。尤其是"十五"以来，面对国内外不断面世的新型卫星遥感数据，我国学者解决了利用这些新型数据进行森林火灾预警监测的应用技术问题，如针对新出现的 Terra/Aqua MODIS、ENVISAT-AATSR、ENVISAT-MERIS 等卫星数据森林火灾预警监测应用技术需求，有效解决了森林火灾预警监测模型中可燃物类型的分类方法、植被因子的估测、小火点自动识别等方面的应用技术问题；利用 MODIS 数据进行了森林火灾预警的应用；针对新型卫星数据林火信息快速提取的技术需求，建立了完善利用高性能平台森林火灾信息提取的技术系统。通过 20 多年的技术突破，我国逐步研究形成了基于卫星遥感数据的森林火灾监测应用方法与技术系统，初步建立了基于航天、航空、展望台(塔)以及与地面巡护相结合的森林火灾监测体系；同时，还将海事卫星技术等应用于我国森林火灾的预防、监测及扑救工作中。我国国家森林防火指挥部卫星森林火灾监测系统从 1995 年应用至今，从以前单一的 NOAA-AVHRR 遥感数据到后来综合应用 NOAA、FY、MODIS 等数据，逐步发展成为国家森林防火指挥部和各省市林业部门防火办森林火灾宏观监测的主要手段，并为扑救指挥提供了可靠的数据保障和技术支撑(相关应用请参见图 2-21～图 2-24)。

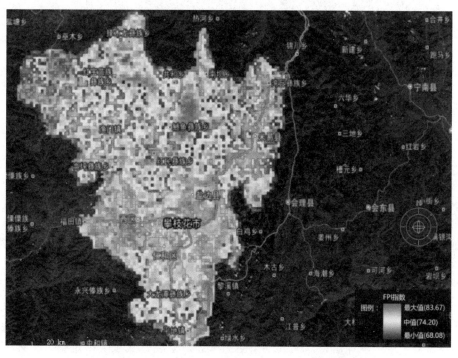

图 2-21　实时地球四川省攀枝花市森林火险预警监测

图 2-22　森林火险预警监测

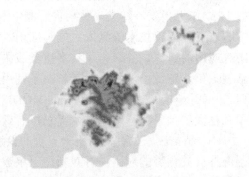

图 2-23　反距离权重插值结果

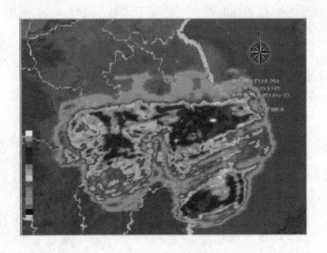

图 2-24　某地区降水栅格数据图

(二)GIS 在气象领域的应用

我国地域辽阔，地形地貌复杂，气象的时空分布差异大，自然灾害频繁。从古到今我国人民既受益于天气，也受害于天气，与自然灾害进行了长期的斗争。随着经济的增长、人口的增加、环境的变化，气象问题越来越受到各级政府及全国人民的重视。因此在传统调查、规划、管理技术的基础上引进先进的技术，将更有助于加快信息的获取、更新，促进气象行业的发展。

地理信息系统(GIS)作为一门重要的空间信息技术，在越来越多的信息系统建设中发挥了重要作用。气象信息既包括空间地理信息，又包括大量与空间密不可分的气象属性信息。气象数据本质上也是地理信息，因为气象中的风速、温度、气压等都是相对于具体的空间域和时间域而言的，没有地理位置的气象要素是没有任何意义的。GIS 技术优势在于可以海量管理和查询气象信息，可以对地理空间数据进行分析处理，与数值模型计算相结合，还可以形象直观地表达模型计算结果；GIS 空间分析能力还可以与气象信息技术相结合，提供空间和动态的地理信息，并采用一定模型为决策服务提供科学依据。因此，在气象领域引入 GIS 具有非常重要的意义。

GIS 在气象领域的应用非常广泛，并不仅限于空间数据的管理发布，它已辐射到整个系统的各个环节，从数据组织、存储、管理到功能的实现与应用，能够与气象业务充分结合，为整个气象信息化系统提供一个全面的解决方案。GIS 是一个功能强大的平台，针对气象领域的特点，可以提供数据组织策略、强大的 GIS 功能集成、丰富的 Web 展现、三维渲染和遥感处理等功能。

气象领域的 GIS 应用提供了以下三大类基本功能，即基本地图操作功能、空间分析与统计功能、数据渲染功能(相关应用请参见图 2-25～图 2-29)。

图 2-25　降水等值线图

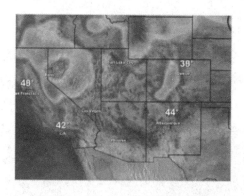

图 2-26　GIS 平台温度数据示意图

图 2-27　GIS 平台旋涡状气流的模拟

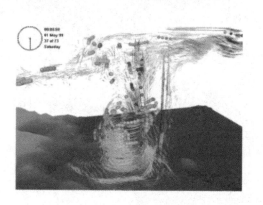

图 2-28　风场数据模型

图 2-29　地表风场数据图

1. 基本地图操作功能

气象 GIS 平台可提供一整套地图编辑工具，编辑修改地图中的地理实体对象，提供具有灵活、方便的地图编辑功能，包括地图浏览、图层的操作与管理、图元的空间位置及参数修改、完备的查询功能、支持 OLE 拷贝、实现不同坐标参照的空间数据可视一体化等。

2. 空间分析与统计功能

空间分析功能可提供空间度量功能、空间数据索引分析功能、空间数据内插功能、缓冲区分析、网络分析、拓扑分析、地形分析等。

3. 数据渲染

GIS 平台可提供的气象数据渲染功能包括符号库定制、专题地图渲染和三维渲染。

专题渲染，就是以某种图案或颜色填充来表明地图对象(点、线、面)的某些信息(例如降雨量、受灾面积、损失程度、旱涝等级等)。气象 GIS 可提供多种操作方式制作气象专题图，包括多类型的专题图制作、多方位标注渲染和图层叠加显示(透明、卷帘、闪烁、多源多尺度动态显示)。

三维渲染主要负责气象专业数据的三维可视化。气象专业数据的可视化主要包括云的模拟，雨、雪、雷等效果的模拟，大气的压强、湿度、温度、气流等效果的模拟。

项 目 小 结

本项目主要让学生了解旅游电子商务相关的技术信息、发展历程、发展方向及案例，了解旅游电子商务的本质和特点，并能进行计算机端和移动端旅游电子商务网站的构建。同时了解多媒体技术和 3S 技术在旅游业中的用途。

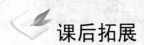

课后拓展

一、简答题

1. 简述电子商务网站的构建流程。
2. 简述旅游电子商务网站的主要系统。
3. 多媒体技术的核心技术有哪些？
4. 3S 技术有哪些主要内容？

二、分析题

1. GIS 技术对旅游业信息管理有何作用？
2. 分析数据库管理系统的主要功能以及运行机制。

三、案例分析

　　山东泰山被联合国列为世界人文和自然双重文化遗产，享誉全球，每年都有大量的国内外游客前来观光旅游。为了给游客提供便捷的旅游信息服务，从而拉动泰安市旅游业的发展，以旅游业为龙头，带动泰安市经济的发展，有关部门开发的泰山旅游多媒体信息系统是泰山旅游信息化的一个尝试。

　　泰山旅游多媒体采用了三维技术，侧重于旅游信息的传播和演示，并提供与泰山旅游相关的服务，该系统建成后可应用于各种公众媒体场所，如旅游景点、宾馆、酒店、旅行社、写字楼、商场等，作为泰山面向公众的一个信息窗口，向游客展示本地特色旅游景点、主要消费场所及本地各方面信息。既可以为外来的旅游者服务，也可以为本地的居民服务，还可以协助政府部门搞好旅游规划。

　　系统的主要功能有下述几种。

　　(1) 景区虚拟游览。以逼真的三维效果向游客展现泰山的概貌，并且提供相应的三维可视化功能，使用户通过自己的操作实现景区的虚拟游览。

　　(2) 旅游景点多媒体信息查询。建立旅游景点与多媒体信息的热连接，通过游客的点击操作，即可实现旅游景点的信息查询，景点多媒体信息主要包括泰山旅游资源文字简介、特色景点图片展示、景点的视频录像，以及主要景点开放时间、门票价格、联系电话、乘车指南等，给人一种身临其境的感觉。

　　(3) 旅游线路动态演示。对不同的旅游线路、交通线路进行动态模拟。此外，还可以对三维模型进行旋转、缩放等操作。

　　(4) 旅游计划。系统针对游客的兴趣爱好，设计了若干条精品旅游线路，方便游客旅行及节省旅游时间和旅游成本投入，使游客可以按照日期时间表计划自己的旅游日程，并对旅游线路自动进行全程演示。

　　(5) 旅游服务信息查询。针对当前旅游消费的需求，提供了住宿、美食、游玩、娱乐、购物等方面的信息，包括星级宾馆、餐饮、商店市场、医疗急救、大厦、旅行交通的查询等内容。

　　(6) 个性定制与服务。向游客提供个性化定制服务，主要包括个人影像采集、个人信息输入以及产品输出。在影像采集过程中，可以只采集人的面部，然后叠加具有泰山地方特色的头饰或服饰，进而叠加泰山三维或影像背景，形成具有个性化的泰山旅游纪念品。

　　请你根据 3S 技术的内容，分析智慧景区是如何应用 3S 技术的。

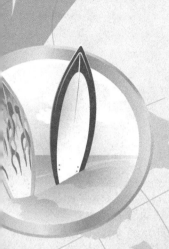

项目三

旅游网络营销的模式和策略

【学习目标】

知识目标：认识旅游网络营销的概念；了解旅游网络营销的基本流程；掌握网络营销思维；了解旅游网络营销的基本模式；熟悉旅游网络营销的常用策略。

能力目标：培养较强的学习能力、总结分析能力以及团队协作能力；运用旅游网络营销工具策划、推广旅游产品或服务。

素质目标：树立移动互联网思维意识；具有较强的责任心，以及与团队成员的合作精神和创新意识。

【关键词】

旅游网络营销的概念　网络营销思维　旅游网络营销模式　网络营销常用策略

⚡ 引导案例

长隆欢乐万圣节"关你鬼事"

作为长隆欢乐世界主题园区的保留项目，2020 年，长隆欢乐万圣节已经举办到了第十届，每年都有不同的主题和项目。2018 年，以"关你鬼事"为传播主题，长隆欢乐万圣节自创了长隆五大鬼王 IP，并为此拍摄了广告片、一支粤语 rap 单曲、H5 以及二次元漫画(见图 3-1)。

图 3-1 长隆欢乐万圣节的系列活动

其中，广告片(见图 3-2)又由五个独立的小故事组成，主要梗概可以理解为每当男主人公要做出破坏社会纪律的事情时，鬼王就会现身，以经过戏剧化夸张处理的方式劝阻主人公，创意灵感来自旅游区提倡文明出游的要求。片中虽然出现了丧尸、亡灵等恐怖角色，但却为他们安排了一个社会不文明行为监督者的角色，恐怖氛围携带者与社会纪律监督者形象同时出现带来的反差感给片子增加了几分趣味性。

图 3-2 长隆欢乐万圣节广告片画面

另外，结合嘻哈音乐越来越受大家欢迎这一文化消费大趋势，长隆还制作了一支粤语 rap 单曲，向观众传递万圣节"关你鬼事"的主题信息，同时呼吁观众万圣节到长隆来玩。据悉，这支 rap 单曲在活动期间还一直在园区内 LED 轮播。

1. 项目背景

根据长隆工作人员现场介绍以及品牌参与金鼠标数字营销大赛时提交的资料来看，长隆欢乐世界品牌在万圣节活动上逐渐摸索出了自己的思路，但随着万圣节知名度的不断提升，各大商家纷纷举办起各种万圣节主题活动，导致同质化严重，在一定程度上分散了目标消费者的注意力，并影响了消费者对长隆欢乐万圣节的关注度。因此，此案例长隆欢乐万圣节的目标是持续强化用户认可度，与竞品形成区隔性差异，并打造品牌独特标识。

2. 核心创意及传播主题

在本案例中，长隆找到的核心解决方案是打造专属于长隆的鬼王 IP。结合园区以及市场分析，长隆希望以故事 IP 化，构建长隆欢乐万圣节世界观，赋予人设、故事以及符号。

另外，根据长隆工作人员的介绍，项目传播主题"关你鬼事"有两层意思，第一层是与你相关的鬼事；第二层就是在广东粤语地区生活的一个话术，指"关你什么事"，希望结合年轻人——比较个性、比较拽的态度用关你鬼事进行传播。

3. 传播思路

基于过往调查，长隆万圣节的受众 85% 都是年轻的"00 后"和"90 后"，因此，在内容创作上，长隆采用了较为年轻化、社交化的方式演绎。同时，在内容传播上，长隆也进行了一些尝试，比如，投放地铁、多媒体视频网络平台广告，借势锦鲤热点以及明星吴克群《为你写诗》这样的电影热点，同时还邀请了华南地区的 KOL 合作"午夜追鬼敢死队"综艺式直播，以及全民抱走大南瓜的狂欢活动。

4. 项目目标

首先，长隆希望项目价值可以体现在品牌端。经过过去七年的运营，长隆欢乐万圣节在珠三角地区年轻人中产生了一定的影响力，借此项目，长隆希望继续提高欢乐万圣节的品牌形象。

其次，长隆除了乐园之外，还有餐饮、酒店，是一体化的综合旅游体，因此欢乐世界万圣节也可以带动周边的餐饮、酒店的营收。

(资料来源：SocialBeta. 旅游行业如何做营销？这 6 个案例可以借鉴｜环球旅讯峰会 [EB/OL][2019-09-05]. https://socialbeta.com/t/case-tourism-marketing-TDC-2019-09)

任务一　认识旅游网络营销

任务目标

小陈是旅游管理专业毕业的大学生，毕业后顺利应聘到一家旅游企业上班。在工作中，他发现公司旅游电商的运用方式比较传统，缺乏移动互联网思维，导致企业的业绩停滞不前。为此，他大胆地向上级主管提出自己的想法，希望企业能了解旅游网络营销，知道网络营销的思维以及旅游网络营销的基本步骤，为公司开拓市场、提升知名度提供发展思路。

任务实施过程

请每个小组将任务实施的步骤和结果填写到如表 3-1 所示的任务单中。

表 3-1　项目三之任务一的任务单

小组成员：		指导教师：
任务名称：	任务完成地点：	
工作岗位分工：		
工作场景：		
(1) 你是旅行社的业务推广员，需要开拓市场并提高企业知名度；		
(2) 向领导提议借助互联网技术进行市场开拓，了解旅游网络营销的内涵和基本步骤		

续表

教学辅助设施	文字、图片、视频等多媒体
任务描述	结合具体的业务初步撰写旅游网络营销的实施方案
任务重点	主要考查学生对旅游网络营销的认识
任务能力分解目标	(1) 旅游网络营销的概念； (2) 旅游网络营销的功能和特征； (3) 旅游网络营销的思维及基本流程
任务实施步骤	(1) 学习相关知识点； (2) 学生以小组为单位，通过书籍、文献和网络收集资料，了解网络营销的内涵，归纳目前旅游业的网络营销思维； (3) 每小组以现场口头表达的形式进行汇报，分析网络营销思维模式并提出其基本实施步骤； (4) 各小组进行互评，教师进行点评

任务评价

(1) 了解旅游网络营销的概念、功能、特征。

(2) 知道旅游网络营销的基本步骤。

(3) 了解目前的网络营销思维。

情境一　初识旅游网络营销

网络营销产生于 20 世纪 90 年代，发展于 20 世纪末至今。网络营销专家冯英健在 2016 年对网络营销这一概念进行了重新定义，即网络营销是基于互联网络及社会关系网络连接企业、用户和公众，向用户及公众传递有价值的信息和服务，为实现顾客价值及企业营销目标所进行的规划、实现及运营管理活动。

随着移动互联网的快速发展和旅游产品需求趋于多样化和个性化，例如家庭旅游、自助旅游成为节假日旅游的主要方式，越来越多的旅游行业借助"电商"平台抢占有利的营销地位，开拓客源市场。这就要求旅游企业要提升网络营销意识，基于移动互联网的思维引领旅游业的创新发展，使旅游消费者更加体会到旅游的乐趣。

一、旅游网络营销的概念

我们将旅游网络营销定义为旅游业通过各种形式的网络技术来分析、计划、执行和控制关于旅游产品、服务和创意的观念、定价、促销和分销，以创造能符合个人和组织目标的一系列旅游营销活动。

具体来说，旅游网络营销主要是旅游业借助国际互联网、计算机和数字交互式媒体功能，最大限度地满足顾客对旅游信息和旅游产品的需求，从而传播旅游目的地形象，开发旅游产品，促成和引导线上和线下交易的实现，最终达到提高旅游目的地知名度，开拓市场，增加地区旅游收入和促进旅游业持续稳定发展的目的。旅游企业的网络营销研究是一个完整的课题，其中又包含着许多分支，再进一步细分又可以分为酒店(饭店)业、景区(景点)、旅行社三个方面。

二、旅游网络营销的功能

网络营销的功能不仅表明了网络营销的作用和网络营销工作的主要内容，在旅游业中运用网络营销，也凸显出一定的效果。

(一)树立品牌形象

网络营销的主要任务之一就是在互联网上建立并推广企业的品牌，知名企业的网下品牌可以在网上得以延伸，一般企业则可以通过互联网快速树立品牌形象，并提升企业整体形象。网络品牌建设以企业网站建设为基础，通过一系列的推广措施，达到顾客和公众对企业的认知和认可。从一定程度上说，网络品牌的价值甚至高于通过网络获得的直接收益。

(二)进行旅游网站推广

这是网络营销最基本的功能之一，在以前，有人甚至认为网络营销就是网址推广。目前，中国的旅游网站主要可以概括为网络供应商提供的旅游产品营销平台、以商业经营为目的为商家和游客提供服务的旅游网站、旅游企业独有的网站以及一些主流网站的旅游专题四种类型。相对于其他功能来说，网址推广显得更为迫切和重要，网站所有功能的发挥都要以一定的访问量为基础，所以，网址推广是网络营销的核心工作。

案例 3-1　煽情：途牛春节"不打烊"文案

(三)发布旅游服务信息

信息发布是网络营销的主要方法，网站是一种信息载体，通过网站可以发布各种信息资料。同时，信息发布也是网络营销的基本职能。因此，无论是哪种网络营销方式，结果都是将一定的信息传递给目标人群，包括新客户、老客户、媒体、合作伙伴、竞争者和社会大众等。

(四)促进旅游销售

销售促进是网络营销的基本目的，大部分网络营销方法都与直接或间接促进销售有关，但促进销售不仅仅是促进网上的销售，事实上，在很多旅游网络营销活动中，对于促进线下旅游产品和服务的销售都十分有效。

(五)销售渠道功能

销售渠道是网络营销重要的场所，一个具备网上交易功能的企业网站，本身就是一个交易场所，网上销售是企业销售渠道在网上的一种延伸。网络销售渠道不限于网站本身，还包括建立在综合电子商务平台上的网上商店，以及与其他电子商务网站不同方式的各种合作等。

(六)提供旅客服务

顾客服务是获得网络营销效果的重要手段，互联网可以提供非常方便的顾客在线服务，顾客不仅能获得常见的问题解答、邮件列表、论坛等各种即时信息服务，还可以获取在线收听、收视、交款等选择性服务，以及全天候无假日的紧急需要服务和信息跟踪、信息定制、手机接听服务和网上选购和送货到家的上门服务，极大地提高了客户的满意度，以客户为中心的原则得以实现，顾客成为商家重要的战略资源。

(七)建立良好的顾客关系

顾客关系是网络营销能否取得成效的必要条件，通过网站的交互性、顾客信息反馈、用户调查表等，以及对顾客承诺和让顾客参与等方式，在开展为顾客服务的同时，也增进了顾客的情感关系，顾客关系管理还具有强大的统计分析功能，可以为我们提供决策建议书，为企业带来可观的经济收益，实现成本控制。

案例 3-2　美国航空公司的个性化旅客服务

(八)开展旅游网上调研

相对于传统市场调研，网上调研具有高效率、低成本的特点。因此，网上调研成为网络营销的主要职能之一。网络营销的职能是通过各种网络营销方法来实现的，网络营销的各种职能之间并非相互独立，同一种职能可能需要多种网络营销方法的共同作用，而同一种网络营销方法也可能适用于多个网络营销职能。

三、旅游网络营销的特征

移动互联网将企业、团体、组织和个人跨时空联结在一起，使得它们之间的信息交换变得轻而易举，因此，旅游网络营销呈现出以下特点。

(一)互动性

网络营销具有极强的互动性，是实现全程营销的理想工具。因此，利用网络营销，旅游企业可以根据旅游者的反馈信息，制作出多种满足旅游者意愿、爱好、档次等需求的旅游产品，供旅游者选择。这种双向互动的沟通方式，提高了旅游者的参与性和积极性，更重要的是它能使旅游企业的决策有的放矢，从根本上提高消费者的满意度。

知识拓展 3-1

"推式"机理与"拉式"机理

传统的媒介主要是一对多的推式媒介，即由一家企业发布营销信息，传递给众多的消费者和相关利益者，这就是"推式"机理。传统的旅游方式主要有两种：一种是旅行社组团旅行，另一种是个人自助旅行。前者存在的弊端是旅游者一旦预订了团队之后，就必须随团固定旅游行程和时间，而且要受到途中的购物困扰，而后者旅游的食、住、行、游、购、娱等环节均需自己解决，费用相对比较高。

在互联网上，消费者习惯于主动与企业联系和搜索网站信息，这就是"拉式"机理。论坛、微博、QQ、微信、直播等形式的出现，使顾客在产生某种需求欲望的时候，就能有针对性地及时主动了解产品和服务，商家也能迅速了解消费者的需求，通过提供良好的在线服务，增强客户的信赖感，提到成交率。

(二)个性化

网络营销是一种以消费者为导向，强调个性化的营销方式。互动式营销沟通的另一个特征是可以为个人定制信息，商家可以根据网络大数据描绘消费者画像，有针对性地推送营销信息，实现精准营销。例如，淘宝上的猜你喜欢，当当网上的购买本书的消费者还购买哪些书籍等，这些个性化的推荐信息能在更大程度上符合并满足消费者的需求，减少消费者的搜索成本，提高购物决策效率。另外，消费者可以利用网络更加便捷地个性化定制产品或服务，例如，野兽派花店刚成立时，没有淘宝店，没有官网，只有微博营销，用户可以利用微博，根据自身需求量身定制故事花束，如道歉花束、初恋花束、后悔花束等，更符合消费者的个性化情感需求。

目前，旅游业已经从简单的规范化的旅游产品发展到复杂的组合产品，从商务旅游到休闲旅游，从团体旅游到散客旅游都呈现出多品种经营的趋势。互联网的全球化、公开化特征使旅游者拥有了比过去更大的选择空间，他们可根据各自的意愿和需求在全球范围内寻找满意的旅游产品，而不受地域限制。以往千篇一律的旅游产品已经不能满足消费者的个性需求，消费者渴求的是更具时尚化和个性化的旅游产品。利用网络营销，旅游企业可以为消费者提供大量的信息，并根据消费者的需要及时修改、发送，还可以根据消费者反馈的信息和要求，通过自动服务系统提供特别服务。

(三)多媒体化

互联网使企业可以传播灵活多变的信息，这些交互式信息广泛、具体，通过文字、声音、图像等多媒体形式将传统媒体的长处集于一身。旅游目的地和旅游企业可以借助抖音、快手等短视频平台，发挥网红营销的创造性和能动性，将网络信息多媒体化，提升销售转化率。

(四)便利性

在现代社会，随着生活节奏的加快，人们越来越珍惜闲暇时间，旅游者迫切需要以更新、更快速、更方便的购买和服务方式来满足其需求。旅游企业通过网络营销，可以确保旅游者所需要的信息的即时性，只要轻点鼠标，就可以实时查询、实时预订，如订票、订房、旅游线路的编制等事务基本上可以在几分钟内完成，也大大促进了买卖双方共建"双赢"的价值体系。

(五)全球性

网络的全球互联共享性和开放性，决定了网络信息的无地域、无时间限制的全球传播性，由此也决定了网络营销效果的全球性。例如亚马逊海外购，全世界的商品可以发布在亚马逊网站上，中国消费者足不出户就可以买到全世界最好的商品。而阿里的速卖通也能将中国的产品信息展示给全世界，这是任何传统营销方式都达不到的。旅游目的地和旅游企业有很多时间和空间进行营销，可以 24 小时随时随地提供全球性营销服务。

(六)成本性

网络营销能满足旅游者的价格需求，能为企业节省巨额的促销和流通费用。售前信息发布、订购、支付、售后服务等多种商务功能集成于一个电脑操作平台上，以往各种细致劳动分工高度集成，大大节省了经销中的费用。同时旅游网站因散客组团等而形成了购买量大的团体，故可享受旅游产品提供方(如航空公司、饭店、景区等)给予的价格优惠。这使企业通过网络营销降低其产品的成本和价格成为可能。而通过网上预订，旅游者不仅可以订到便宜的机票和酒店，还可以在娱乐、餐饮等消费方面享受到折扣优惠。

情境二　旅游网络营销的思维

一、旅游网络营销的基本步骤和规划思路

(一)旅游网络营销的基本步骤

1. 网络营销计划阶段

(1) 通过确定合理的目标，明确界定网络营销的任务。
(2) 根据旅游网络营销的任务，确定网络营销活动的内容和营销预算。
(3) 确定旅游网络营销系统建设的进展，建立相应的监督评价机制。

2. 网络营销设计阶段

(1) 申请域名，创建全面反映旅游网络营销活动内容的网站和网页。
(2) 与互联网连接，树立旅游企业的网上形象。
(3) 设计旅游网络营销的具体流程，建立反馈机制。

3. 网络营销实施阶段

(1) 发掘信息资源，广泛收集网上信息。
(2) 开展网上旅游市场调查。
(3) 制定相应的旅游网络营销策略，在网上推销产品，促进在线销售。
(4) 与旅游消费者及其他旅游企业进行沟通，通过网络收集订单。
(5) 将相关信息反馈给相关旅游决策部门和开发管理部门。
(6) 使网络营销与旅游管理融为一体。

(二)旅游网络营销规划思路

1. 明确经营的具体目标

(1) 树立企业形象。

(2) 推广产品和服务。

(3) 建立一套完整的电子商务体系。

2. 明确网站的目标市场

(1) 市场细分：观光游客、度假游客、商务游客。

(2) 游客群体：年龄分布、职业特征、消费能力、心理特征、旅游需求等。

3. 确定营销和盈利模式

利用网络营销进行产品销售、信息反馈，产品和管理模式必须随着环境的变化不断更新，为消费者提供清晰的旅游产品信息、便捷的购买渠道和舒适放心的旅游产品。

4. 网络营销的成本估算

网络营销的成本核算基本包括营销平台开通费用、网络工具费用、付费推广费用和第三方服务的外推资源费用等。

5. 旅游网站内容的确定

(1) 综合信息：食、住、行、游、购、娱。

(2) 旅游相关知识：旅游常识、出行工具和天气预报等。

(3) 产品和服务信息介绍：旅游精品路线、景区推荐等。

(4) 旅游者自助旅游的相关信息。

二、旅游网络营销思维

(一)我国网络营销思维模式的演变

在中国，网络营销思维模式的演变可以总结为以下几个阶段，如图3-3所示。

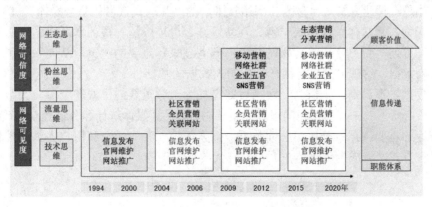

图3-3　我国网络营销思维模式演变的几个阶段

技术思维(2000年以前)：就是以技术为导向，注重网站及推广的技术本身。

流量思维(2000—2010年)：以网站访问量为目标。

粉丝思维(2010—2014年)：获取尽可能多的粉丝关注，向粉丝传递网络营销信息。

生态思维(2015年至今)：以用户关系网络的价值体系为基础设计网络营销战略。

知识拓展 3-2

生 态 思 维

2015年，第八届网络营销大会提出"生态思维"。冯英健指出，网络生态思维是新的思维方法，主要包括建立企业、公众用户之间的价值关联关系，不仅仅是信息和参与，而且包括长期的价值网络，形成价值网络以后，才能得到长远的发展。其核心思想是在吸引粉丝关注的基础上进一步建立用户之间、用户与企业之间的价值关系网络，明确用户之间的关联关系及用户价值体现，使用户成为企业价值链的组成部分，通过社会关系网络互联及全维度价值传递，从而实现用户价值最大化。

(二)旅游网络营销思维

1. 流量思维

互联网时代，流量为王。网站如果没有流量，那就如同"无源之水，无本之木"。因此，抓住用户的痛点，也就抓住了营销的根本。吸引流量，就必须明白流量在哪里，哪些流量最优质，整个大盘的流量有多少。吸引流量之前，还必须清楚用户是谁、用户获取信息的行为以及渠道的流量走向。如今，传统媒体、数字媒体、社会化媒体交叉，利用多种媒介进行传播成为主流。如赞助好声音，摇一摇或发送短信现场参与活动，触发用户兴趣并开展CRM(客户关系管理)营销；用户产生兴趣后，会去搜索引擎搜索了解产品信息并进行互动，或者进入 App Store 进行下载。另外，借势热点开展事件营销，找到流量的引爆点。

案例3-3 故宫文创 IP+H5新媒体营销——穿越故宫来看你

2. 大数据思维

新媒体是一种建立在数字技术和网络技术上的"互动式数字化复合媒体"。作为技术不断更新的产物，新媒体以其形式丰富、互动性强、渠道广泛、覆盖率高、精准到达、性价比高、推广方便等特点在现代传媒产业中占据着越来越重要的位置，从而积累了大量用户和用户行为数据，这就成为进行用户分析的大数据的基础。

"大数据"不只是一个概念，数据目前已成为十分重要的资源和资料。大数据已成为新媒体的核心资源——不仅是新闻报道的重要内容，还是媒体统计和分析受众心理、需求及行为习惯等的重要依据。分析、解读数据，探索得出一种为受众和用户提供个性化服务的新媒体运营方式，将成为新媒体在大数据时代的竞争趋势。

知识拓展 3-3

解读旅游大数据的核心应用价值

《"十三五"旅游业发展规划》中提到云计算、物联网、大数据等现代信息技术在旅游业的应用更加广泛，产业体系的现代化成为旅游业发展的必然趋势。同时对全国旅游规划提出了新的要求：数据资源共享化、产业运行数据化、市场营销精准化、行业管理智能化，运用大数据技术和思维实现智慧旅游。

一、大数据提升旅游管理智慧化

旅游大数据一个明显的发展方向是数据可视化呈现，即把复杂的数据转化为可以交互的图形，帮助用户更好地理解和分析数据对象，发现、洞察其内在规律，极大地降低个人认知壁垒，将复杂未知数据的交互探索变得可行。依托旅游大数据的可视化发展规律，管理决策层可以较直观地获取有价值的信息，以此辅助精准决策。对旅游的管理机构来讲，旅游大数据可视化发展将促进旅游管理信息共享与协同发展，并为政府提供一系列数据分析支撑，为管理决策层提供更加直观的决策依据，为挖掘更深层数据价值提供可能。

二、大数据提升旅游营销精准化

通过旅游大数据将旅游服务供应链的各参与方连接起来，可以实现旅游供应过程中服务流、信息流、价值流的"三流"合一，为旅游智慧营销提供扎实的数据支撑。按比较形象的说法，旅游大数据就像一张蜘蛛网，网上的任何一点动一下，蜘蛛马上就能感觉到。

对于出现的游客抱怨、客源流失等不利因素，也可以通过旅游大数据(旅游评价、微博、游记、投诉记录等)进行原因分析，及时采取补救措施，或开发新的旅游兴趣点，最终实现旅游智慧营销。

三、大数据提升旅游服务人性化

对游客来说，游客市场细分后最大的好处就是支持个性化旅游。目前的旅游消费模式已由卖方市场转向买方市场，旅游方式也由传统的观光旅游模式转向观光、休闲、度假、户外健身等多元化旅游模式。旅游需求更加个性化、多元化，对旅游信息获取的便利性要求更高，消费方式也更加多元化、个性化。依托旅游大数据的支撑，游客利用智慧旅游提供的终端衔接工具，可以充分获取旅游目的地的交通、住宿、天气、旅游项目是否存在同质化、旅游服务质量及评价状况等内容，安排自身的行程，定制私人旅游线路。

(资料来源：https://www.sohu.com/a/152438653_678947)

3. 用户思维

市场做流量，运营做用户。用户购买产品后，会产生各种行为。这种行为不在于产品对用户的引导，而在于用户本身的需求。用户思维包含两个方面，第一个是用户是谁，第二个是用户想干什么。前者可以帮助我们提高市场传播的精准度，后者可以帮助我们提高运营的效率。通过分析用户的各种行为，划分用户等级，制定用户成长体系，可以帮助并引导用户跨越新手阶段。

用户思维是指在价值链各个环节中都要"以用户为中心"去考虑问题。企业应该站在用户的角度思考，用用户的语言表述用户关注的点，以帮助用户思考和判断，从而让用户能快速获取自己的所需。培养用户思维，从了解用户开始。"用户思维"的关键点就是到用户中去，看看他们最关心什么，对产品和服务是什么看法，他们是怎么描述产品的。打动用户，要从用户最关心的价值点入手。

案例 3-4　抓住用户痛
点——逃离北上广

4. 品牌思维

互联网企业往往是小市场架构，好一点的，集中精力做流量，差一点的，自嗨式 PR(公关)，发新闻稿，做微信公众号。结果就是公司做了好几年，用户也不少，但是品牌毫无起色。数字广告对品牌的塑造比较微弱，一方面数字广告过分强调点击与互动，忽略曝光度与深度，导致在用户心中没有留下明确印象，缺少知名度；另一方面，缺少明确的营销定位，顶级媒体背书，多元化文化建设，导致在用户心中没有占据明确地位。产品到了一定阶段，比的不再是体验，而是品牌。

案例 3-5　开往春天的
列车——坐着高铁去云南

5. 免费商业思维

互联网免费大行其道，为的是成为入口。最典型的如 360 和搜狗的三级火箭策略，以及支付宝。通过免费或亏损，获取用户，通过其他产品与服务，赚取利润。过去淘宝很多店主以 1 块钱的价格卖袜子，或是 0 利润充话费，都是为了赔本获取用户，现在流行爆款，也是为了获取用户，然后卖给用户其他的产品来赚取利润。

案例 3-6　湖北省
A 级旅游景区对
全国游客免门票

6. 社交思维

随着新媒体营销的爆发，拥有粉丝变得越来越重要。新媒体时代的粉丝扮演着重要角色，新媒体营销之战其实也是粉丝之战。新媒体营销的一切目的都转向了获取高质量的粉丝，拥有粉丝就等于拥有财富。粉丝经济告诉我们，一个媒体平台，如果不能"聚粉"，那么这个媒体将会慢慢失去其价值。

案例 3-7　透过"带着
微博去旅行"，看社交
媒体营销思维

任务二　旅游网络营销的模式

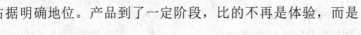

任务目标

有了前面的网络营销思维指引，小陈所在的企业准备让他组建一个团队，专门负责网络营销运营工作，这对刚毕业的小陈来说，既是机遇，又是挑战。小陈积极进取，不畏困难，他急需了解目前旅游网络营销的基本模式有哪些，熟悉旅游行业内知名企业的网络营销模式如何运作，这对于他的团队接下来开展网络运营可以提供参考和经验借鉴。

任务实施过程

请每个小组将任务实施的步骤和结果填写到如表 3-2 所示的任务单中。

表 3-2　项目三之任务二的任务单

小组成员：	指导教师：
任务名称：	任务完成地点：
工作岗位分工：	
工作场景： (1) 你是旅行社的业务推广员，现在负责网络营销运营工作； (2) 熟悉 OTA、UGC、OTM、T2O 和 O2O 模式(填写表 3-3)	
教学辅助设施	文字、图片、视频等多媒体
任务描述	通过搜索行业内知名企业的网络营销模式并进行分类，为企业开展网络营销提供模式参考
任务重点	主要考查学生对旅游网络营销模式的认识
任务能力分解目标	(1) 旅游网络营销的模式； (2) 旅游网络营销常用工具
任务实施步骤	(1) 学习相关知识点； (2) 学生以小组为单位，通过实地走访当地旅行社，或通过书籍、网络收集资料，调研分析某一知名旅游企业的网络营销模式； (3) 每小组以多媒体形式进行汇报，展示调研成果； (4) 各小组进行互评，教师进行点评

表 3-3　几种网络营销模式的比较

旅游网络营销模式	含　义	典型案例
OTA		
UGC		
OTM		
T2O		
O2O		

任务评价

(1) 了解 OTA 及其创新模式。

(2) 了解 O2O 模式及其形式。

情境一　OTA 及其创新模式

一、OTA

OTA(Online Travel Agency，在线旅行社或在线旅游代理)指的是提供车船机票、酒店、门票、跟团、自由行等综合服务的在线旅游企业，主要的销售产品包括旅游景点、交通、住宿、其他服务等，同时，这些企业还有自己的网页版官网。OTA 主要的盈利模式是"代理+批发"结合，其中，代理以抽佣为主，批发以赚差价为主。

OTP(Online Travel Platform，在线旅游平台)是开放平台，运用互联网数据和流量思维，通过吸引航司、酒店、授权第三方代理等商家入驻，支持航司独立运营自己的官方旗舰店，从而形成流量聚集效应。目前，OTA 和 OTP 的界限已经越来越模糊，OTP 可以理解为是 OTA 的升级版。

知识拓展 3-4

国内 OTA 龙头，携程规模第一

携程全称携程旅行网，创立于 1999 年，总部设在中国上海，是中国领先的住宿预订、交通票务、旅游度假和商旅管理服务提供商。携程通过移动应用、在线网站以及 24 小时客服中心为休闲和商务旅客提供综合旅行信息和高效预订服务。2003 年 12 月，携程旅行网在美国纳斯达克成功上市。自成立以来，携程发展迅速，已与国内外 130 多万家酒店、中国各大航空公司和 300 多家国际航空公司建立了良好的合作关系，成为中国最大的酒店住宿整合商和机票分销代理商。2015 年 10 月 26 日，携程收购去哪儿，随后又投资同程、艺龙，占据国内 OTA 市场"半壁江山"，根据携程 2019 年财报，携程在 2019 年全年的总交易额(GMV)达到 8650 亿元，同比增长 19%，继续保持在线旅游行业第一，成为国内 OTA 龙头。2019 年 10 月 29 日，携程宣布英文名称正式更名为"Trip.com Group"。同年 12 月，携程入选 2019 中国品牌强国盛典榜样 100 品牌。为重振新冠病毒疫情后的旅游市场，2020 年 3 月 5 日，携程启动"旅游复兴 V 计划"，投入 10 亿元复苏基金用于刺激旅游消费。

(资料来源: https://baike.baidu.com/item/%E6%90%BA%E7%A8%8B/3148245?fr=aladdin)

二、UGC

UGC(User Generated Content)中文可译作用户原创内容。UGC 的概念最早起源于互联网领域，即用户将自己原创的内容通过互联网平台进行展示或者提供给其他用户。UGC 是伴随着以提倡个性化为主要特点的 Web 2.0 概念兴起的。UGC 并不是某一种具体的业务，而是一种用户使用互联网的新方式，即由原来的以下载为主变成下载和上传并重。YouTube、MySpace 等网站都可以看作是 UGC 的成功案例，社区网络、视频分享、博客和播客(视频分享)等都是 UGC 的主要应用形式。

案例 3-8　途牛打造特色竞品——牛人专线

知识拓展 3-5

马蜂窝：UGC 机制下，打造内容核心竞争力

作为 UGC 型平台，马蜂窝的核心优势在于"内容+交易"。马蜂窝通过打造优质的旅游攻略、游记，助力广大用户在行前制订旅游计划。马蜂窝通过"旅游大数据"，不仅能帮

助自由行用户制订出行计划，还可以让用户在站内购买机票、酒店、景点、餐厅、游轮以及当地游产品，并确保用户在任何时间地点都能获得同步信息，这种一体化的服务形式为马蜂窝聚集起大量线上流量，奠定了其广告模式的发展基础。

(1) UGC 模式运营，提供个性旅游选择。

马蜂窝的攻略引擎和 UGC 的机制是公司核心竞争力。至今，马蜂窝的平台上能够提供全球 60000 个旅游目的地的交通、酒店、景点、餐饮、购物、用车、当地玩乐等信息+产品预订服务。尤其在当前个性化旅游成为潮流，对年轻消费者而言，马蜂窝所提供的海量内容能够为他们提供各类旅游路线参考选择。同时，经过大量的用户自主分享，马蜂窝平台上的信息内容不断丰富和完善，优势、口碑双双提升。

(2) 马蜂窝的商业模式。

马蜂窝的商业模式：一是将消费决策与在线旅游代理商连接起来，从而收取佣金；二是为旅游机构提供品牌宣传的平台。马蜂窝向用户提供内容丰富的免费旅游攻略，在获得流量后向旅游机构提供宣传的平台收取相关费用，包括广告和佣金：①品牌广告，国际性的旅游机构像航空公司、国家级的旅游局，或者是景区进行品牌的推广和营销；②来自 OTA 的合作伙伴的佣金，马蜂窝通过自身的 AI 及大数据算法将个性化旅游信息与来自全球各地的旅游产品供应商连接，最终使平台也能与商家实现良好合作，并从中盈利。

(资料来源：https://www.sohu.com/a/228530217_425901)

三、OTM

OTM(Online Travel Marketplace，在线旅游生态)可以理解为 OTP 的 Plus 版本。

OTM 是通过搭建开放平台系统，依靠强大的技术支持、精准的客户数据分析来提供精准的定制应用，为航司、酒店等入驻商家赋能，最

案例 3-9　从社区到社群，穷游的商业价值线

终实现商家产品服务与个人消费、金融支付、信用体系等一起构筑完整的在线旅游生态。该模式旨在实现商家触达更多用户的愿望，商家则可以根据自己的优势在平台上做销售、营销和服务，与消费者展开更积极、频度更高的交互，提供个性化、差异化的服务。

OTM 盈利模式即平台模式，类似淘宝商城提供卖家和买家交易的场所，一端是各大商家都入住这座商城做生意(B 端)，另一端就是客户前来这座线上商城购物(C 端)。而平台就通过收取租金、交易服务费、大数据分析服务费等来向 B 端获取收益，但向 C 端免费。

知识拓展 3-6

飞猪网的 OTM 模式

飞猪于 2014 年成立并采用 OTM 模式布局在线旅游业务，是主要面向年轻消费者的休闲度假品牌，与面向企业差旅服务的阿里商旅一起构成阿里巴巴旗下的旅行业务单元，让消费者获得更自由、更具想象力的旅程。飞猪通过线下营销+线上品牌号、开放数据和平台，基于自身优势资源打造旅游生态，为航空公司、旅游公司、酒店等平台入驻商家提供更高效且低成本的营销方式。飞猪平台允许商家开设旗舰店，包括国内航空公司和境外航空公

司；喜达屋、洲际、万豪、雅诗阁等国际酒店集团；提供门票的迪士尼、默林等景点或演艺，提供度假线路的旅行社等。

(资料来源：https://baike.baidu.com/item/%E9%A3%9E%E7%8C%AA/8957901?fr=aladdin)

四、T2O

T2O 即 TV to Online，是指将电视平台的商务机会与互联网结合，让电视节目成为在线交易的前端，让消费者购买看得见的商品。旅游行业发展至今，从最初的企业生产—售卖的简单销售模式过渡，发展出以"反向定制"为代表的第二代营销模式。电影、电视剧、真人秀娱乐节目催生拍摄地旅游热潮，这一景象大众恐怕早已不陌生。电影《非诚勿扰》系列带火北海道和西溪湿地；《舌尖上的中国》系列催生国内美食之旅热潮；《爸爸去哪儿》系列的热播，带动亲子旅游市场呈爆发式增长。将电视、电影、网络视频平台等影视节目内容的商业机会与互联网相结合，打造旅游行业 V2O 新模式，即 Video to Online。内容即商品，把影视作品、娱乐节目的内容转化为旅游商品，把票房、收视率、点击量直接倒流向新的巨大的旅游消费市场。例如，众信旅游与华谊兄弟的战略合作，就是众信旅游在原有 T2O 的基础上，进行的全新战略升级。

案例 3-10 众信旅游与华谊兄弟打造 V2O 新模式

案例 3-11 洋 IP 遇上中国年

情境二　O2O 模式

随着"互联网+"的提出，2015 年旅游 O2O 迎来大爆发，所以，可以说 2015 年是中国旅游 O2O 的发展元年。O2O 模式(Online to Offline，离线商务模式)，是指线上营销、线上购买或预订(预约)线下的商品及服务，实现线上揽客聚集流量。在具体操作上，O2O 平台通过打折(返点、发红包)、提供信息、服务预订等方式，把线下商店的可销售商品及服务信息推送给线上的用户并在线上进行交易，从而达到线上流量转换为线下客户的目的。例如美团网，凭团购起家，转型 O2O 全场景延伸，综合生活服务 O2O，跨界切入酒旅业务。

📜 知识拓展 3-7

美团网的 O2O 模式

美团网是 2011 年 5 月 6 日成立的团购网站，注册于北京市海淀区，并通过 O2O 模式切入酒旅业务，2015 年 10 月，美团和大众点评合并后，团购行业开始向 O2O 概念转型，"去团购化"趋势明显，整合资源能力大幅提升。由于拥有美团和大众点评所积累的流量优势，保证其在进军酒店和旅行市场时具备一定的竞争力。从盈利模式对比上，美团旅行主要侧重平台类收益模式，即主要借助流量优势，赚取广告费、服务费等。美团的 O2O 服务包括团购、外卖、酒店旅游、出行等诸多领域，整体的全场景化和相互联系日渐紧密，使 O2O 巨头得以全方位、多品类地覆盖生活服务的各个领域，打造线上线下的资源协同全新生态。

（资料来源：在线旅讯，www.otadaily.com）

目前，旅游 O2O 的实践可以简单地分为三种模式，即线下资源+线上平台、线下综合资源+线上平台、线上渠道+线下渠道。

一、线下资源+线上平台

线下资源+线上平台型 O2O 实践，线下多为资源主管单位或资源拥有方，如旅游局，也有个别景区、目的地或掌握目的地资源方与线上 OTA 平台对接，线上 OTA 多以接近或掌控线下目的地资源为目的地，双方进行 O2O 尝试或融合，线上不仅仅是渠道作用，也是目的地营销的线上补充平台，除自建线上平台外，线上线下双方体制机制差别巨大，合作恐流于形式，政绩思维、面子工程影响难以实际落地，融合未必有效。

案例 3-12　锦江国际
集团+驴妈妈

二、线下综合资源+线上平台

线下综合资源+线上平台的类型较为复杂，线下方虽不是景区、目的地等直接资源方，但多为大型集团或上市公司，旅游多为其多元化业务单元，大多直接或间接掌控了大量资源，如海航的酒店、航空公司、万达的酒店、休闲度假区、探路者在户外领域的资源、景域集团代运营的大量景区等。这些企业多拥有很强的经营能力，能做到对线下旅游产品服务的综合掌控，而线上部分通过投资、并购等拓展的能力延伸又补上了其线上短板，若其自身体系中已有线上强势板块，潜力则更大。

这时线上平台不仅仅在扮演渠道的角色，还是线下资源的营销平台、用户体验入口平台，以及综合数据的记录运算和挖掘平台。与线上线下都是渠道的 O2O 模式不同的是，在旅游服务体验上拥有更多把控手段，其中部分 O2O 模式最接近成功。

知识拓展 3-8

探路者+易游天下

2015 年 3 月 24 日探路者正式以 2.3 亿元控股旅行社渠道运营商易游天下(持股 74.56%)，借此夯实旅游业务板块的建设，进一步完善户外用品、旅行服务和大体育板块协同发展的生态圈。易游天下成立于 2007 年 12 月，是一家定位于旅行的 O2O 综合服务商。探路者一直致力于发展多品牌户外用品、大众体育产业、户外运动及自然旅行市场，打造探路者户外生态圈，此次探路者对易游的收购，正是看中了它的 O2O 平台。

2015 年 5 月 19 日，海航旅游集团和网易旗下的乐得科技有限公司在杭州正式签署合作协议，双方将合资成立一家全新的互联网旅游企业。网易公司将依靠其在互联网技术和应用上的深厚积累为新公司提供技术和营销支持；海航旅游集团则运用其在旅游行业、旅游金融领域的运营经验，负责为新公司提供相关创新产品和项目，双方线上线下优势互补。

（资料来源：郑红. 大数据背景下北京旅游电商营销模式创新研究，2017）

三、线上渠道+线下渠道

旅游 O2O 最早的形态是携程"鼠标+水泥"模式，满足 O2O 最初形态，线上下单线下体验，或者线下发卡线上预订再返回线下体验。商家关注点在销售，线上线下渠道互为导流入口或销售起点，对接方式多为销售驱动，旅行社、OTA 各自关注点还是"卖货"，旅行社通过与互联网渠道的对接实现更大的分销能力是其第一诉求，线上线下机制若设置不当还会引起渠道冲突，若自建线上线下平台甚至引起左右手互搏，渠道上的整合和协同矛盾不少，融合度未必理想。在旅游 O2O 的实践上多为传统旅行社+线上 OTA。

案例 3-13 众信旅游+悠哉旅行网

📎 知识拓展 3-9

腾邦国际+欣欣旅游

2014 年 10 月 26 日，腾邦国际发布公告，宣布联合腾邦梧桐在线旅游产业基金，收购厦门欣欣信息有限公司(以下简称"欣欣旅游")65%股份。欣欣旅游旗下主要运营旅游 B2C 平台系统"欣欣旅游网"、旅游 B2B 平台系统"欣旅通"。2015 年 6 月 2 日，腾邦国际发布定增预案募集 16 亿元资金以推动 O2O 建设，包括 O2O 线上运营平台系统建设、国内线下运营服务中心建设以及国际线下运营服务中心建设，建成后公司将形成完整的 O2O 线上线下营销服务、运营管理及资源采购体系。

中青旅+遨游网

2015 年 3 月 20 日，遨游网召开"遨游网+"战略分享会，宣布打造在线旅游从 O2O 平台到"遨游网+"的旅游新生态。遨游网+的内涵是利用互联网技术与平台，使互联网与传统旅游业融合创新，协同增效，最终创造旅游业新的价值与发展生态。遨游网是中青旅控股旗下的度假网站，依托于中青旅在观光旅游、度假旅游、会奖旅游、差旅管理、景区开发、酒店运营等领域的竞争优势，向消费者提供旅游度假预订、资讯及服务。

任务三　旅游网络营销的常用策略及案例

任务目标

小陈经过自己的努力，在网络营销团队中脱颖而出，幸运地成为公司的市场策划专员，最近该旅行社准备通过网络营销，推广广东省岭南文化旅游产品，以提升企业知名度。为

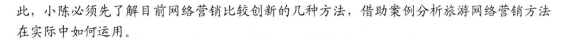

此，小陈必须先了解目前网络营销比较创新的几种方法，借助案例分析旅游网络营销方法在实际中如何运用。

任务实施过程

请每个小组将任务实施的步骤和结果填写到如表 3-4 所示的任务单中。

表 3-4　项目三之任务三的任务单

小组成员：		指导教师：
任务名称：	任务完成地点：	
工作岗位分工：		
工作场景：		
(1) 你是旅游企业的市场策划专员，运用网络营销方法开展业务推广；		
(2) 理解网络营销常用策略，并借助创意案例展开分析		
教学辅助设施	文字、图片、视频等多媒体	
任务描述	通过案例分析，理解旅游网络营销常用的方法	
任务重点	主要考查学生对旅游网络营销方法的运用	
任务能力分解目标	(1) 了解旅游网络营销的主要方式(填写表 3-5)； (2) 分析旅游网络营销创意案例	
任务实施步骤	(1) 学习相关知识点； (2) 学生以小组为单位，结合案例分析旅游网络营销的主要方法在具体企业中如何运用； (3) 每小组以多媒体形式进行汇报，展示调研成果； (4) 各小组进行互评，教师进行点评	

表 3-5　旅游网络营销方法及其含义

旅游网络营销方法	含　义

任务评价

(1) 了解旅游网络营销的主要方式。

(2) 分析旅游网络营销创意案例。

情境一　旅游网络营销的常用策略

一、病毒式营销

病毒式营销(viral marketing, 也可称为病毒性营销)是一种常用的网络营销方法, 常用于进行网站推广、品牌推广等, 病毒式营销利用的是用户口碑传播的原理, 在互联网上, 这种"口碑传播"更为方便, 可以像病毒一样迅速蔓延, 因此病毒式营销成为一种高效的信息传播方式, 而且, 由于这种传播是用户之间自发进行的, 因此几乎是不需要费用的网络营销手段。

开展网络病毒式营销前应注意如下所述各事项。

(1) 标题。标题要配上优质的内容, 紧紧地抓住受众的心理, 使受众在潜意识的控制下点击。

(2) 优质内容。在"干货"盛行的互联网时代, 了解受众的需求, 分享一些对他们有帮助的或极具认同感的"病毒", 对于"病毒"的传播更有帮助。

(3) 配图。图片要充满正能量, 图片的配色也可以增加受众点击的概率。

(4) 精准投放。选择一个精准的平台很重要,平台上的用户就是受众, 一个平台的用户需求往往是精准定位的。

案例 3-14　苏州国际旅游节

(5) 多平台分享。单一平台的传播速度及范围有限, 要想"病毒"的传播速度快、影响范围大, 建议在多个平台投放。

知识拓展 3-10

病毒式营销的一般策划流程

决定自己要干什么: 这就要求开始策划前, 一定要知道你的目的。是想宣传品牌, 还是吸引客户购买, 抑或是为了增加某个网站的流量。这将是后面几个要素的根本。

分清楚用户是谁。病毒式营销的通路决定了其人群覆盖力度是很强的。但更要求策划者必须进行人群细分。知道最有价值的人是谁, 他们有什么特征和共性。

挖掘兴趣点, 就要认真地分析这些用户群体的兴趣焦点。显然, 老一辈企业家和"80后"的兴趣点是不一样的。你用百度的恶搞视频去推送给企业管理者, 肯定达不到扩散的目的。所以, 研究你的用户的兴趣点, 是"营销创意"的真正开始。

现在你已经知道了想干什么, 也知道了用户是谁, 并且有了一个绝佳的创意, 那么就该考虑通过什么途径去进行推广了。现在的营销手段空前丰富, 不管是视频、邮件, 还是软文, 都让你目不暇接。

(资料来源: https://baijiahao.baidu.com/s?id=1610297327064496459&wfr=spider&for=pc)

二、事件营销

事件营销是指通过策划、组织和利用具有新闻价值、社会影响以及名人效应的人物或事件,吸引媒体、社会团体和消费者的关注,以提高企业或产品的知名度和美誉度,树立良好的品牌形象,并最终促成产品或服务的销售。

事件营销的策划要谨慎、适度,有的企业切入点很好,但是过度渲染,会让公众产生审美疲劳。如果企业能做到不偏不倚,以客观的表述加上诚恳、贴心的提醒,就会让整个事件营销获得巨大的成功。因此,在一场事件营销策划的过程中,企业要明确自己的目的并时刻谨记。

在为事件营销做准备的时候,企业除了要时刻谨记策划目的外,还必须在其他方面做好相应的工作。

(1) 符合新闻法规。

(2) 不能盲目跟风。

(3) 事件与品牌关联。

(4) 曲折的故事情节。

(5) 吸引媒体关注。

(6) 不断尝试。

(7) 控制好风险。

案例 3-15　杭州 G20 畅游黄山

三、口碑营销

口碑营销是企业在调查市场需求的前提下,为用户提供他们所需要的产品和服务,同时制订一个口碑推广计划,让用户自动传播对公司产品和服务的良好评价,让人们通过口碑了解产品和品牌,最终达到企业销售产品和提供服务的目的。

案例 3-16 阿五美食酒店

在这个信息爆炸、媒体众多的时代,大众对广告,甚至新闻,都具有极强的免疫能力,企业只有制造新颖的口碑传播内容才能吸引大众的关注与议论。口碑是目标,营销是手段,产品是基石。

旅游业的口碑营销就像滚雪球。在一开始的时候,需要旅游景区用一些创意、想法和一些营销手段来做一个"小雪球"——用活动、事件、促销以及宣传等方法,让一部分游客先来到景区,然后再努力推动"小雪球"越来越大。

四、会员营销

会员营销是一种精准的营销方式,是基于会员管理的营销方法。商家通过将普通消费者转变为会员,分析会员的消费信息,挖掘会员的后续消费能力及其终身消费价值,并通过会员转介绍等方式,将一个会员的

案例 3-17　中国东方航空——周末随心飞

价值最大化，并且通过会员积分、等级制度等多种管理办法，增加会员的黏性和活跃度，使会员生命周期持续延伸。

情境二　旅游网络营销的创意案例

"2020 DTA 数字旅游奖"由环球旅讯主办，由专业奖项策划团队与顶级奖项评委团队鼎力打造。"2019 DTA 数字旅游奖"的成功举办在行业内引起了巨大反响，吸引了来自携程、Airbnb、马蜂窝、洲际酒店集团、国泰航空、南方航空、东方航空、东呈国际集团、亚朵集团等众多企业的关注，并且大赛活动受到了业界的广泛好评。"2020 DTA 数字旅游奖"分设"DTA 创新营销奖"和"DTA 产品创新奖"两个奖项，希望通过对优秀案例的征集、展示和评选，鼓励旅游业者在"后疫情时期"和数字化转型的征途中进行更多探索与尝试，为业者明晰领先者的宝贵经验、方法论，从而指导自身的转型实践。以下选取网络营销创意的案例进行分析。

一、直播+短视频：巨量引擎，刺激航司市场活力

抖音、淘宝、小程序、快手等视频平台对短视频与直播业务非常重视，直播可以有效提升用户黏性，促进各种付费场景的转化。2020 年，可以说是"直播&短视频"元年，旅客通过视频方式体现最地道、最深度的玩法，真正"身临其境"般"在线种草"，为疫情后的旅游出行井喷期做好准备。

天津航空利用短视频进行网络营销，2019 年 9 月开通抖音和微视两个热门短视频官方账号，2019 年 10 月聚焦天航日本航线市场，邀请"千万粉丝·搞笑网红"罗休休策划航空相关视频，获得腾讯视频扶持，产出 12 支"高流量·优内容"的短视频，顺势涨粉 4 万，总曝光量达 1200 万人次。2019—2020 年，精准运营，借助航空高价值辐射与机长空乘优质资源，围绕形象展示、民航科普、搞笑段子、旅途分享、社会热点等精准策划，提升视频价值。

在直播营销上，天津航空在 2019 年 11 月，电商"双十一"的节点，借助猪旅行官方号 3000 万粉丝的直播资源，直播销售天津航空机票产品，直播当天飞猪自营国际机票销售环比提升 63%，2020 年 3 月，基于疫情期间的大环境，围绕"疫情过后的旅行，我们带你去这里浪"的主题，通过旅行地游玩分享软安利 24 条促销，官网整体销售额环比提升 160%，天津航空打造直播生态链，搭建内外直播资源平台，联动航空上下游开展云游、商业、扶贫、机票和节假日等主题全渠道直播，带动产品销售。相关活动及其效果如图 3-4 所示。

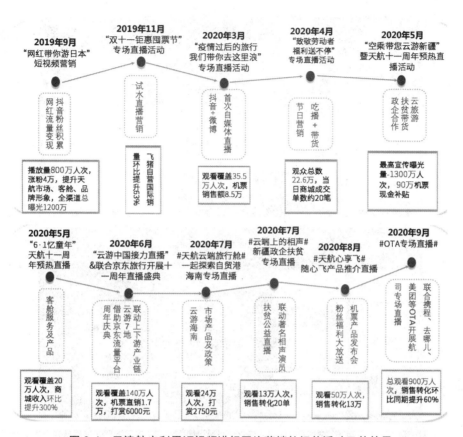

图 3-4　天津航空利用短视频进行网络营销的相关活动及其效果

二、马蜂窝与新加坡旅游局合作推出"最好的暑假作业"

2018 年暑假期间，马蜂窝旅游网(以下简称马蜂窝)开展"最好的暑假作业"营销活动(参见图 3-5～图 3-7)，让新加坡和亲子游产生深刻联系。马蜂窝在站内上线 H5 页面，邀请 KOL(关键意见领袖)体验亲子游，发表相关游记；站外联动十余家亲子自媒体进行轰炸式曝光，与近 50000 名用户进行互动。在线下，马蜂窝联合全国 8 城书店发放 1000 本"暑假作业"；通过酷航专机为小乘客们发放 400 本"暑假作业"。本项目获得超 4000 万曝光量，新加坡成为口碑榜首的"中国亲子游目的地"。

图 3-5　"最好的暑假作业"营销活动相关图片(1)

图 3-6 "最好的暑假作业"营销活动相关图片(2)

1. 营销背景

2017 年，新加坡旅游局希望在六大板块的基础上，进行不同细分领域的升级焕新。作为新加坡旅游局的长期合作伙伴和 UGC 起家的平台，马蜂窝发现出行变得越来越细分和多元，消费者可以为了美食、购物、打卡、小众兴趣等多元目的而出行。对新加坡旅游局而言，虽然这几类都不具备突出的特性可以作为名片和标签进行展示，但是新加坡在亲子体验上具备天然、良好的优势——在新加坡动物园，小朋友可以用自然的方式与动物接触；新加坡美术馆非常具有教育意义；南洋理工大学可以为小朋友种下留学梦……同时经过站内数据的分析，马蜂窝发现在已经出行过新加坡的用户中，亲子游的比例已经超过四成，这意味着亲子游已经成为新加坡最重要的细分市场。因此，2018 年，马蜂窝和新加坡旅游局共同打造亲子友好年，希望将新加坡打造成为亲子游的第一选择。

2. 创意洞察

对年轻的家长们来说，在宝宝的成长过程中，与其给他安排好一切，不如把选择权还给他，让他们学会独立成长，独立选择。2018 年亲子游市场达到 500 亿元人民币，一线城市的很多家庭里，亲子消费占到总消费的 60%甚至更多。暑假，虽然是亲子游的最佳时机，但很多小朋友却被繁重的暑假作业和补习班拖住了脚步。 2018 年暑假，马蜂窝联合极具亲子游优势的新加坡旅游局，打造了一本特别的"暑假作业"，鼓励家长和小朋友在旅行中共同成长，收获新知。因此，马蜂窝和新加坡旅游局将创意原点放在暑假作业这一比较有冲突的点上，共同倡导寓教于乐的亲子体验。对于宝宝而言，暑假不是枯燥地写作业，而是出去玩；对妈妈而言，教育不是教科书式的教育，更是启蒙，马蜂窝希望在旅行启蒙中，把选择权还给宝宝，让他们选择自己想要的暑假作业。

3. 营销策略

这次活动极具创意地提出"最好的暑假作业"来激发新生代父母的情感共鸣。针对"80后"和"90后"人群的媒介习惯，利用社交媒体进行了暑假亲子游的教育后，再运用内容营销、产品和服务营销，进一步引导新加坡是亲子游的绝佳目的地。

4. 创意实施

第一阶段。线上加线下，社会化加跨界——引发父母对暑假新生代亲子游的关注。

线上，马蜂窝站内推出"我要的暑假作业"H5 页面，让孩子参与游戏测试，定制自己喜欢的暑假作业，传递"最好的暑假作业不是在家写作业，而是出去旅行"的诉求。并且筛选育儿、母婴等垂类 KOL，形成传播矩阵，与马蜂窝官微联合发布"宝宝要的暑假作业清单"，提升在社交媒体上的曝光度和话题度。

线下，首先将"暑假作业"实体化，打造了没有枯燥题目，只有趣味的手绘本，并将新加坡旅游体验贯穿其中。然后联合全国八城言几又书店，目的在于精准影响光顾书店的亲子人群。活动包括免费发放"暑假作业"，举办"亲子游"分享会，带领大家重新认识亲子游，提供了不一样的新加坡旅行灵感。

第二阶段。借势内容营销，用马蜂窝平台自身的优质内容，让想要亲子游的用户"种草"新加坡。一方面，马蜂窝站内首次推出"亲"与"子"游记——让宝宝描绘自己的撒欢体验，让妈妈细说自己的"遛娃"心得，为用户提供了理性与感性的双重参考。另一方面，马蜂窝 App 界面为新加坡旅游局新建 50+亲子游 POI，并增添亲子游 icon，强化目的地景点与亲子游的关联度。

第三阶段。通过产品和服务营销促进站内转化，打造营销闭环。聚集了暑假新加坡亲子游的关注后，马蜂窝建立"新加坡亲子国家馆"攻略和产品的自由行专场，在暑假亲子出游高峰前开放售卖，并在其中加入多种旅游产品，提高站内转化率。此外，还与酷航合作，为搭乘酷航航班的小朋友免费送上"暑假作业"绘本，带去惊喜和贴心的服务。

图 3-7 "最好的暑假作业"营销活动相关图片(3)

(资料来源：https://socialbeta.com/t/case-tourism-marketing-TDC-2019-09)

三、携程与英国旅游局合作推出"玩出我的英伦范"

自 2018 年英国旅游局与携程旅行网深入合作,进行线上联合线下的沉浸式目的地推广,旨在让更多的旅游爱好者发现英国、探索英国、深入英国,围绕"玩出我的英伦范"系列主题,通过持续的主动和被动曝光,激发用户灵感和兴趣,打破传统观念和刻板印象的束缚,为其带来更多崭新的英国元素、新奇体验,提升完善目的地立体形象,与此同时达到自然销售转化的目的(相关图片参见图 3-8 和图 3-9)。在线上,通过微信朋友圈、携程站内、抖音等渠道投放个性化广告,并邀请 KOL 发布种草式文章,实时监测用户数据与动态；线下则在影院、地铁等地方大量铺放广告。至今,项目总体达到超 3 亿次曝光,2019 年前往英国人数同比增加 40%。大数据报告显示,英国一直位居目的地排名前五。

图 3-8 "玩出我的英伦范"系列活动相关图片(1)

1. 目标人群定位与触达

根据携程的介绍,项目在推进过程中主要考量三个层面的问题,一是如何定位和寻找想要触达的人群；二是通过哪些渠道触达这些人群；三是通过什么样的内容吸引这些人群的注意力。结合英国旅游局的市场调研,活动主要选取了两类人群,一类是BUZZSEEKERS(猎鹰者),他们的年龄主要集中在 25～44 岁,有着较高收入、冒险精神和非常强烈的旅游意愿。第二类是 CULTURE BUFFS(文化爱好者),年龄相对偏长,属于中产阶级,同时生活节奏更慢,也更愿意体验其他国家的文化和风情。在人群的触达上,携程根据年龄、收入、客群客源地、兴趣标签等划分指标和元素,并将其转化为人群筛选的标准。

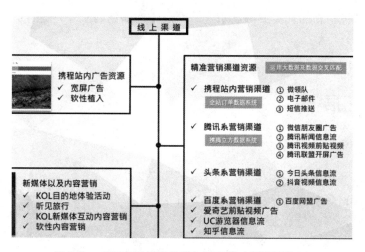

图 3-9 "玩出我的英伦范"系列活动相关图片(2)

2. 线上线下推广策略

通过分析用户的决策周期,携程发现,用户选择去往目的地(英国)旅行可以分为以下几个步骤。

(1) 灵感激发,听说过目的地同时希望前往。

(2) 目标明确,有活跃的意愿和想法。

(3) 主动搜索目的地相关旅游信息。

(4) 搜索相关攻略。

(5) 在旅途中。

(6) 旅后分享及种草。

基于用户这一消费决策全链路,携程将推广与渠道融入消费者的行为中,并在线上线下进行多样化推广:基于境内中高端用户流量的广告资源投放;新媒体及内容营销,包括达人在线分享会等;基于携程大数据的精准投放和监测运用。携程提到,除了在投放前期对用户进行筛选,在投放中期,平台也会通过后台及第三方进行实时投放监测,观察用户行为,以优化后续投放策略。而针对不同主题、不同渠道、不同用户决策周期也会制定不同的投放策略。

3. 项目创新点

一是 O2O 线上线下资源渠道同步推广,携程会将二维码嵌入线下物料中,用户通过扫描二维码,进入线上。二是达人深度互动营销,不仅邀请 KOL 到旅游目的地进行体验,更在此基础上进行线下音频宣讲和后续活动开讲。

项 目 小 结

本项目主要让学生了解旅游网络营销的概念、特点和基本步骤,理解旅游网络营销的基本模式,学会运用网络营销思维开展旅游企业的业务推广工作,分析旅游网络营销常用的方法，通过富有创意的真实案例展示互联网思维在旅游行业中的运用，为旅游电商提供新渠道、新方法。

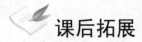 课后拓展

一、简答题

1. 旅游网络营销的特点是什么？

2. 开展旅游网络营销工作的基本步骤是什么？

3. 常用的旅游网络营销方法有哪些？

4. O2O 模式的基本形式有哪些？

二、单项选择题

1. 网络营销是指借助于( )来实现营销目标的一种营销方式。

　　A. 网络、通信和数字媒体技术　　　　B. 移动、通信和数字媒体技术

　　C. 网络、电脑和数字媒体技术　　　　D. 移动、电脑和数字媒体技术

2. 与传统的市场营销相比，网络营销呈现出的特点不包括( )。

　　A. 高效化　　　　B. 个性化　　　　C. 成本高　　　　D. 跨时空

3. 网络营销是一对一的、理性的、消费者主导的、非强迫性的、循序渐进式的，而且是一种低成本与人性化的促销方式，避免推销员强势推销的干扰，并通过信息提供与交互式交谈，与消费者建立长期良好的关系。以上是关于网络营销哪个特点的表述？( )

　　A. 个性化　　　　B. 超前性　　　　C. 整合性　　　　D. 交互式

4. 关于网络营销的优势，下列哪种表述是错误的？( )

　　A. 网络营销能够帮助企业增加销售、提高市场占有率

　　B. 网络营销具有极强的互动性，可以帮助企业实现全程目标的运营管理

　　C. 采用网络营销，建立和维护企业站点需要投资，所以成本会有所增加，但是比传统营销效果更佳。

　　D. 通过互联网络可以有效地服务于顾客，满足顾客的需求

5. 下列哪一项不属于网络营销研究的范畴？( )

　　A. 提升公司形象　　　　　　　　　B. 直接提升产品销量

　　C. 扩大品牌影响力　　　　　　　　D. 网站优化与推广

项目四

旅行社电子商务

【学习目标】

知识目标：认识传统旅行社产业链；了解传统旅行社产业链的业务流程；通过对比了解互联网环境下旅行社业态；重构互联网环境下旅行社业态，掌握旅行社电子商务的发展历程；了解旅行社电子商务的主要作用和业务；了解传统旅行社与 OTA 的协调发展；掌握旅行社网络营销策略与模式。

能力目标：培养较强的学习能力、总结分析能力以及团队协作能力；撰写旅行社电子商务营销策略及营销方案；熟悉旅行社电子商务基本操作方法；提高旅行社产品网络营销策划能力。

素质目标：具有查阅资料、收集信息的能力；具有辩证分析问题的能力和解决问题的能力；具有较强的责任心以及与团队成员的合作精神和创新意识。

【关键词】

传统旅行社产业链　旅行社业务流程　互联网+　网络营销策略

引导案例

传统旅行社应尽快补齐短板

发挥自身优势、提供优质服务，应当成为传统旅行社摆脱困局、扭转颓势的旨归。

前不久，一家拥有百年历史、每年接待游客量近 2000 万人的外国旅游集团宣布破产。行业巨头的轰然倒下令人扼腕，它的命运也成了观照旅行社行业的一面"镜子"。近年来，面对互联网的冲击，传统旅行社也遭遇了发展困境，体量较小的旅行社难以为继，不少大型旅行社的生存空间也遭受到挤压。据不完全统计，截至 2018 年年底，全国共有 11 家旅行社公开出售股权，旅游市场将面临重新洗牌。

相比线下旅行社发展疲态，我国旅游市场却日益繁荣。2018 年全年国内旅游人数超过 55 亿人次，同比增长 10.8%，旅游业对 GDP 的综合贡献率超过 11%。旅游市场之所以持续火爆，一个重要原因是在线旅游的强势崛起。互联网应用的快速迭代，为游客通过网络预订机票住宿、购买度假产品提供了便利，也重塑着游客的消费习惯；加之相对透明的价格和更加完善的数据服务优势，在线旅游平台让越来越多的游客将视野从线下转向线上。在线旅游的崛起，固然由数字化、信息化的时代特征所决定；更重要的是，相比传统旅行社单一、固定的产品，凸显深度、个性和品质的新兴旅游产品更好地满足了时下消费者对于旅游的想象和期待。

进入 20 世纪，大众旅游日渐兴起。走马观花、拍照打卡、血拼购物式的出行方式持续升温，以"跟团游"为标签的传统旅行社一时风光无两。近年来，年轻人成为旅游产品消费的主力，面对质量参差不齐的"跟团游"，对品质的追求重新成为旅游决策的优选。在线旅游市场开疆拓土，正是顺应了这一趋势。旅游作为一种体验式消费产品，其通往美好生活的独特意义正在逐步复归。

从这个角度来看，线下旅行社未必会成为"逝去的风景"。一方面，中国的旅游市场纵深广阔，在三四线城市，"跟团游"依旧热度不减；另一方面，针对定制游、小众游、始发地成团和远途旅行等项目，传统旅行社在经验积淀、资源渠道等方面仍然占据优势。此外，我们也要看到，线下旅行社与线上旅游平台的交融正在开始，二者不再是非此即彼的关系，不少网络平台开展线下布局，传统旅行社拥抱网络与电商也是自然的选择。无论如何转型，发挥自身优势、回归旅游本质、提供优质服务，应当成为传统旅行社摆脱困局、扭转颓势的旨归。

随着居民收入水平的提高，人民对美好生活的需求日益增长，旅游业空间广阔、大有可为。对于传统旅行社来说，时与势仍在。要做的就是尽快补齐短板，让游客满怀期待地迎接下一次美好出发。

（资料来源：人民日报，2019-11-08）

任务一 传统旅行社的产业链与业务流程

任务目标

深入了解传统旅行社产业链的各个环节，掌握传统旅行社产业链条、分布特点以及优劣势竞争优势，熟悉传统旅行社业务流程，构建新旅行社业务流程。

任务实施过程

请每个小组将任务实施的步骤和结果填写到如表 4-1 所示的任务单中。

表 4-1 项目四之任务一的任务单

小组成员：		指导教师：
任务名称：构建传统旅行社业务流程	任务完成地点：教室	
工作岗位分工：		
工作场景：		
(1) 你是旅行社市场部推广人员，对比分析传统旅行社与现代旅行社的缺陷，制作业务流程图；		
(2) 向客户介绍传统旅行社产业链条(全产业) 的产业发展特点、发展方向等		
教学辅助设施	文字、图片、视频等多媒体	
任务描述	通过对旅行社调研报告，让学生认识旅行社传统产业链分类、上下游企业特点、主要供给关系等	
任务重点	主要考查学生对旅行的传统产业链条的认识，了解现阶段旅游业务的发展，提升分析问题和解决问题的能力	
任务能力分解目标	(1) 旅行社传统产业链条； (2) 旅行社传统产业布局和业务流程； (3) 互联网环境下，旅行社业务发展	
任务实施步骤	(1) 学习相关知识点； (2) 学生以小组为单位，通过实地走访当地旅行社，或通过书籍、网络收集资料，调研分析国内外各一家旅行社； (3) 每小组以多媒体形式进行汇报，展示调研成果； (4) 各小组进行互评，教师进行点评	

任务评价

(1) 了解传统旅行社的经营管理方式和主要职能，熟悉旅行社传统产业链。

(2) 了解传统旅行社主要业务，熟悉各业务流程。

情境一　认识传统旅行社的产业链

当前，我国旅游行业高速发展，尤其是以携程、同程为主的在线旅游发展迅猛。在这一过程中，传统旅行社开始不断尝试电子商务，不断发展电子商务，探索互联网背景下产业链升级，充分利用信息技术优势，扩大影响。要想了解旅行社电子商务的发展历程和未来趋势，一定要从传统旅行社产业链着手，熟悉旅行社基本业务流程，利用互联网思维，更好地理解旅行社电子商务管理。

一、传统旅行社的经营管理

旅行社作为旅游业的重要产业部门，是旅游业的销售系统，担负着招徕旅游者和接待旅游者的重要职能。旅行社经营管理水平直接反映出一个国家的旅游业发展水平。旅行社经营是指旅行社为了自身的生存、发展和实现自己的战略目标所进行的决策，以及为实现这种决策而从各方面所做的努力。经营是旅行社最基本的活动，是旅行社赖以生存和发展的第一职能。

(一)旅行社的经营范围和基本职能

旅行社按照经营范围可分为国际旅行社和国内旅行社，按照新修订的《旅行社管理条例》，传统旅行社经营范围包括入境旅游业务、出境旅游业务和国内旅游业务等。

具体业务包括内容如下所述。

(1) 招徕我国旅游者在国内旅游，为其安排交通、游览、住宿、饮食、购物、娱乐及提供导游服务。

(2) 招徕外国旅游者来中国，华侨及港澳台同胞归国及回内地旅游，为其安排交通、游览、住宿、饮食、购物、娱乐及提供导游等相关服务。

(3) 经国家旅游局批准，招徕、组织我国境内居民到外国和我国港澳台地区旅游，为其安排领队及委托接待服务。

(4) 经国家旅游局批准，招徕、组织我国境内居民到规定的与我国接壤的国家的边境地区旅游，为其安排领队及委托接待服务。

(5) 经批准，接受旅游者委托，为旅游者代办入境、出境及签证手续。

(6) 为旅游者代购、代订国内外交通客票，提供行李服务。

(7) 其他经国家旅游局规定的旅游业务。

(二)旅行社的经营特点

旅行社产品的特性和旅行社自身所处的经营环境，决定了我国旅行社与一般企业在经营上始终存在较大差异。从总体上讲，我国旅行社的经营特点包括以下几方面。

1. 旅行社的经营资金投入少

旅行社是旅游中间商，是通过提供中介服务获取收益的企业。旅行社出售的产品，无论是单项的还是综合的，都是一种服务产品，该产品的无形性决定了旅行社的全部生产活动都表现为人的劳务活动，它无须借助于耗资巨大的机器设备来完成。事实上，旅行社除了必要的营业场所、办公设施和通信设备外，其经营几乎不需要有更多的固定资产。与一般商贸企业相比，旅行社对流动资金的需要量也是有限的，尤其是作为组团社的旅行社，在经营中它依照"先付款后接待"的惯例，在招徕客源时可以暂时拥有一笔数量可观的流动资金，这就可以使旅行社的自筹资金大为减少。即便旅行社业务以接待为主，其经营资金也为垫付资金。因此从总体上看，旅行社经营所需投资较少。

2. 旅行社的经营依附性较强

旅行社经营的依附性主要体现在两个方面：一方面是客源市场的依附，尤其是国际旅行社必须依靠客源地的旅行社为其提供客源。没有一个由一批分布合理、数量充足、关系稳固的异地旅行社组成的销售网络，旅行社的自下而上是难以想象的。另一方面是服务市场的依附，旅行社必须依靠当地众多的其他旅游企业为其提供各种相关服务。旅行社必须与各旅游企业进行广泛联络，以建立起一个完善的旅游服务供给网络，从而获得经营所需的各项服务。

旅行社对客源市场与服务市场的严重依赖，决定了其经营活动的重心之一就是要积极主动、千方百计地与相关企业建立长期可行的相互协作与信任关系。在一些经营管理不善的旅行社中，这种企业之间的业务协作关系常常被个别具体经营人员的个人关系所代替，从而导致公司行为个人化。因此，旅行社作为信用程度不高的企业，如何与自己必须依靠的相关企业(其中也包括一些信用程度同样不高的异地旅行社)建立长期和稳定的协作关系，是摆在旅行社经营管理者面前的重要课题。

3. 旅行社经营对无形资产的要求高

无形资产主要是指一个企业所拥有的良好声誉与信用。旅行社是服务性中介机构。有人说旅行社是出售"承诺"或让旅游者购买"梦想"的企业。旅游者外出旅游，购买具有不可感知特性的旅游产品，之所以选择旅行社，除了购买的方便之外，更为重要的原因在于旅游者对旅行社中间商的信任，而这种信任通常基于对旅行社已有的声誉与信用等无形资产的良好评价。可见，无形资产对任何一个旅行社的经营都是非常重要的，旅行社的生存需要它，旅行社的发展更是离不开它。从某种意义上讲，在既无雄厚资金实力，又无自己独特产品的条件下，旅行社要在激烈的市场竞争中取胜，并立于不败之地，唯一依靠的就是企业自身的无形资产，即企业经过自身努力树立起来的良好声誉与信用。

4. 旅行社的风险较大

旅行社业务的一个显著特点是客源与效益的不稳定，这无疑增加了旅行社经营的难度，增加了经营的风险，而这种经营风险又是由旅游市场特殊的供求关系所决定的。

从供给方面看，由于旅行社自己几乎不生产什么产品，旅行社的供给能力受制于各个旅游生产者的生产能力。从需求方面看，整个旅游市场的需求波动较大。其中，既有颇具规律的周期性淡、旺季变化，又有随机性较强的个别旅游者需求的变化。除此之外，国际局势的稳定与动荡、各国经济的繁荣与萧条、汇率的上升与下降等对旅游需求也都会造成突发性的影响。这些变化致使旅行社总处于旅游服务供求不平衡的状态之中。如何在这种状态中保持企业经营的相对稳定并做到处变不惊，这是旅行社经营管理所面临的巨大挑战。事实证明，理智地正视现实，积极地应对挑战，适时地调整战略，不失为旅行社降低经营风险的有效途径。

知识拓展 4-1

《旅行社管理条例》颁布及修订

1985 年，国务院发布了《旅行社管理暂行条例》，这是旅游行业第一部由国务院发布的行政法规。1996 年，国务院发布了《旅行社管理条例》，进行了一系列制度调整(如设立保证金制度等)。2001 年，国务院发布了关于修改《旅行社管理条例》的决定，增加中外合资和外资旅行社的相关规定(增加"外商投资旅行社的特别规定")，2009 年 1 月 21 日，国务院第 47 次常务会议审议通过，2 月 20 日，温家宝总理签署国务院令第 550 号，发布《旅行社条例》，并于 2009 年 5 月 1 日起施行。《旅行社条例实施细则》已于 2009 年 4 月 2 日国家旅游局第 4 次局长办公会议审议通过。《旅行社条例实施细则》于 2009 年 5 月 3 日起施行。根据 2016 年 2 月 6 日中华人民共和国国务院令第 666 号，自公布之日起施行的《国务院关于修改部分行政法规的决定》第一次修改，根据 2017 年 3 月 1 日中华人民共和国国务院令第 676 号，自公布之日起施行的《国务院关于修改和废止部分行政法规的决定》第二次修改。

2017 年版本条例加大了旅游者权益保护力度，同时要求旅行社经营管理更加规范。"零团费""强制购物"等被严令禁止。对游客反映较强烈的问题如"强制购物"，新条例规定，旅行社可以指定购物场所和另行付费项目，但要与旅游者协商一致，取得签字同意。但旅行社不得因旅游者不同意参加而拒绝签订合同或提高费用。另外，旅游者在活动中有拒绝权和反悔权，对于不参加相关活动的旅游者，旅行社要合理安排其行程。

新条例还明确：旅游者有权在旅游行程结束后三十日内，就其所购物品和参加另行付费旅游项目费用，要求旅行社为其办理退货并先行垫付退货货款、退还另行付费旅游项目的费用。此外，新条例规定，旅行社不能低价接待旅游者，诱骗旅游者订包价合同、参加购物活动或付费项目，因旅游者年龄职业差异、不同意参加购物或付费项目提高费用，未与旅游者协商一致并得到签字确认安排购物或付费项目，剥夺旅游者反悔权，浪费旅游者时间，诱骗强迫购物，如违反以上规定，处 3 万元以上 30 万元以下罚款。

(资料来源：根据百度文库整理，
https://wenku.baidu.com/view/081d55e926284b73f242336c1eb91a37f1113299.html)

二、传统旅行社的职能

旅行社的最基本职能是设法满足旅游者在旅行和游览方面的各种需要，同时协助交通、饭店、餐馆、游览景点、娱乐场所和商店等旅游服务供应部门和企业将其旅游服务产品销售给旅游者。具体来讲，旅行社的职能可分为以下五个方面。

1. 生产职能

旅行社的生产职能是指旅行社设计和开发包价旅游及组合旅游产品的功能。这是旅行社的首要职能。

2. 销售职能

旅行社除了在旅游市场上向旅游者销售其设计和生产的包价旅游产品和组合旅游产品外，还充当着其他旅游企业及其他相关企业与旅游者之间的媒介，向旅游者代售这些企业的相关产品。旅行社在旅游产品销售中起着十分重要的作用。

3. 组织协调职能

旅行社要保证旅游活动的顺利进行，离不开各个部门和其他相关行业的合作与支持，而旅游业各部门之间以及旅游业与其他行业之间也存在一种相互依存、互惠互利的合作关系。旅行社行业的高度依附性和综合性决定了旅行社若要确保旅游者旅游活动的顺利进行，就必须进行大量的组织协调工作。

4. 分配职能

旅行社的分配职能主要表现在两个方面：一方面是根据旅游者的要求，在不同旅游服务项目之间合理地分配旅游者付出的旅游费用，以最大限度地保障旅游者的利益；另一方面，在旅游活动结束后，根据事先同各相关部门或企业签订的协议和各部门或企业提供服务的实际数量、质量合理分配旅游收入。

5. 提供信息职能

任何旅游企业都具有向旅游者提供产品信息的职能。旅行社作为旅游产业中的一种特殊企业，其提供信息的职能与其他类型的旅游企业不尽相同。一方面，旅行社作为旅游产品重要的销售渠道，始终处于旅游市场的最前沿，熟知旅游者的需求变化和市场动态，这些信息若能及时提供给各相关部门，对它们的经营管理无疑具有十分重要的指导意义，而相关部门经营的改善和服务质量的提高无疑也有利于旅行社自身的发展；另一方面，旅行社作为旅游业重要的销售渠道，应及时、准确、全面地将旅游目的地各相关部门最新的发展和变化信息传递到旅游市场去，以便于促使旅游者购买。

知识拓展 4-2

旅行社设立的条件

根据新版《旅行社条例》，设立旅行社，应当具备下列条件：

(一)有固定的营业场所；

(二)有必要的营业设施；

(三)有经培训并持有省、自治区、直辖市以上人民政府旅游行政管理部门颁发的资格证书的经营人员；

(四)有符合本条例第七条、第八条规定的注册资本和质量保证金。

旅行社的注册资本，应当符合下列要求：

(一)国际旅行社，注册资本不得少于150万元人民币；

(二)国内旅行社，注册资本不得少于30万元人民币。

(资料来源：《旅行社条例》)

三、传统旅行社的产业链

(一)传统旅行社产业链的定义

旅行社产业链的内涵是指以旅行社为主体，与不同的旅游产业企业产生协助合作关系，贯穿于整个旅游活动的过程中，为旅游者提供旅游服务，完成旅游活动的全部产业链条。这些活动和服务是基于共同目的，为了获得经济、社会、生态效益，旅行社和不同旅游产业内部的不同企业承担不同的价值创造职能，共同向消费者提供产品和服务时形成的分工合作关系。

到目前为止，对旅行社产业链认知仍是一个逐步完善的过程，在这个认知过程中，有不同的说法，旅行社产业链是以旅游产品为纽带实现链接的。从整个旅游过程来看，提供旅游产品的不同行业组成了一个链状结构，游客从旅游过程的始端到终端，需要众多的产业部门向其提供产品和服务来满足其各种需求。其中，不仅包括旅行社、交通部门、餐饮、酒店、景区景点、旅游商店、旅游车船以及休闲娱乐设施等旅游核心企业，还关联到农业、园林、建筑、金融、保险、通信、广告媒体以及政府和协会组织等辅助产业和部门。前者构成了产业链的链上要素，后者为产业链的动态链接与正常运营提供必要的保障和支持。

(二)传统旅行社产业链的分类

根据旅游活动的具体过程，旅行社产业链可以分为旅游活动前产业链、旅游活动进行中的产业链和旅游活动后续的产业链。

按照旅游价值链来说，旅行社产业链可以分为狭义旅行社产业链和广义旅行社产业链。广义的旅行社产业链包括与旅行社经济活动有关的所有部门和企业，这些部门和企业在承担不同价值创造职能的过程中形成一种既分工又合作的关系，其中既包括酒店、景区、旅行社、航空公司、旅游目的地等旅游产品提供商，也包括旅游活动过程中相关的公共服务、邮电通信、保险金融等相关产业。而狭义的旅游产业链一般被认为只是由提供旅游产品与旅游服务的相关企业构成的，因此狭义的旅游产业链的定义从旅游供应角度包括旅游产品和服务的售前、售中、售后三个阶段。

(三)传统旅行社产业链的特征

旅行社是旅游业的三大支柱之一，属于典型的服务业。和传统农业和制造业产业链相比较，旅行社产业链具以下特征。

一是旅行社产业链生产部门同时具有生产和消费双重属性，其生产部门提供的旅游六大要素(食、住、行、游、购、娱)的产品，一经产出即可被消费。

二是旅行社产业链的中游，而中游是无形产品的销售，下游是旅游者对无形产品的体验。

三是旅行社产业链的横向连接，生产部门可以独立存在。由于旅游产业链各节点企业具有横向连接性，因此每个环节都直接面对消费者，每个节点的建设与维护都是至关重要的。

四是旅行社产业的上游产业表现为对旅游资源的开发、周边环境的建设。

五是旅游产业链空间上的跨区域性。旅游产业链是通过消费者的移动来完成的，活动的异地性是增强产业竞争力的重要途径，所以旅游产业链并不过分强调区域。

(四)传统旅行社产业链的构成

在整个旅行社产业链中，旅行社是链条的核心，位于产业链的中心位置，具有承上启下的作用。各节点要素之间既可以彼此独立，又相互密切联系。上游是旅游开发商、旅游供应商，下游是旅游消费者。

(1) 旅游开发商。旅游开发商主要担负着旅游资源的规划开发、旅游景区基础设施建设、旅游景区线路规划设计等使命，是整个旅游产业链的开端，包含科研机构、咨询公司、建筑、林业、环保等部门。旅游开发商前期投入资金多，承担风险大，建设周期长，在很长一段时间内，旅游开发商都是政府或者国有企业负责投资建设。随着经济社会发展，个人旅游开发商逐步进入旅游资源开发。

(2) 旅游供应商。旅游供应商是指向旅游企业提供生产经营活动所需各种资源的企业。如向旅游公司提供客房、餐饮产品的酒店，提供旅游资源的旅游景点，提供交通运输服务的运输企业，向酒店提供餐具和其他酒店用品的酒店用品公司等。旅游供应商所供资源的数量、质量、价格、供应的及时与稳定性对旅游企业的营销活动具有一定的影响，企业在选择旅游供应商时要特别慎重。那些物美价廉、交货及时、信誉良好、效率高的供应商是旅游企业最好的合作伙伴，我们应与之建立长期的合作关系，以保证供货的连续性和稳定性。即使如此，我们也不可依赖于少数几家供应商，而要使供货来源多样化，这样才能避免市场变化或企业与供应商关系发生变化时企业陷入困境。

(3) 旅游中间商。主要从事旅游产品的销售，将根据消费者需求来设计的旅游产品组合推荐给消费者，实现产业链上从上游到下游的链接，包括传统意义上的旅游中介、批发商、零售商和网络销售商。

(4) 旅游消费者。旅游产品的消费是产业链的终端，是一种体验式的消费，也是对旅游产品的直接评价者。

从对传统旅游产业链构成的分析来看，互联网信息技术的应用率低造成了大部分旅游企业未能将其日常的生产或业务很好地运营。对此其产业链形成了如下四种形态：一是由旅游供应商—旅游批发商—旅游分销商—旅游消费者构成的形态；二是由旅游供应商—旅游批发商—旅游消费者构成的形态；三是旅游供应商—旅游批发商—旅游分销商—旅游零售商—旅游消费者构成的形态；四是由旅游供应商—旅游批发商—旅游零售商—旅游消费者构成的形态。其实从中不难发现，不管是哪一种产业链形态，旅行社作为传统旅游产业链的旅游中间商，在整个链条的运行和发展中都发挥着极其重要的纽带作用。

案例 4-1
中国国旅发展历程

情境二　熟悉传统旅行社的业务流程

一、传统旅行社的主要业务类型

根据 2017 年新修订的《旅行社条例》，旅行社的定义为"从事招徕、组织、接待旅游者等活动，为旅游者提供相关旅游服务，开展国内旅游业务、入境旅游业务或者出境旅游业务的企业法人"。招徕、组织、接待旅游者并提供的相关旅游服务，主要包括安排交通服务；安排住宿服务；安排餐饮服务；安排观光游览、休闲度假等服务；导游、领队服务；旅游咨询、旅游活动设计服务。

旅行社还可以接受委托，提供下列旅游服务：接受旅游者的委托，代订交通客票；代订住宿和代办出境、入境、签证手续等；接受机关、事业单位和社会团体的委托，为其差旅、考察、会议、展览等公务活动，代办交通、住宿、餐饮、会务等事务；接受企业委托，为其各类商务活动、奖励旅游等，代办交通、住宿、餐饮、会务、观光游览、休闲度假等事务；其他旅游服务。

按照旅游目的地不同划分，旅行社业务可以分为国内旅游业务、出入境旅游业务。按照旅游者行为与旅游企业活动的有机联系，传统旅行社的业务流程包含旅游线路、旅游线路营销、综合服务提供以及市场需求分析等几个方面。不同类型、不同规模的旅行社经营业务各有差异，但从总体上来说，旅行社的基本业务可以分为旅游产品设计与开发业务；旅游产品销售业务；旅游产品采购业务；旅游服务接待业务和其他业务等。

二、传统旅行社的业务流程

按照旅游活动开展过程，旅行社现有业务框架体系可以分为十方面业务流程，包括国内散客组团社业务、国内门市(销售)业务、国内地接计调业务、国内组团计调业务、地陪导游带团业务、全陪导游带团业务、营销部业务操作流程、财务部(出纳)业务、办公室业务、企划部业务等。

(一)国内散客组团社业务流程

国内散客组团社业务是旅行社最主要的业务，具体业务流程如图 4-1 所示。

(二)国内门市(销售)业务流程

门市(销售)业务是传统旅行社门店的主要线下业务，工作细致而烦琐，具体业务流程如图 4-2 所示。

(1) 掌握本旅行社所有旅游产品的最新报价及具体内容。

(2) 接听咨询电话，耐心回答游客咨询。

(3) 接待上门游客，提供茶水、产品报价及进行相关宣传。

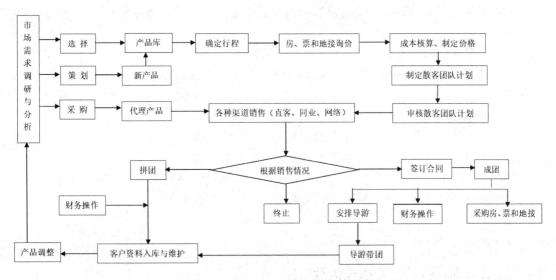

图 4-1　国内散客组团社业务流程图

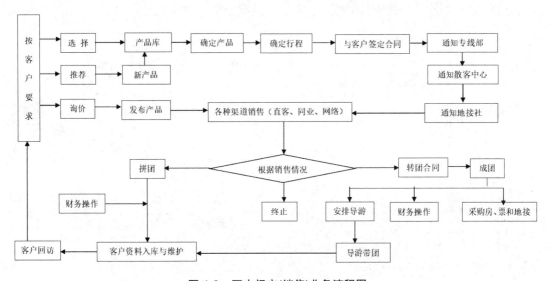

图 4-2　国内门市(销售)业务流程图

(4) 针对游客需求推荐相关的旅游产品，并予以热情、细致的介绍。

(5) 确定旅游产品后，仔细询问对方的联系方式、人数、时间、行程要求、接待标准以及其他事宜，并做好记录及时与接待单位确认。

(6) 旅游产品销售成交后，清点团费金额或预付款，开具发票，并注明操作人的姓名，确认接待单位结算价格，以便财务对账。

(7) 与游客签订经统一编号的正规旅游合同，一式两份，双方各执一份(客人合同必须注明旅行社接待人员的联系电话)。

(8) 发放行程单、旅游纪念品，向游客交代出发时间和地点，并告知注意事项。

(9) 无全陪的团队和散客须告知具体接洽办法，行程单上必须打上自己的电话号码以便应急。

(10) 保持与游客的联络，帮助游客解决出发前遇到的各类问题，如有行程变更应及时通知游客并做好后续工作。

(11) 团费、发票及旅游合同及时归档于相关部门。

(12) 接听业务咨询电话，一定要听清楚对方的名称、业务联系人、传真、电话、线路要求(人数、线路、景点、住宿标准、用车情况、旅游天数、特别要求)等内容，做好记录方便业务回访跟踪。

(13) 为提高公司整体的业务量和避免新客户走错门，对于每位来电的客户都要做到随时跟踪，一对一服务，必要时应提倡上门服务，以方便游客。

(14) 及时和市场部沟通，如推出新线路或特价，第一时间通知，方便客户选择。

(15) 散客回团必须回访，质量跟踪需留档，一个月交到客服部。

(16) 机票款需及时交到门市人员处，及时交接。

(17) 确保工作顺畅，工作交接有记录。

(三)计调部(国内)业务操作流程

计调部(国内)业务操作流程如图 4-3 所示，说明如下。

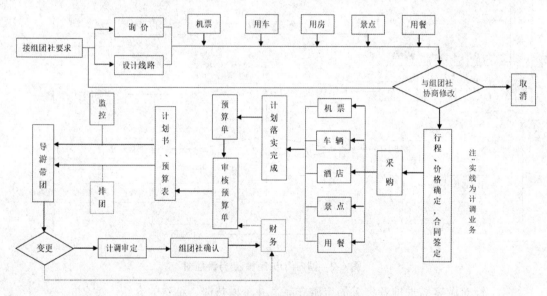

图 4-3　计调部(国内)业务操作流程图

(1) 报价。根据对方询价编排线路，以《报价单》提供相应价格信息。

(2) 计划登录。接到组团社书面预报计划，应将团号、人数、国籍、抵/离机(车)、时间等相关信息登录在当月团队动态表中。如遇对方口头预报，必须请求对方以书面方式补发计划，或在我方确认书上加盖对方业务专用章并由经手人签名，回传作为确认件。

(3) 编制团队动态表。编制接待计划，将人数、陪同数、抵/离航班(车)、时间、住宿酒店、餐厅、参观景点、地接旅行社、接团时间及地点、其他特殊要求等逐一登记在《团队动态表》中。

(4) 计划发送。向各有关单位发送计划书，逐一落实。用房则应根据团队人数、要求，以传真方式向协议酒店或指定酒店发送《订房计划书》并要求对方书面确认。如遇人数变更，及时制作《更改件》，以传真方式向协议酒店或指定酒店发送，并要求对方书面确认；如遇酒店无法接待，应及时通知组团社，经同意后调整至同级酒店。

①　用车。应根据人数、要求安排用车，以传真方式向协议车队发送《订车计划书》并要求对方书面确认。如遇变更，及时制作《更改件》，以传真方式向协议车队发送，并要求对方书面确认。

②　用餐。应根据团队人数、要求，以传真或电话通知向协议餐厅发送《订餐计划书》。如遇变更，及时制作《更改件》，以传真方式向协议餐厅发送，并要求对方书面确认。

③　地接社。以传真方式向协议地接社发送《团队接待通知书》并要求对方书面确认。如遇变更，应及时制作《更改件》，以传真方式向协议地接社发送，并要求对方书面确认。

④　返程交通。仔细落实并核对计划，向票务人员下达《订票通知单》，注明团号、人数、航班(车次)、用票时间、票别、票量，并由经手人签字。如遇变更，应及时通知票务人员。

(5)　计划确认。逐一落实完毕后(或同时)，编制接待《确认书》，加盖确认章以传真方式发送至组团社并确认组团社收到。

(6)　编制概算。编制团队《概算单》。注明现付费用、用途。送财务部经理审核，填写《借款单》，与《概算单》一并交部门经理审核签字，报总经理签字后，凭《概算单》《接待计划》《借款单》向财务部领取借款。

(7)　下达计划。编制《接待计划》及附件。由计调人员签字并加盖团队计划专用章。通知导游人员领取计划及附件。附件包括名单表、向协议单位提供的加盖作业章的公司结算单、导游人员填写的《陪同报告书》、游客(全陪)填写的《质量反馈单》、需要现付的现金等，票款当面点清并由导游人员签收。

(8)　编制结算。填制公司《团队结算单》，经审核后加盖公司财务专用章。于团队抵达前将结算单传真至组团社，催收。

(9)　报账。团队行程结束，通知导游员凭《接待计划》《陪同报告书》《质量反馈单》、原始票据等及时向部门计调人员报账。计调人员详细审核导游填写的《陪同报告书》，以此为据填制该《团费用小结单》及《决算单》，交部门经理审核签字后，交财务部并由财务部经理审核签字，总经理签字，向财务部报账。

(10)　登账。将涉及该团的协议单位的相关款项及时登录到《团队费用往来明细表》中，以便核对。

(11)　归档。整理该团的原始资料，每月底将该月团队资料登记存档，以备查询。

(四)导游带团业务流程

1. 接待前的准备工作

熟悉接待计划，领取接团计划书并了解旅游团的基本情况。

(1)　组团社、联络人姓名、电话、团队种类(全包、半包、自费)；费用结算方法(现结还是汇款)；团队等级(豪华、标准、经济)；团名、代号、人数、住房、用车、餐饮标准等。

(2) 旅游团成员的基本情况，即客源地、领队、旅游者概况、民族、宗教信仰等。

(3) 旅游线路和交通工具。

(4) 交通票据情况。

(5) 该团的特殊要求和禁忌。

落实接待事宜及物质准备。在接团计划无疑义后，去财务处领取派团单、门票结算单、住房及用餐签单、团队备用金、游客意见反馈单、导游旗及话筒。

在熟悉接待团队情况及所有单据准备完毕后，应与对方团队全陪、领队或司机电话沟通，告知你为该团队地接导游，并落实该团队抵达大致时间及接团地点与方式，以便双方及时准确地接头。

2. 接站

导游在团队抵达当天应密切与该团全陪沟通，以便及时掌握团队运行情况，并在该团抵达前30分钟到达约定接团地点等候；若该团为火车团，应及时与地接司机联系，在该团正点到站前30分钟到达火车站约定集合地点等候。并与该团队下榻宾馆及用餐餐厅沟通入住及用餐时间，避免团队抵达宾馆或餐厅后因各种原因而不能及时入住或用餐而造成的服务质量与客人满意度下降。

在团队顺利抵达后，应与全陪及时确认该团队是否为自己所接待团队，以防错接。并落实所接团队实际情况与确认书是否有出入。尤其是客人(儿童)数量及用餐与住宿人数。若有出入，应与全陪落实多出或减少的客人的付费方式是旅行社结算还是客人直接结算，并及时告知餐厅、宾馆及该团负责经理实到人数，以便于旅行社及时掌控该团情况。

待所有情况落实完毕后，致欢迎词，并通告团队的游览时间及行程安排和注意事项，让客人准确了解该团队的游览内容和时间安排，以免造成客人因不知情而造成的满意度下降。若客人、全陪或领队对行程提出小的修改意见或要求增加新的游览项目时，应及时向旅行社该团队负责经理反映，对合理又可满足的项目应尽量安排；若其提出的要求与原日程不符且又涉及地接规格时，应婉言向其说明费用的变更，并告知多出的费用需要自理，如果客人明确表示不愿增加费用，导游应该委婉拒绝，并适时转移话题；若客人或全陪手中的接待计划与地接接待计划有出入时，应安抚其情绪，并及时报告旅行社负责经理查明原因，分清责任，如果是本旅行社的责任，导游应实事求是地代表旅行社说明情况并道歉，如果是对方旅行社的责任，导游应积极协助全陪及旅行社向客人解释问题原因，以免为客户旅行社造成更大的损失，如果是客人原因，应由全陪出面解释，并积极协助全陪做好客人工作，使整个团队旅游活动顺利进行。赴宾馆途中，要向旅游者介绍所住宾馆的名称，地理位置等宾馆详细信息，以便于游客单独行动时可以方便地回到住地。

用好第一餐。欢迎词要素：问候语代表所在接待社、本人及司机欢迎旅游者光临本地，介绍自己的姓名及所属单位，介绍司机、所乘车的颜色及号码，表示提供服务的诚挚愿望。欢迎旅游者提出意见和要求，预祝旅游愉快顺利、身体健康。

3. 入住酒店

协助办理入店手续。到达宾馆后，嘱咐客人注意夜间住宿安全，贵重物品可以寄存到宾馆前台(以免发生丢失，影响旅游心情)。介绍宾馆周边环境，通告客人第二天的活动安排及起床与集合时间、地点等。协助领队或全陪办理入住登记手续(客房押金是由全陪或领队来付，地接导游不要擅自垫付)，协助全陪或领队分配房卡，将自己的联系方式及房间号告知全陪或领队，以便团队发生意外时尽快联系到地接导游，并记下客人的房间号码，安排宾馆服务员叫早。

4. 参观游览

(1) 出发前地接导游应提前 10 分钟到达集合地点，核实清点人数，问候早到的旅游者，准点集合登车出发。

(2) 途中要重申当日活动安排和注意事项，叮嘱大家一定要遵守时间，不要擅自行动，以免耽误全团计划。介绍途中风光和当日所要游览的景点(景点导游词之外的)，组织适当的娱乐活动活跃气氛。

(3) 抵达景点后，下车前地接导游要讲清并提醒游客记住旅游车的标志(车牌，颜色等)和停车地点及开车时间，提醒大家关好车窗带好随身物品，景点内人比较多，看好自己的贵重物品等。进入景点后，在景点示意图前地接导游应讲明游览路线、所需时间及游览过程中应注意的事项等。若行程紧凑，可让全陪跟在队伍的最后面，以免后面的游客走散，耽误时间。进景点检票口时，可让全陪先进，带领客人在门口等候地接导游签单。

(4) 返回饭店途中应带领游客回顾当天活动，并尽量避免原路返回，作好沿途风光导游。如果客人明显表示劳累，可适当放些轻音乐，让客人休息。

(5) 快抵达宾馆时叫醒大家，宣布次日活动，提醒注意夜间安全，保管好贵重物品。

(6) 安排宾馆服务员叫早。

5. 用餐

在适当时候，应暗示客人旅游团队餐的口味可能众口难调。地接导游应提前落实本团当日的用餐(尤其旺季，在到达餐厅前 1 小时或 30 分钟要及时和餐厅沟通，确定好本团用餐时间，以免团队抵达后等待用餐时间过长)，对午、晚餐的用餐地点、时间、人数、标准和特殊要求应逐一核实并予以确认；用餐过程中要巡视旅游团的用餐情况一到二次(看餐厅是否按标准上菜，菜量是否够吃，及时提醒服务员添加主食)。在全陪之前结束用餐，以腾出时间与餐厅签结算单，结算单的签署及其内容不能让全陪或客人看到。

6. 送团

若所接待团队为火车团，则需要提前核实，确认交通票据情况。送团至火车站后，请客人填写意见反馈单并移交交通票据、致欢送词，待团队安全登车后再离开。若为自带车，则需要与全陪领队及客人商定出发、叫早和早餐时间，协助宾馆结清与游客的有关账目。协助办理退房手续(中午 12:00 前)，提醒游客检查行李，别落下东西。集合登车请客人填写意见反馈单并致欢送词，下车后向客人挥手，目送旅游车走远后方可离开。

(五)地陪导游带团业务流程

地陪导游带团业务流程如图 4-4 所示。

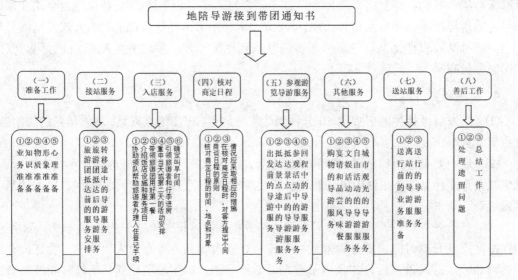

图 4-4　地陪导游带团业务流程图

(六)全陪导游带团业务流程

全陪导游带团业务流程如图 4-5 所示。

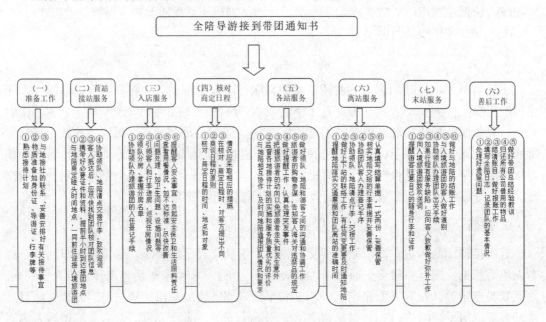

图 4-5　全陪导游带团业务流程图

(七)营销部业务操作流程

营销部业务操作流程如图 4-6 所示，说明如下。

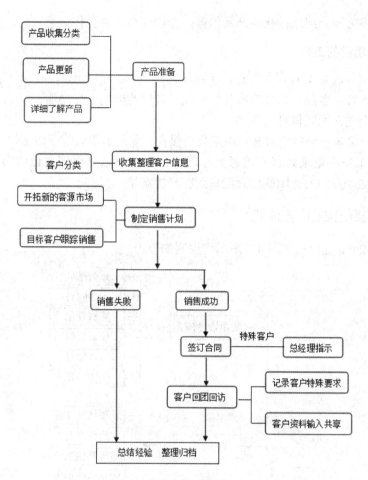

图 4-6　营销部业务操作流程图

1. 准备工作

(1) 线路产品准备。及时更新收集亲子游线路、同学会线路、党日活动线路、夕阳红线路、一日游、二日游、三日游等。

(2) 整理需拜访客户资料档案。

(3) 准备好有关宣传资料、名片、记录用纸、笔等。

(4) 了解线路特点(住宿、用餐、交通、景点等)。

2. 拜访客户

(1) 开拓市场，挖掘新客户。新开拓客户实地拜访标准程序：初次接触客户为表示礼貌和节约时间，应提前电话预约。

①自我介绍自己所服务的旅行社；②陈述打电话的目的；③引起潜在客户的兴趣；④要求安排一次会面。

(2) 实地拜访。①按约定时间抵达目的地；②自我介绍，递上名片(交换名片要双手递、接，表示尊重)；③了解客户基本情况(姓名、职务)；④推销自己，并介绍旅行社基本情况；⑤了解客户的消费能力及旅游意向，如线路、天数、人数、时间等；⑥根据客户的兴趣和爱好，尽可能多方面介绍旅行社的产品优势；⑦询问客户的合作诚意。

3. 接团成功后的工作

(1) 签合同并收集所有客人信息：①注明客人资料；②出团时间；③线路；④结算金额；⑤接待旅行社。备注：如欠款或其他事项必须注明或向主管说明。

(2) 由计调输入团队信息到共享。

(3) 入档。将客户资料输入客户档案分类保存。客人回团后的回访工作：①客人回团3天内做好回访工作，记录好客人的意见并总结；②客户意见存档在计调部汇总表格里；③月底统一将这个月的所有团队信息汇总到客户档案里。

(八)财务部(出纳)业务流程

财务部(出纳)业务流程如图 4-7 所示，说明如下。

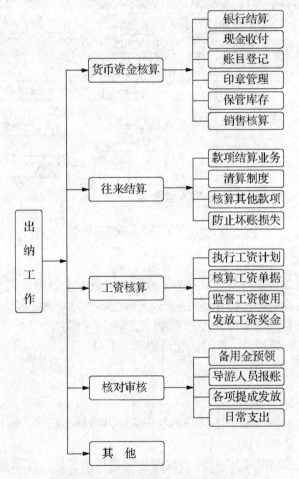

图 4-7　财务部(出纳)业务流程图

(1) 办理银行存款和现金领取。

(2) 负责支票、汇票、发票、收据管理。

(3) 制作银行账和现金账，并负责保管财务章。

（4）负责员工工资的发放。

（5）负责报销差旅费的工作。①员工出差分借支和不可借支，若需要借支就必须填写借支单，然后交总经理审批签名，再交由财务审核，确认无误后，由出纳放款。②员工出差回来后，必须据实填写支付证明单，并在单后面贴上收据或发票，先交由证明人签名，然后给总经理签名，进行实报实销，再经会计审核后，由出纳给予报销。

（6）出纳工作细则。工作事项及审验等程序如下。

① 现金收付。a. 现金收付，要当面点清金额，并注意票面的真伪，若收到假币予以没收，由责任人负责。b. 现金一经付清，应在原单据上加盖"现金付讫章"。多付或少付金额，由责任人负责。c. 把每日收到的现金送到银行。d. 每日做好日常的现金盘存工作，做到账实相符，做好现金结报单，防止现金盈亏。下班后现金与等价物交还总经理处。e. 一般不办理大面额现金的支付业务，支付用转账或汇兑手续。特殊情况需审批。f. 员工外出借款无论金额多少，都需总经理签字，批准并用借支单借款。若无批准借款，引起纠纷，由责任人自负。

② 银行账处理。a. 登记银行日记账时先分清账户，避免张冠李戴，开汇兑手续。b. 每日结出各账户存款余额，以便总经理及财务会计了解公司资金运作情况，以调度资金。每日下班之前填制结报单。c. 保管好各种空白支票，不得随意乱放。d. 公司账务章平时由出纳保管。

③ 报销审核。a. 在支付证明单上经办人是否签字，证明人是否签字。若无，应补。b. 附在支付证明单后的原始票据是否有涂改。若有，问明原因或不予报销。c. 正规发票是否与收据混贴。若有，应分开贴。d. 支付证明单上填写的项目是否超过 3 项。若超过，应重填。e.大、小写金额是否相符。若不相符，应更正或重填。f. 报销内容是否属合理的报销。若不属，应拒绝报销，有特殊原因，应经审批。g. 支付证明单上是否有总经理签字。若无，不予报销。

(九)其他业务流程

旅行社除了以上主要业务外，还承担着旅游企业的基本业务，这些基本业务主要包括办公室组织业务、企业部业务等。

1. 办公室组织业务

组织公司召开会议、各类培训，起草会议文件及报告工作。制定并完善公司内部管理制度。按时完成上级部门要求上报的各种数据、材料、文件。负责公司档案管理工作及公文核发。承办统计工作，按时上报统计报表。妥善保管和正确使用公司印章。负责会议记录工作。负责来访人员的接待工作。负责办公用品和生活用品的购买、保管、发放工作。负责完成领导临时交办的事项和突发性事项的处理工作。做好资料收集、分类管理、文件签发、保管保存工作。做好上达下传、下情上报的工作，深入调查，研究了解，掌握情况，发现问题及时向总经理汇报，当好领导的参谋。负责员工招聘、入职、签订劳动合同等一系列人事管理工作。负责监督公司员工考勤，每月对考勤结果汇总上报总经理并存档。

2. 企划部业务流程

项目前期准备阶段。了解客户需求；确认工作目标；就工作目标、内容和范围达成共识。

项目正式开始阶段。成立项目小组，并对项目小组成员进行培训；收集相关信息与资料；对客户需求进行系统分析研究，确定企划方案大纲；与客户讨论企划方案大纲，并提出改进意见；确认客户对改进的企划方案已充分了解和认同；项目小组成员分工合作，共同完成企划方案中各自部分的工作。

实施改进方案阶段。协助客户制订方案实施计划，指导方案实施。

任务二 互联网环境下的旅行社业态重构

任务目标

互联网背景下的旅行社业态发生了巨大变化，既因为互联网的便捷而降低了游客的费力度，提高了产品的丰富性并使旅客更好地享受了一站式旅游服务，又由于受到线上旅游的竞争冲击，旅游产品的多样性，销售手段的丰富性、旅游接口的便利性以及价格的透明度，使传统旅行社竞争力下降，利润率也同步下降。本节了解互联网环境下旅行社业态现状，存在的问题以及发展趋势，掌握旅行社业态。充分挖掘旅行社优势，补齐短板，重构互联网环境下旅行社的业态。

任务实施过程

请每个小组将任务实施的步骤和结果填写到如表 4-2 所示的任务单中。

表 4-2 项目四之任务二的任务单

小组成员：		指导教师：
任务名称：梳理互联网环境下旅行社的 SWOT 分析	任务完成地点：教室	
工作岗位分工：		
工作场景：		
(1) 你是旅行社，对比分析传统与现代的区别，制作业务流程图；		
(2) 对比分析互联网环境下旅行社商业模式的变化		
教学辅助设施	文字、图片、视频等多媒体	
任务描述	通过收集整理资料，完成旅行社线下和线上商业模式对比分析，找出存在的问题，提出未来发展方向及对策	
任务重点	主要考查学生资料收集、对比分析能力，了解现阶段旅行社线下和线上的不同模式，提高分析问题和解决问题的能力	
任务能力分解目标	(1) 现阶段传统旅行社线上布局的发展情况； (2) 线下和线上不同商业模式的对比； (3) 未来旅行社的发展策略	

续表

任务实施步骤	(1) 学习相关知识点; (2) 学生以小组为单位,通过书籍、网络搜集资料,调研分析互联网环境下旅行社 SWOT,重点描述存在问题、发展优势和未来发展趋势等; (3) 每小组以多媒体形式进行汇报,展示调研成果; (4) 各小组进行互评,教师进行点评

任务评价

(1) 了解互联网环境下旅行社线上旅游发展历程。

(2) 对比分析现阶段旅行社线上和线下商业模式的异同之处,找出存在的问题。

(3) 探索互联网+环境下旅行社新业态及新发展。

情境一　认识互联网环境下的旅行社业态

近年来,我国旅行社行业规模呈逐年上升趋势。截至 2019 年年底,全国旅行社总数为 38943 家,比 2018 年增加了 8.17%。2019 年度全国旅行社营业收入 7103.38 亿元。互联网环境下,我国不同规模的旅行社呈现完全不同的发展业态,一方面,大型旅行社借助互联网平台,实现线下和线上融合逐步发展;另一方面一些规模小的旅行社生存发展空间被压缩,逐步退出或被并购。在互联网环境下,需要对传统旅行社进行重新定位,找到破解发展瓶颈的方案。

一、互联网环境下的旅行社电子商务发展历程

自 20 世纪 50 年代开始,随着计算机技术、信息科学技术的快速发展,全球进入互联网时代。1994 年中国正式接入国际互联网,标志着我国互联网时代正式开启。历经 20 多年,互联网发展迅猛,已经深入民众日常生活中,从而变得无处不在。截至 2019 年,全球网民总数超过 43 亿人,全球数据量将达 41ZB(1ZB=2^{70}B=2^{40}GB),数字经济总量约为 11.5 万亿美元,占全球经济总量的 15.5%。中国网民总数达 8.54 亿人,中国数字经济规模达 31.3 万亿元人民币,占国内生产总值 GDP 的比重达 34.8%,已成为我国经济增长的重要引擎,是我国经济社会平稳向前发展的一大支柱。

互联网环境下旅行社电子商务则从 1997 年正式开启。1997 年,华夏旅游网、中国旅游网成立,标志着在线旅游服务萌芽。经过 20 多年发展,旅行社电子商务快速发展,形成线上、线下共同发展的格局。梳理发展历程,旅行社电子商务发展历程大致可分为两个阶段。具体如下所述。

(一)1997—2010 年,线上、线下共同发展阶段的旅行社

旅游市场形成出境游、入境游及国内游的三元市场格局,旅行社业投资主体性质放宽允许外资进入。旅行社数量从 1997 年的 4986 家发展到 2009 年的 21649 家,12 年间增长了

4.3 倍，年平均增长率约 13%，增加迅速。与此同时互联网技术在中国快速地发展并开始进入普通百姓的生活。线上旅行社服务开始产生，在 1997—2010 年间从萌芽走向成熟。1999年，携程网、艺龙网成立，标志着在线旅游时代正式开端。2003—2004 年，携程网、艺龙网相继在美国上市，在线旅游进入高速发展阶段。之后，同程、遨游、穷游、去哪儿网、芒果网、悠哉网、酷讯、马蜂窝、途牛、驴妈妈等细分领域专业网站成立，标志着在线旅游快速发展，市场开始细分行业。同时，线下旅行社依托在旅游市场占主体地位发展迅速，线下旅行社之间竞争激烈；线上旅行社所占市场份额尚小，且客户群体以散客为主，与线下旅行社的竞争并不明显，因此旅行社线上、线下处于一种共同发展的状态。

在这一时期，旅游市场以团体游客为主，散客出游还只占市场的一小部分。旅行社的顾客仍以团客为主。在线平台以为散客提供旅游服务为主，面向年轻化、学历高、对新鲜事物接受能力强的群体。旅行社业务转变为入境旅游、出境旅游和国内旅游三大板块业务，范围进一步扩大，产品和服务体系初步形成。传统旅行社的产品和服务依旧包括旅游线路、委托代办业务、接待服务，范围从入境、国内服务扩大为出、入境；国内服务。在线旅游平台以预订、信息提供、细分服务为主。用户反馈和内容生产、垂直搜索、社区论坛、攻略等平台相继成立，为消费者提供信息整合、信息分类、信息传播等服务。如携程提供预订服务的综合信息平台，去哪儿是垂直搜索的代表，马蜂窝是用户反馈和内容生成的代表等。

传统旅行社依靠规模经济和旅游交易中的信息不对称、价格差、代理商佣金，个别旅行社开始拥有线上业务，如中青旅遨游网。

旅行社的经营模式中，传统旅行社位于旅游产业链的核心节点，旅游产品经地接社、组团社销售给旅游者，旅行社组织实施整个旅游过程。在线旅游利用网络信息技术平台、完备的线上营销体系及专业的标准服务水准，整合上游产品资源及下游流量资源，实现产品与消费者的无缝对接，在线上供应商能直接销售、消费者能直接预订和购买，完成以消费者为中心的旅游消费过程。线上平台通过对旅游信息资源的整合，提供及时准确的信息服务。

(二)2010 年至今，竞合发展阶段的旅行社

这一阶段经济快速发展，旅游业的发展越来越受到重视，以互联技术、移动终端、云计算和大数据为代表的信息技术快速发展，这为旅游业发展营造出良好的外部环境，旅行社规模不断扩大，旅游消费者出游方式由传统组团旅游进入以自驾游、自助游为主的散客时代；人们信息获取的方式与数量发生巨大变化，传统旅行社盈利根本受到冲击，在线旅游发展势不可当。

传统旅行社发展呈现低迷态势，大品牌数量少，中小企业居多。产品和服务缺乏创新性，质量不高；市场竞争不规范，无序、低价竞争屡见不鲜。旅行社依靠价格战取得优势，利润薄弱；为提高利润，出现导游强制购物、辱骂不购物游客等行为，严重影响了旅行社形象。在线旅游平台的快速扩张，使旅游产业链由以旅行社为中心向以旅游消费者需求为中心快速转变，旅行社在产业链中的地位日渐弱化。

在线旅游平台在旅游市场迅速扩张，经历了 2013—2014 年价格战的恶劣竞争模式后以入股、并购的方式，形成了你中有我，我中有你的局面；同时百度、腾讯、阿里、京东等

互联网电商巨头的支持加速了线上发展,在线旅游市场保持快速发展的势头,截至 2016 年,在线旅游的市场渗透率超过 12%。

　　旅行社线上、线下的发展,不可避免地发生竞争,在激烈的市场竞争中,传统旅行社和平台旅行社都展现出顽强的生命力和竞争力,双方意识到谁也无法消灭谁,旅行社业从 2015 年开始正式走向双向融合。线下通过自建平台、入驻在线平台等方式涉足线上旅游板块,线上通过开设线下门店、开展活动,吸引线下商户拥抱线下,线上、线下的界限越来越模糊。

　　这一阶段的旅行社不再以散客或团客为主体,而进入了散客、团客并重时代。旅行社服务对象由普通旅游者扩大到出于任何目的出行的旅游者。旅游市场更加细化,旅游新闻、热点推荐、社区论坛、旅游攻略、俱乐部等全方位的客户服务模式变得更加成熟,移动客户端使旅游咨询更快捷随心。旅行社定位更具体、业务延伸至异地化生活服务,出境游、休闲游、自驾游等在内的全品类市场开始一体化布局。除传统旅行社外,各种在线旅游企业也开始涉足旅游业务,主体范围不断扩大,更加多元化。标准服务、集成线上线下产业链一站式服务、服务增值成为新的利润源。

案例 4-2　在线分销 | 广之旅旗下同业交易平台"行走网"正式上线

　　从旅行社驱动旅游市场、景区主动营销转向游客需求驱动,传统的规模化的生产转变为游客私人定制服务。旅游资源整合的范围也跨越了不同领域,让传统和线上、细分领域逐步完成对接,不同的服务通过网络连接为一体化服务模式,旅游大数据、云服务、社交、移动端等新兴业态成为市场主流,而在线旅游已经在这些方面抢占了先机。旅游资源的整合不仅涵盖了线上线下,还涵盖了其他的行业,如金融、体育、文化等。

二、旅行社传统线下商业模式与电子商务模式对比

(一)旅行社线下商业模式

　　无论是规模庞大、实力雄厚的三大旅行社系统(国旅、中旅和青旅),还是区域性旅行社或小旅行社,线下模式一直是旅行社传统商业模式。在这种商业模式中,商业模式要素与我国国情及旅行社发展背景紧密相关,形成独特显著的特征。

1. 价值对象与市场

　　随着市场细分,传统旅行社的价值对象发生了变化。现阶段的价值对象包括团体游客和散客,以团体游客为主。旅行社根据定位、产品特色、地域和市场环境不同,价值对象也不相同。如国旅股份的客户来源主要分为大陆和港澳海外两类,以大陆居民为最主要的客户来源;首旅股份最广泛的客户来源位于内地,客户收入来自北京和海南两地居多。

2. 产品与服务

　　产品与服务,就是为模式价值对象实现需求并实现盈利模式的具体经营模式。传统旅行社的产品和服务包括出境游、入境游、国内游三大板块及相关服务,具体可分为委托代办、接待服务、旅游线路设计,其产品和服务模式和体系比较成熟,变化主要方向是多元

化和信息化。

3. 盈利模式

盈利模式指按照利益相关者划分的企业的收入结构、成本结构以及相应的目标利润。传统旅行社盈利主要依靠规模经济和旅游交易中的信息不对称，此外，还有佣金、业务盈利、产品服务增值，旅行社通过和其他领域交叉融合来获取利润。组团社以成本价组团，在旅游目的地按照游客人数卖给地接社，地接社通过让游客购物、改变景点路线、自费加点获取返点利润。

4. 资源配置

旅行社是旅游产业链的核心，其职能是整合上下游旅游资源，组织实施旅游活动。旅游目的地供应商开发旅游项目，地接社提供接待与导游服务，相关运输公司提供车辆服务，旅游饭店提供餐饮住宿服务，旅游娱乐企业提供娱乐服务，旅游购物企业提供特色纪念品。

旅行社必须了解旅游者的旅游出游意愿，设计旅游产品，结合供应商提供不同时间的线路产品以及特色产品，采购符合旅行社风格和能满足消费者需求的旅游要素或者地接社的产品并再次设计和组合，产生旅游路线、服务。同时构建销售渠道，制订销售方案和价格。根据旅游者需求制订销售计划，选择销售方式，推广旅游产品和服务，将旅游者的各种消费意图变为购买行为。通过旅行社的协调调度进行资源配置，发挥产业中国独特的国情及旅行社发展的时代背景，使旅行社形成了具有其特色的商业模式。

传统旅行社商业模式的显著特征：一是发展时间长，商业模式相对成熟，业务体系比较完善；二是旅行社发展具有地域性，客源比较稳定，受地域限制；三是商业模式中旅行社在旅游产业链中处于核心地位。

(二)旅行社电子商务模式

旅行社电子商务模式相对于线下模式而言，可以简称为旅行社线上模式。线上模式不是商业要素简单地网络化，而是基于网络化的重构，所有的商业要素均短平化发展。

1. 价值对象与市场

旅行社依托互联网技术支持，不受时间、地域限制，随时随地提供服务，客户市场主要以散客为主，团客也同样重视，拼团成为主要成团方式，涵盖了商务旅游、自助游、观光度假游及集团客户等。价值对象为所有在网络或移动客户端 App 进行信息查询、预订等旅行者。旅行社根据定位和产品特色，对客户群体进行细分。

2. 产品与服务

旅行社在线业务仍包括出境、入境、国内业务，但在线旅游平台的产品偏向于预订、信息提供，尤其是信息提供涵盖酒店、餐饮、娱乐、购物、交通等各种综合信息以及旅游新闻、热点推荐、社区论坛、旅游攻略等。产品和服务不再是单一的旅游服务，还包括生活服务，并逐步朝着全产业链一站式服务的方向发展，以满足消费者多元差异化、个性化需求，适应市场细分形势。

3. 盈利模式

旅行社通过提供旅游信息，促成旅游活动进展，从交易中获取利润，也有通过平台与酒店、交通企业达成协议，通过提供酒店、机票、网约车等预订服务，拿到利润即代理费。向旅游消费者提供度假旅游产品服务如自助游线路和分时度假产品，得到服务报酬。发布供应商或其他公司的广告信息获利是其重要的收入来源，如淘宝模式和发展旅游的阿里旅行。依靠企业网站链接广告获取点击收费和固定付费取得收入。涉足上游、下游产品领域，扩大经营规模以及盈利的范畴来取得利润。整合标准服务、集成线上线下产业链一站式服务、服务增值逐步成为新的利润点，如租车、租船服务。

4. 资源配置

旅行社在线旅游平台以旅游者需求为中心的产业链，使产品组合设计、营销、采购、接待和售后服务等部门之间的信息沟通更顺畅。打破传统时空地理的束缚，尽可能地整合包括外国在内的远距离旅游信息资源，提升了旅游交易效率，减少了交易投入，增加了自主化服务，增强了旅客的互动性和自主性。

旅游者在产生出游动机后，可以通过旅行社在线旅游平台链接目的地景区和供应商网站，获取食、住、行、游、购、娱等旅游信息，并进行在线咨询，了解产品和服务。旅游者还可以根据自己的需求、兴趣爱好及获取的旅游信息对旅游产品和服务进行重新组合或者选择旅行团，通过在线支付完成对所需产品的购买。旅游者在旅游活动结束后能对产品和服务进行在线评价，对旅游体验给予反馈。线上旅行社与旅游产品供应商通过协定建立合作关系，并通过互联网电子商务系统完成对旅游元素和产品的及时采购，以及向地接社发布信息和指令。在线旅游平台根据产品特色和游客需求制定营销方案，依托新科技、新渠道完成对产品在线宣传及咨询工作，促进游客消费。

旅行社能依靠新兴的大数据技术发掘顾客群体的不同需求，细化旅游市场，针对不同的旅游群体选择营销方案、开发旅游产品和服务。供应商通过平台来向终端旅客销售旅游商品，利用网络媒介来扩大销售。

综上所述，线上商业模式具有效率高、资源配置度相对较好的特点。把传统旅游业中的人、物、信息、资金传递通过网络技术进行整合，无论企业在何处都能在最短的时间内高效率、低成本地完成交易。依靠互联网具有全天候、全方位运营的特点，如非维护需要可以 24 小时运营，只要有网就不会受地点的束缚。产品和服务进一步多样化，交易透明化，信息对称是线上商业模式的又一大特点。在线旅游平台可以提供全面的信息，而且信息传递快速、更新及时。市场细化评论、社区类网站平台让旅游者之间交流便利、信息共享，使信息更加对称。交易透明化，能让旅行社更快更全地掌握旅游者的消费需求，针对游客个体或细分市场开发出差异化明显的产品和服务，让旅游产品更加丰富。

案例 4-3 宅家游世界！人民网开启"云游"模式

三、互联网环境下旅行社电子商务存在的问题

互联网环境下传统旅行社电子商务具有传统旅行社所无法比拟的优势，但就现阶段的

发展来看仍存在着比较明显的问题。

　　一方面，旅行社在线旅游平台的种类虽然很多，但提供的旅游服务种类并不齐全，目前没有一家旅游网站提供的信息能够很好地满足消费者从产生出游动机到旅游归来旅游体验分析其全过程需求。线上旅行社呈现出市场细分的发展趋势，在其主要发展领域内信息提供比较及时，但其他相关领域的信息更新缓慢、信息量少。

　　另一方面，线上旅行社更擅长在线旅游产品的预订等线上服务，线下的资源相对比较匮乏，存在低于预订的局限性；同时由于与游客面对面接触的机会比较少，线上旅行社人性化服务不足，严重地阻碍了在线旅游企业实施一站式服务。中国人口面临老龄化的趋势，老年人成为旅游消费重要的一部分，在线旅游通过移动终端、电子支付手段对接消费者，限制了部分消费者的预订；消费者传统的购物习惯，不能适应网上虚拟产品；缺乏旅游主营业务支撑，难以形成特色和卖点。除此之外，在线旅游还面临市场集中度低，行业体系不够完善；产品粗放，服务层次低等问题。

知识拓展 4-3

十大措施促"旅游+互联网"发展新业态

　　2015 年，国家旅游局《关于实施"旅游+互联网"行动计划的通知》下发，该通知提出了"推进旅游区域互联网基础设施建设""推动'旅游+互联网'投融资创新"等十大措施。

　　(1) 推进旅游区域互联网基础设施建设。加快推进机场、车站、码头、宾馆饭店、景区景点、旅游购物店、主要乡村旅游点等旅游区域及重点旅游线路的无线网络；3G/4G 等基础设施的覆盖，保障"旅游+互联网"基础条件。到 2020 年，实现 3A 级以上旅游景区和三星级以上宾馆无线网络全覆盖。

　　(2) 推动旅游相关信息互动终端建设。在机场、车站、码头、宾馆饭店、景区景点、旅游购物店、游客集散中心等主要旅游场所提供 PC、平板电脑、触控屏幕、SOS 电话等旅游信息互动终端，使旅游者更方便地接入和使用互联网信息服务和在线互动。

　　(3) 推动旅游物联网设施建设。到 2020 年，全国所有旅游大巴、旅游船和 4A 级以上旅游景区的游客集中区域、环境敏感区域、旅游危险设施和地带，实现视频监控、人流监控、位置监控、环境监测等设施的合理布设，将旅游服务、客流疏导、安全监管纳入互联网范畴。

　　(4) 支持在线旅游创业创新。鼓励各类创新主体充分利用互联网，开展以旅游需求为导向的在线旅游创业创新活动。支持旅游创新平台、创客空间、创新基地等旅游新型众创空间发展。鼓励有条件的地区建立"旅游+互联网"创业园区，给予资金和政策支持，国家旅游局每年认定一批国家级"旅游+互联网"创客基地，推出一批国家级"旅游+互联网"创客示范项目。

　　(5) 大力发展在线旅游新业态。支持企业利用互联网平台，整合私家车、闲置房产等社会资源，规范发展在线旅游租车和在线度假租赁等新业态。创新发展在线旅游购物和餐饮服务平台，积极推广"线上下单、线下购物"的在线旅游购物模式和手机餐厅服务模式。积极推动在线旅游平台企业的发展壮大，整合上下游及平行企业资源、要素和技术，推动

"旅游+互联网"的跨界融合。

(6) 推动"旅游+互联网"投融资创新。大力推广众筹、PPP等投融资模式，引导社会资本介入"旅游+互联网"领域，加快"旅游+互联网"创新发展。鼓励旅游企业和互联网企业通过战略投资等市场化方式融合发展，构建线上与线下相结合、品牌和投资相结合的发展模式。

(7) 开展智慧旅游景区建设。加快制定出台国家智慧旅游景区标准。到 2018 年，推动全国所有 5A 级景区建设成为智慧旅游景区。到 2020 年，推动全国所有 4A 级景区实现免费 Wi-Fi、智能导游、电子讲解、在线预订、信息推送等功能全覆盖。

(8) 推动智慧旅游乡村建设。运用互联网和移动互联网，全面提升乡村旅游的管理、服务、营销水平。积极支持社会资本和企业发展乡村旅游电子商务平台，推动更多优质农副土特产实现电子商务平台交易，带动农民增收和脱贫致富。支持有条件的地方通过乡村旅游 App、微信等网络新媒体手段宣传推广乡村旅游特色产品。支持有条件的贫困村发展成为智慧旅游示范村。鼓励各地建设集旅游咨询、展示、预订、交易于一体的智慧旅游乡村服务平台。

(9) 完善智慧旅游公共服务体系。加大旅游公共信息的互联网采集和运用，推动旅游公共信息数据向社会开放。建设好国家智慧旅游公共服务平台，完善统一受理、分级处理的旅游投诉处置机制，健全旅游公共产品和设施、旅游投诉和旅游救援等公共信息网络查询服务。运用互联网，建立旅游诚信信息交流平台，加强对旅游企业信用的监管。运用互联网开展文明旅游引导，定期发布游客不文明旅游行为记录。积极运用互联网开展旅游应急救援。

(10) 创新旅游网络营销模式。积极发展旅游电子商务平台，鼓励各地利用互联网开展旅游营销信息发布、旅游产品在线预订和交易支付。支持旅游目的地利用旅游大数据挖掘分析手段，建立广播、电视、报纸、多媒体等传统渠道和移动互联网、微博、微信等新媒体渠道相结合的旅游目的地营销体系。支持旅游企业与 OTA 平台合作，利用平台优势，扩大企业产品销售规模。鼓励旅游企业加强与门户网站、搜索引擎、UGC 旅游网站等的合作，进行产品和服务营销。鼓励旅游企业通过微博、微信等网络新媒体方式，培育黏性客户，提升企业精准营销能力，激发市场消费需求。

(资料来源：中国经济网，https://www.sohu.com/a/32813883_116257)

情境二　重构互联网环境下的旅行社业态

新型旅游产业链的产生是社会信息技术高度发展的必然产物。互联网的快速发展使旅行社的经营管理发生了翻天覆地的变化。2015 年 3 月 5 日，在第十二届全国人民代表大会第三次会议开幕式上，李克强总理在政府工作报告中首次提出"互联网+"，从此互联网+旅游代表了一种旅行社新的发展业态。在这一新发展业态中，旅行社充分利用以互联网为主的新一代信息技术(包括移动互联网、云计算、物联网、大数据等)在经济、社会生活各部门的扩散、应用与深度融合，形成新产业链，发展新商业模式，使传统旅行社业务流程和经营管理实现了在线化、数据化。

一、互联网环境下传统旅行社发展旅游电子商务的优势

(一)政策优势

面对电子商务的异军突起,自 1998 年以来,国家多部委组织起草了《中国电子商务框架》,确定了我国电子商务的发展原则。随后,相继出台了《中华人民共和国旅游法》《中华人民共和国消费者权益保护法》《中华人民共和国网络安全法》《中华人民共和国电子商务法》《旅行社条例》等相关法律、行政法规,对旅游电子商务进行规范。2020 年 10 月 1 日,文化和旅游部出台的《在线旅游经营服务管理暂行规定》正式实施。标志着在线旅游经营服务开始有规可依,明确回应了近年来社会反映的热点、市场监管的难点、行业发展的痛点,填补了在线旅游领域立法的空白。也为保障旅游者合法权益、规范在线旅游市场秩序、促进在线旅游行业可持续发展创造了良好的政策环境。

(二)环境优势

随着我国网民数量的快速增长,电子商务的观念已深入人心,淘宝、京东、拼多多等电子商务交易平台的快速发展,加之电子支付方式逐步完善,一方面为网上消费者带来了便利,另一方面也为旅行社电子商务的发展提供了有力的支持。根据商务部电子商务司发布的《中国电子商务报告 2019》显示,2019 年,中国网民规模已超过 9 亿人,互联网普及率达 64.5%;全国电子商务交易额达 34.81 万亿元,其中网上零售额达 10.63 万亿元,同比增长 16.5%,实物商品网上零售额达 8.52 万亿元,占社会消费品零售总额的比重上升到 20.7%;电子商务从业人员达 5125.65 万人。

(三)资源优势

经过多年发展,电子商务已经开始走向国际化和全球化。我国的电子商务已经渗透到社会生活的方方面面,有关行业对电子商务人才的需求十分旺盛。顺应时代潮流,国内三百多所院校开设了电子商务课程,越来越多的年轻人选择到旅行社工作,并具备了从事电子商务的技能,国外留学人员回国带来了国外先进的旅行社电子商务技术和管理经验。此外,我国加入 WTO 后,许多行业正在逐渐放开对外国投资的限制,随之而来的是外资的投入和先进的电子商务经验,这些都极大地推动了中国旅游业电子商务的发展。

(四)平台优势

电子商务在近年来取得了越来越好的发展成绩,被越来越多的人所接受和认同,其应用范围也在不断扩大,在各个行业的发展过程中,都对电子商务进行了一定程度的应用。对旅游电子商务而言,外界环境不会对其运营造成影响,因而可以在平台上呈现出丰富、详尽的信息内容。同时,可以与旅游者建立起实时的交流和沟通机制,实现了信息的高效传递和问题的及时反馈,能够给旅游者带来更好的体验,因此,其自身的发展潜能巨大。

二、互联网环境下旅行社产业链重构

在互联网环境下，高速发展的信息技术为旅游行业提供了发展契机。传统旅行社的产业链受到在线旅游行业的冲击较大。一些小型旅行社逐步退出旅游市场，规模大的旅行社开始尝试在线旅游和电子商务，旅行社利用网站、微信、微博来进行网络营销，重新构建了旅行社产业链。

(一)互联网环境下旅行社业务流程重塑

随着互联网信息技术的发展，个人计算机及手机的普及，旅游者对旅游活动的旅游目的地选择和个人旅游消费习惯均发生了颠覆性变化。同时，互联网环境下旅游行业催生了大量新兴旅游企业，出现了在线旅游服务商和网络媒介营销平台，改变了传统旅行社的业务流程。网上旅行预订的用户规模会不断增大，网络旅游预订逐渐成为旅游购买的主流方式。互联网的发展，使旅行社传统的线下营销模式无法随时随地满足旅游者的需求，旅行社必须顺应潮流，改变传统的旅行社业务流程，重塑互联网环境下旅行社新业务流程。

在业务流程重塑的过程中，旅行社应从旅游者的需求出发，以业务流程为改造对象，打破传统的组织设置，通过对流程的构成要素重新组合，按照旅游产品的生产流程建立全新的过程型组织设置，从而实现旅行社业务流程的重新设计，获得企业成本、服务、质量和效率等各个方面的改善。通过建立一个数据库，记录统筹各个部门的数据，利用共享数据缩短了信息传递中介，降低了各环节的成本与失误率，提高了服务质量和运作效率。将旅行社的流程横向分为产品开发、采购策略、销售、团队操控和财务结算等环节，进行集中采购、统一支付，以规模优势降低采购成本，并统一销售，取得市场优势。

(二)互联网环境下旅行社产业链重新构建

互联网环境下，新型旅游产业链的构成由上游旅游产品供应商中的餐饮、酒店、交通运输、景区景点、游览娱乐、旅游商品等企业，和中游旅游中间商的旅行社、在线旅游服务商、网络媒介营销平台，以及下游旅游消费者所组成。且新型旅游产业链中的上下游之间，以及上下游各旅游企业之间因互联网信息技术的渗透和应用，整个旅游产业链的形态呈现出一种"网状"式的结构。旅行社不再是单一的中间商，而必须与在线旅游服务商和网络媒介营销平台共同竞争下游的旅游消费者，同时也必须共同分享旅游上游资源。

旅行社产业链重新构建，产业链中各旅游行业之间的关联因为互联网术的产生和进入而更加紧密，上下游之间的产业链关系由原来传统旅行社产业链中的"单向化"运行规律逐渐向"双向化"运行的特点发展。同时，各旅游企业之间信息的沟通和传递，以及对产品或服务的合作与协商也因互联网信息技术的存在和应用而变得更加畅通与便捷。旅行社产业链重新构建有以下几个特征。

(1) 信息共享共赢是旅行社未来发展的基础。在新构建的产业链中，旅行社不再是单一核心，上下游及其各节点企业之间旅游信息的传递和分享变得更加便捷和高效，且不受时间、空间和地域等因素的影响。随着 5G 技术的应用，网络速度将发生量级变化，互联网信息技术对旅游行业的影响和渗透,以及网民规模的扩大和人数的增多,旅游产业链上游、中游和下游之间信息的传递具有无阻碍的特点,产业链各节点之间信息的交流和沟通不会再出现像传统旅游产业链中所存在的信息不对称和信息延误等问题。即就旅游产品供应商或旅游产品中间商的批发商和分销商而言,其可通过自行建立的企业网站,抑或借助在线旅游服务商或网络媒介营销平台,将其旅游产品的相关信息发布和更新至网站,这样不仅可以实现与合作企业或上游与下游企业之间信息的共享,并且还可以通过电子邮件或即时聊天工具等社交软件实现与旅游消费者之间的直接交流;且无论在何时何地,只需登录或点击相关的界面和网页,便可实时查询和了解以及采购自身所需要的旅游产品。

(2) 线上线下相互融合是旅行社未来的发展方向。竞争并存是当下传统旅行社和在线旅行社现状。旅游者需求会随着社会经济发展逐步多元化,旅游市场也会更进一步地细化,形成个性化、多样化的需求市场。加之产业链中各节点企业之间信息传递的高效性和及时性,以及产业链销售渠道的多样性,旅游产业链上游企业与下游企业之间的协作呈现出了灵活性与多元性的特征。即各旅游企业之间的合作打破了以往必须拘泥和局限于旅行社作为旅游中间商而进行经营活动的程式。如在新型旅游产业链中,作为上游的旅游产品供应商可以借助网络媒介营销平台实现与旅游消费者的直接互动与交流,无须再局限于旅行社作为中介来宣传和销售企业的旅游产品。此外,由于旅游消费者购买行为方式的转变,旅行社(包括旅游产品批发商、分销商、代理商和零售商)与在线旅游企业和媒介营销平台企业之间的合作也开始变得频繁起来。总之,不管是作为产业链上游的旅游产品供应商企业,还是中游的旅游产品中间商企业,以及下游的旅游产品消费者,其中的每一个组成部分或节点企业,均因互联网信息技术对产业链的渗透,而使每个节点企业之间的销售渠道和对旅游产品或旅游资源的选择范围等得到了增多,企业之间的合作也出现了"去中介化"的趋势,从而增加了上下游企业之间协作的灵活性和多样性。

三、互联网环境下旅行社发展策略

在互联网环境下,旅行社在新型旅游产业链中所面临的外部威胁有来自上游旅游供应商议价能力的威胁,下游旅游消费者还价能力的威胁和替代品的威胁;而内部劣势则体现在大多数旅行社的网络技术设施不太完善,从而导致其很难有效地获取上游和下游对自身发展有益的相关信息、资源和数据等。针对旅行社在新型旅游产业链中所面临的发展环境,要实现其自身长远和可持续的发展,则需从以下几方面着手。

(一)强化品牌建设,提升核心竞争力

旅行社要实现与上下游企业之间的合作,获得其他企业对自身的认可与信赖,必须建立辨识度高的品牌,强化自身在旅游产业链中的优势地位,并不断地提升自己的核心竞争力。

旅游产品的研发和设计以及组织和接待游客是旅行社的优势。在研发和设计旅游产品方面,首先旅行社需要精准地了解和把握当今旅游者对旅游产品的需求,并从旅游者的需求和爱好出发,设计适合旅游市场需求的产品,避免旅游产品的同质化。其次,除了研发

和设计"标准化"的包价旅游产品之外，旅行社还应根据旅游市场的变化和自身的经营特色，对旅游市场进行细分，设计和生产"定制化"的旅游产品或产品体系，如亲子游、蜜月游、邮轮游、体育旅游等具有鲜明主题和特色的旅游线路。最后，旅行社还应不断地引进新的管理理念和技术，创新旅游产品，不断地改善旅游产品的质量，以及加快旅游产品的升级和换代，主动地去满足和适应旅游市场的需求和发展。

(二)做好线下服务，开拓线上服务

就新型的旅游产业链发展环境而言，旅行社应顺应当今旅游市场的变化和发展趋势，树立"互联网+"思维，改变以往"守旧"和传统的经营方式，从而实现旅游产品的创新、旅游服务的创新、旅游营销方式等的创新。

从以往旅行社在传统旅游产业链中的经营方式来看，很多旅行社都将"跟团游"或某一"旅游专线"作为主营产品，而很少实现对旅游产品的创新，因此经常出现旅游产品同质化的现象，有时甚至还会为了获取企业利润而出现"低价竞争"的现象。而在旅游产品的销售方式上，一般都是以传统的门店销售为主，或者以派发旅游产品宣传单的方式来宣传企业的旅游产品。然而，这样一种传统的经营方式，已随着当今旅游消费者需求的变化和旅游电子商务平台的出现受到了强烈的冲击，如随着"自助游""自由行""自驾游"等旅游市场的出现，人们对旅游产品类别的需求和方式等已变得越来越多样化。因此，在这一发展背景下，旅行社要寻求新的发展，就不得不顺应旅游市场的变化特点和趋势，树立"互联网+"思维，将互联网技术的应用贯穿于旅行社的管理、旅游产品的设计、旅游产品的生产、旅游产品的营销和服务整个过程。

(三)加强基础建设，完善网络设施

网络技术设施是互联网时代旅行社提高其核心竞争力以及实现与上下游企业之间联通与合作的基础。首先，从供给侧来看，推动旅行社与信息化的深度融合，有利于提高其各部门的生产效率以及旅游产品的供给质量，从而满足游客日益增长和不断升级的消费需求。其次，从需求侧看，对创新数据驱动型的生产和消费模式，以及提高旅游者对旅游活动的深度参与，不断激发旅游者新的消费需求具有重要的作用。最后，更新和完善旅行社的网络设施设备，对打破旅游产业链中所存在的信息壁垒和信息孤岛，实现上下游企业各部门业务系统的互联互通和信息跨层级共享共用的目标也发挥着不可磨灭的作用。因此，从旅行社在新型旅游产业链中所处的地位可以发现，拥有完善的网络技术设施，是旅行社寻求其发展之路所必不可少的条件。然而，随着经济的发展，各旅行社因其实力和资本的雄厚程度等差异，大多数旅行社仍存在因资本运转困难导致企业网络技术设施不完备的问题。

旅行社通过对企业资本优化，完善和更新企业的网络技术设施，可以通过发挥自身所存在的优势，与实力雄厚的旅游企业进行兼并；或是与实力较为薄弱的旅行社之间进行重组，抑或通过融资等方式来优化资本，从而为最终实现自身与上下游企业之间的互联互通奠定基础。

(四)做好线上线下融合，实现共享共赢

旅行社线上线下融合发展已成主旋律。旅行社业界从 2015 年正式开始双向融合，线下旅行社开展线上业务，线上旅行社布局线下门店或开展线下活动，如众信与悠哉网成合作伙伴、中青旅大力投资线上品牌遨游网、中小旅行社入驻在线旅游平台如飞猪旅行网、携程开设线下门店等。线上线下融合改变了传统的商业模式。环境变化使商业模式也随之发生了变化，旅行社线上线下融合发展，突破了线上和线下边界，线上、线下界限越来越模糊，线下涉足线上为企业发展注入活力；线上旅行社布局线下为企业带来线下流量。

新型旅游产业链中的旅行社要想在竞争激烈的旅游市场中寻求长远和可持续的发展之路，就必须借助旅游网络信息平台，如芝麻游、Z 管家、泰坦云、匹匹扣旅游圈、觅优商旅、Booking Boss、Way Blazer 等，同时其也被称为 B2B 平台。因该平台掌握了先进的互联网信息管理技术，因此专门负责为旅游产业链的上下游企业之间提供采购和分销旅游产品的优质信息和渠道，同时，还为旅游产业链中旅行社生产和设计旅游产品提供科学的数据决策与支撑等。除此之外，旅行社还可从自身的实际需要出发，通过互联网技术开放与上游和下游企业之间的数据接口，与上游和下游企业达成共识，最大限度地实现旅游产业链资源的优化与整合。从而构建出"开放、协同、共享、绿色"的旅游产业链，最终实现各链环企业之间在信息、资源、数据等方面的有效联通与互动；从而提升新型旅游产业链中旅行社的生产效率和经营效率。

任务三　旅行社网络营销的策略与模式

任务目标

了解旅行社网络营销的概念，熟悉互联网环境下旅游产品和服务的主要特征，明了旅行社网络营销的作用，通过对比旅行社传统产品促销策略与模式，能够阐述旅行社网络营销的策略与模式。

任务实施过程

请每个小组将任务实施的步骤和结果填写到如表 4-3 所示的任务单中。

表 4-3　项目四之任务三的任务单

小组成员：	指导教师：
任务名称：旅行社网络营销方案制定	任务完成地点：教室
工作岗位分工：	
工作场景：	
(1) 你是旅行社市场部推广人员，对比传统旅游营销优劣，给出旅游企业的网络营销方案；	
(2) 结合实际制定出旅行社的不同策略及实施方案	

续表

教学辅助设施	文字、图片、视频等多媒体
任务描述	通过编制旅行社网络营销方案，让学生掌握不同网络营销方案的运营知识
任务重点	主要考查学生对旅行社网络营销方案的总体认知，了解现阶段旅游业务的发展，提高分析问题和解决问题的能力
任务能力分解目标	(1) 了解旅行社网络营销的特点； (2) 了解旅行社网络营销策略的多样化； (3) 掌握旅行社网络营销策略
任务实施步骤	(1) 学习相关知识点； (2) 学生以小组为单位，通过实地走访当地旅行社，或通过书籍、网络收集资料，调研分析国内外各一家旅行社，编制某旅行社的网络营销方案； (3) 每小组以多媒体形式进行汇报，展示调研成果； (4) 各小组进行互评，教师进行点评

任务评价

(1) 掌握旅行社网络营销的概念，了解互联网环境下旅游产品和服务的主要特征。

(2) 掌握旅行社网络销售的作用。

(3) 掌握旅行社网络销售编制要求以及不同策略的要求，同时掌握旅行社网络营销的策略与模式，能查阅网络资料，独立完成网络营销报告。

互联网背景下，传统旅行社不断拓宽销售渠道。旅行社电子商务极大地扩张了旅游产品和服务消费需求，旅游者可以便捷地获取到旅游信息，能自主选择不同的旅游服务产品，能找到不同需求的服务产品。因此也改变了旅行社的传统思维模型，改变了旅行社的运作方式。

面对网络信息日新月异的更新发展，传统旅行社的营销策略和促销方案也面临着变革和发展。为适应新时代新发展，网络营销成为国内各大旅行社增强竞争力、提高旅游销售的关键。

一、旅行社网络营销的概念

网络营销主要是指在现代营销理念的指导下，借助互联网平台，利用通信技术、网络技术、数字媒体技术等现代化技术，开展公司的各类商务营销活动。综合来讲，互联网营销具有两个方面的特征，即首先要基于互联网展开，其次营销范围主要是网络推广或者电子商务。

企业通过实行网络营销大大地降低了经营成本，包括人力、物力、财力。而且互联网技术运作方便，可远程操作从而达到了经济的高效性。

旅行社网络营销主要是指旅行社利用互联网技术和信息技术来分析市场游客的需求，并使用相应的互联网平台完成旅行社、游客、其他相关企业之间的信息交流和交易。利用互联网技术开拓市场，让消费者直接参与，从而提高满意度。旅行社网络营销具有其他行业网络营销的特点，即在实际发展中主要通过互联网工具来完成大部分业务的网络推广工作。这种特征也是其与传统营销模式的不同之处。

二、互联网环境下旅游产品和服务的特征

旅游产品是旅行社竞争力的主要体现，它是旅行社凭借着旅游景点和旅游设施向旅游者提供的用来满足旅游者需求的全部产品和服务。在互联网背景下，这些产品和服务会区别于传统旅行社的产品和服务，具有多层次互补性产品构成，个性化定制产品发展趋势和智能化、智慧化服务等明显特征。

(一)多层次互补性产品构成

在互联网信息时代，旅游产品和服务的市场被进一步细化，旅行社市场营销模式发生了颠覆性变化。针对特定客户群体的门市店促销策略已无法满足信息时代的大数据、云计算的运营需求，也无法满足不同年龄、不同性别、不同群体的多样性需求。

旅行社借助互联网技术，建立完善了旅行社的电子商务系统。一般而言，都是借助网站为载体，将旅游产品和服务在网站上展示给潜在旅游者。门户网站是旅游产品和服务的主要载体，微信、微博则是移动端的主要信息载体，抖音、快手等视频 App 更是短视频领域的主流媒体。旅行社为确保网民能够在短时间内获取旅游产品的核心信息，网站信息的内容必须准确、精炼。同时还要对产品的最近动态、企业重大活动、客户服务措施等信息进行及时更新和延伸扩展。

1. 旅游产品和服务的多层次

市场细分，最早是由美国的市场营销学家温德尔·史密斯(Wendell R.Smith)于 20 世纪中叶提出的一个新概念。旅游市场细分就是旅游企业根据不同旅行者之间需求的差异性，把一个整体性市场划分为若干个消费群体，从而确定企业目标市场。在我国的旅游市场细分研究中，多数学者关于市场细分概念研究开始趋于一致。市场细分实际上是根据旅游者的旅行需要和欲望、价格影响、旅游者购买行为特征等不同因素划分市场的行为过程，而这些影响因素，旅游者需求的差异性是市场细分的关键，从区别消费者的不同需求，然后根据消费者购买行为的差异性，把整体旅游市场分成两个或两个以上具有类似需求和欲望的消费者群体。

旅游者的特点可以表现在很多方面，如年龄、性别、家庭人数、收入、职业、受教育程度、社会阶层、种族、宗教、国籍等。以下列举三个常见的客户群体细分方式。

(1) 按年龄细分。消费者在不同的年龄阶段，由于生理、性格、爱好的变化，对旅游产品的需求往往有很大的差别。因此，从年龄范围可以细分出许多各具特色的旅游者市场，比如可分为儿童市场、青年市场、中年市场、老年市场等。

(2) 按性别细分。如参加探险旅游的多为男性，而女性外出旅游时则更注重人身财产安全。公务旅游以男性为主。购物游、亲子游则是女性拥有较大的发言权。在购买旅游产品时，男性通常对价格反应较迟钝，而女性则较敏感。

（3）按收入细分，人们收入水平的不同，不仅决定其购买旅游产品的性质，还会影响其购买行为和购买习惯。如收入较高的人往往喜欢到高档饭店消费，愿意选择豪华型旅游产品和服务；而收入较低的人则通常在普通饭店消费，更愿意选择经济型旅游产品和服务。

2. 旅游产品和服务的互补性

在旅游产品设计的过程中，应基于对同地区、同类型旅游产品进行充分的竞合分析，在线路联动与资源优势互补的基础上，构建差异化的市场定位和产品的独特吸引力。

传统旅行社的优势体现为线下资源，未来在线旅游OTA不会取代线下传统旅行社。双方是合作关系，从旅游产品和服务而言，具有互补性。

知识拓展 4-4

"云旅游"的特点与发展趋势

云旅游是指待在家中，通过直播等渠道游览景点的方式，是"互联网+旅游"发展背景下的产物，其概念最早由魏宇(2011)提出，他提出"云旅游"是互联网日益兴盛、"云计算"技术迅速发展背景下形成的一种"线上+线下"融合，将旅游全过程资源、服务进行整合，利用互动运营平台等智慧旅游工具为互联网用户提供随时随地旅游全资讯的一种旅游数字化发展形式。2020年在新冠肺炎疫情影响之下，线下旅游业受到冲击，却催化了业界"云旅游"新思路。

疫情之下的"云旅游"呈现以下特点。

（1）"云旅游"云端传播的公益性。"云旅游"的公益性主要体现在两个方面。一方面是通过"云旅游"的独特"战疫"形式为民众的隔离生活增添趣味。例如《人民日报》客户端联合19家博物馆、300多家科技馆于2月26日上线的"奇妙漫游云逛展"，让人们宅家享受历史文化艺术熏陶，为隔离的单调生活增添了趣味。另一方面是旅游目的地政府和企业通过"云旅游"形式为疫情过后的旅游经济复苏做准备。其传播的公益性本质是一种旅游营销，也是与旅游消费者保持长效沟通的一种方式，更是构建旅游形象、提升旅游服务质量的重要方式。

（2）"云旅游"参与主体的多元化。首先表现为供给主体的多元化。地方政府、旅游企业与平台、网络社交平台、购物平台、个人等都可以是"云旅游"的供给主体，尤其是网络社交、购物平台利用用户流量优势发挥了重要作用，包括腾讯、新浪微博、淘宝、拼多多、美团、小红书等，且不同供给主体之间相互联合。例如云南文旅部门利用官方旅游平台App"游云南"与各地文旅部门和企业联合将900多个景区"移"至线上；敦煌研究院与腾讯联合推出云游敦煌小程序；马蜂窝与快手短视频联合推出"云游全球博物馆"等。其次表现为需求主体的多元化。之前"云旅游"的受众主要是80后、90后、00后等与网络媒体共同成长的一代人，现今疫情防控常态化背景下，"云旅游"覆盖范围增加，虽仍以年轻一代为主，但其他各个年龄段的人群也逐渐参与进来，甚至实现了亲子文化云端体验游。

（3）"云旅游"客体的暂时局限性。"云旅游"客体的暂时局限性表现为疫情之下的云游对象以博物馆、美术馆、科技馆等文化科普地和著名文化旅游景区以及知名季节性景观等为主。完全隔离时期的"云旅游"以数字化、科技化的创新手段，将云游对象的文化、历史典故等通过专业人员讲解，为大众开启了眼睛与心灵的体验，这为今后文旅线上线下融合发展转型打下了基础。

(4) "云旅游"供给形式的多样化。网络化、数字化、智能化发展背景下，在 5G、AR、VR、AI、无人机等技术支持下，"云旅游"以图文、全景、短视频、直播等多种形式利用新媒体呈现，且以直播最为火热。线下吃、住、行、游、购、娱等旅游要素通过旅游博主、网红、专业主播等以"直播+互动"形式展现，为直播前的"云游"者提供沉浸式观赏体验。此外，部分旅游地以"直播+互动+带货"模式为"云游"者提供文创产品、特色农产品的售卖以及旅游目的地住宿、门票的预售等。

(资料来源：中国旅游报，https://baijiahao.baidu.com/s?id=1672068884211382179&wfr=spider&for=pc)

(二)个性化定制产品和服务

在传统的大众旅游时期，旅游消费者的个性化需求受经济技术水平、旅游业发展水平和旅游消费者自身成熟程度的制约，表现不明显。旅游企业仅需要制作大批量、易于操作的旅游产品，提供统一的规范化服务，即能满足大部分旅游者的需求。

互联网时代，自由个性得到释放。在旅游市场中，个性化定制旅游产品和服务成为趋势。定制旅游最早开始于自助游。一方面由于受到生活水平、受教育程度、交通条件和其他内外因的影响，旅游者对旅游内容的要求越来越高，行程的安排也日益个性化。而传统的旅游企业所提供的产品和服务已经很难满足所有旅游者的需求。因此，旅游者的需求和旅游企业提供的产品之间形成了巨大的空隙，这给定制旅游的出现提供了机会。他们在旅游网站搜索旅游目的地的信息，选择自己喜欢的旅游目的地。旅游网站的新闻资讯、出游常识、景点介绍及交通住宿方面的信息，都为旅游者提供了他们最想要了解的内容。另一方面由于旅游企业服务质量的下降导致旅行社在降低价格的同时也在减少旅游成本，降低服务质量，使国内旅行行业陷入一种价格战的恶性循环，从而使旅游者丧失了依托旅行社的兴趣。

基于市场的原因，定制旅游概念在业内已经逐步兴起，不少机构开始涉足其中。但是，个别组团社打着定制旅游的旗号，实际上是为了出售标准旅游产品，仍然停留在概念上，目的仅仅是为了一个将利润做大的理由。作为初级阶段出现的很多问题显然不是定制旅游本身所引起的，问题在于对定制旅游的产品服务流程的理解和实施。

定制旅游有下述三种形式。

(1) 单项组合定制，如自由行的机票+酒店。

(2) 主题定制，如奢华旅游，有具体行程和主题，其实就是针对小众的特色旅游线路。

(3) 完全 C2B 定制，客人提出具体需求商家对接。

(三)智能化、智慧化旅游管理

互联网时代，旅行社也逐步实现了人机交互，运用信息技术手段，实现了智能化、智慧化的旅游营销管理。旅行社通过智慧旅游空间，实现旅游舆情监控和数据分析，挖掘旅游热点和游客兴趣点，引导旅游企业策划对应的旅游产品，制定对应的营销主题，从而推动旅游行业的产品创新和营销创新。通过量化分析和选择营销渠道，筛选效果明显、可以长期合作的营销渠道。还充分利用新媒体的传播特性，吸引游客主动参与旅游的传播和营销，并通过积累游客数据和旅游产品消费数据，逐步形成自媒体营销平台。

从使用者的角度出发，智慧旅游主要包括导航、导游、导览和导购(简称"四导")四个基本功能。

(1) 导航。将位置服务(LBS)加入旅游信息中，让旅游者随时知道自己的位置。确定位置有许多种方法，如 GPS 导航、基站定位、Wi-Fi 定位、RFID 定位、地标定位等，未来还有图像识别定位。其中，GPS 导航和 RFID 定位能获得精确的位置。但 RFID 定位需要布设很多识别器，也需要在移动终端(如手机)安装 RFID 芯片，离实际应用还有很大的距离。GPS 导航应用则要简单得多。一般智能手机上都有 GPS 导航模块，如果用外接的蓝牙、USB 接口的 GPS 导航模块，就可以让笔记本电脑、上网本和平板电脑具备导航功能，个别电脑甚至内置有 GPS 导航模块。GPS 导航模块接入电脑，可以将互联网和 GPS 导航完美地结合起来，进行移动互联网导航。

传统的导航仪无法做到及时更新，更无法查找大量的最新信息；而互联网虽然信息量大，但无法导航。高端的智能手机有导航，也可以上互联网，但二者没有结合起来，需要在导航和互联网之间不断地切换，不甚方便。

智慧旅游将导航和互联网整合在一个界面上，地图来源于互联网，而不是存储在终端上，无须经常对地图进行更新。当 GPS 确定位置后，最新信息将通过互联网主动地弹出，如交通拥堵状况、交通管制、交通事故、限行、停车场及车位状况等，并可查找其他相关信息。与互联网相结合是导航产业未来的发展趋势。通过内置或外接的 GPS 设备/模块，用已经连上互联网的平板电脑，在运动中的汽车上进行导航，位置信息、地图信息和网络信息都能很好地显示在一个界面上。随着位置的变化，各种信息也及时更新，并主动显示在网页上和地图上。体现了直接、主动、及时和方便的特征。

(2) 导游。在确定了位置的同时，在网页上和地图上会主动显示周边的旅游信息，包括景点、酒店、餐馆、娱乐、车站、活动(地点)、朋友/旅游团友等位置和大概信息，如景点的级别、主要描述等，酒店的星级、价格范围、剩余房间数等，活动(演唱会、体育运动、电影)的地点、时间、价格范围等，餐馆的口味、人均消费水平、优惠……

智慧旅游还支持在非导航状态下查找任意位置的周边信息，拖动地图即可在地图上看到这些信息。周边的范围大小可以随地图窗口的大小自动调节，也可以根据自己的兴趣点(如景点、某个朋友的位置)规划行走路线。

(3) 导览。点击(触摸)感兴趣的对象(景点、酒店、餐馆、娱乐、车站、活动等)，可以获得关于兴趣点的位置、文字、图片、视频、使用者的评价等信息，深入了解兴趣点的详细情况，供旅游者决定是否需要它。

导览相当于一个导游员。我国许多旅游景点规定不许导游员高声讲解，而采用数字导览设备，如故宫，需要游客租用这种设备。智慧旅游则像一个自助导游员，有比导游员更多的信息来源，如文字、图片、视频和 3D 虚拟现实，戴上耳机就能让手机/平板电脑替代数字导览设备，无须再租用这类设备了。

导览功能还具有一个虚拟旅行模块，只要提交起点和终点的位置，即可获得最佳路线建议(也可以自己选择路线)。该模块不可向用户推荐景点和酒店，提供沿途主要的景点、酒店、餐馆、娱乐、车站、活动等资料。如果认可某条线路，用户则可以将资料打印出来，或储存在系统里随时调用。

(4) 导购。经过全面而深入的在线了解和分析，已经知道自己需要什么了，那么可以直接在线预订(客房/票务)。只需在网页上自己感兴趣的对象旁点击"预订"按钮，即可进入预订模块，预订不同档次和数量的该对象。

由于是利用移动互联网，游客可以随时随地进行预订。加上安全的网上支付平台，就可以随时随地改变和制订下一步的旅游行程，而不浪费时间和精力，也不会错过一些精彩的景点与活动，甚至能够在某地邂逅特别的人，如久未谋面的老朋友。

三、旅行社网络营销的作用

随着电子商务的发展，旅行社以旅游产品和服务为特征的网络营销，可为旅游者提供大量的旅游信息和虚拟旅游产品，网络多媒体给旅游产品提供了"身临其境"的展示机会。这种全新的旅游体验，扩大了旅游市场规模，缩短了旅游产品和服务分销的空间距离，减少了旅游产品与服务的销售环节，降低了成本。

(一)大大降低了信息发布成本

信息是网络营销的基本职能之一。网络营销的基本思想是通过各种互联网手段，将企业营销信息以高效的手段为目标用户、合作伙伴、公众等群体传递。互联网为企业发布信息提供便利条件。一是它不仅可以将信息发布在企业网站上，利用各种网络营销工具和网络服务商的信息发布渠道向更大的范围传播信息，门户网站是网络营销的主要战场。二是互联网具有渠道、促销、电子交易、互动客户服务以及市场调查与分析等多种营销服务功能，在线预订、在线支付以及反馈市场信息可在瞬间完成，大大降低了信息传递和获取信息的时间。与网络营销相比，广告、公共关系和人员促销等是传统的旅游市场营销方式。从接触成本和传递信息的丰富成本看，广告成本花费最低，但信息的丰富程度也最低；人员促销的成本花费最高，但信息的丰富程度也最高；公共关系营销的成本花费、信息的丰富程度介于二者之间。从营销成本看，网络营销仅仅高于广告，但信息的丰富程度最高。

(二)延伸旅游产业销售渠道

旅行社的营销渠道是与提供旅游服务产品相关的一系列相互依赖、相互联系的机构，它涉及信息流、资金流、物流等多方面，是旅游产品从旅游企业向旅游者转移的具体通道。网上销售是旅游企业销售渠道在网上的延伸。一个具备网上交易功能的旅游网站本身就是一个网上交易场所。网上销售渠道建设并不限于网站本身，还包括建立在专业电子商务平台上的网上商店，以及与其他电子商务网站不同形式的战略合作等，不同规模的旅游企业可以拥有适合自己需要的在线销售渠道。旅行社借助网站或电子商务平台将自身旅游产品和服务广告内容展示，形成不同的可以选择的行程线路。网络营销渠道跨越时空限制，可以 24 小时全天候覆盖全球市场，不受地域、国别、时间等影响。不论旅游者身在何处，只要能上网，旅游营销者就能与之沟通。由于网络渠道相对简单，流通环节大大减少，降低了交易费用和销售成本,提高了营销活动的效率。流通环节较少,能直接向旅游者销售产品,价格低廉,吸引旅游者迅速购买,缩短了销售周期,提高了旅游企业的竞争力。

(三)提升旅游企业客户关系管理水平

客户关系对于开发客户的长期价值具有至关重要的作用。以客户关系为核心的营销方式已成为企业创造和保持竞争力优势的重要策略。电子商务为建立客户关系管理、提高客户满意度和客户忠诚度提供了更有效的手段。通过网络营销的交互性和良好的客户服务手段,增进客户关系成为网络营销取得长期效果的必要条件。

电子商务系统提供了一种商家与客户进行交流的新方式,作为专门管理企业前台的客户关系管理系统,为企业提供了一个收集、分析和利用各种客户信息的系统,帮助企业充分利用其他客户管理资源,也为企业在电子商务时代从容自如地面对客户提供了科学手段和方法。建立和维持客户关系是取得竞争优势的唯一且最重要的渠道,能够提供客户资源及相关数据分析的客户关系管理系统成为焦点。这是网络经济和电子商务对传统商业模式变革的直接结果。互联网提供了更加方便的在线客户服务手段,从形式最简单的FAQ(常见问题解答),到电子邮件、邮件列表,以及在线论坛和各种即时信息服务等。在线客户服务具有成本低、效率高的特点,在提高客户服务水平方面具有重要作用,同时也直接影响网络营销的效果。

四、旅行社传统产品的促销策略与模式

旅行社产品促销是指旅行社为了鼓励消费者购买自己的旅游产品,运用各种推销方法与手段,将旅游产品的有关信息及时传递给客源市场中间商和潜在的旅游消费者,从而促进旅游产品销售,实现旅游产品价值的过程。由于我国旅行社行业发展起步比较晚,企业规模普遍太小,市场机制不很完善,行业管理也欠规范。因此,旅游产品促销特别依赖于价格竞争,从而导致大部分旅行社恶性削价、微利经营。旅行社传统的产品促销策略与模式包括媒体广告促销、公关关系促销、销售推广促销和其他方式促销。这些促销策略与模式适应于不同的旅行社产品,可以满足不同旅行者的需求。

(一)媒体广告促销

媒体广告促销是旅行社利用最广、效果最佳的促销方式。旅行社将设计好的旅游产品通过媒体工具进行广而告之的宣传推广,达到吸引他人眼球和吸引游客报名出行的目的。这些媒体广告主要包括电视广告、杂志广告、广播广告、户外广告和互联网络广告等,每种媒体存在为数众多的载体,不同电视频道、调频广播电视台、报纸杂志专栏都有可能成为媒体广告促销的载体。

1. 自媒体广告

自媒体广告根据其所凭借的媒介物不同,可以分为广告宣传单、户外广告牌以及载有旅行社产品信息的纪念品三种常见模式。

1) 广告宣传单

广告宣传单有单页宣传单、折叠式宣传单以及各种各样的宣传小册子，由专人在公共场所散发或在公共广告栏内张贴。广告宣传单具有信息量大、内容介绍比较详细、制作与传播成本低廉等特点。

2) 户外广告牌

户外广告牌是一种影响力较大的自媒体广告，其位置一般选择在飞机场、火车站、长途汽车站以及水运码头等流动人口频繁出入的公共场所、公路侧旁、建筑物顶部等醒目地带。广告牌制作要求文字简洁、语言生动、字体大小适当，并配备相关彩色图片。另外，旅行社应加强对户外广告的维护，确保完好无损，否则就会影响视觉效果。

3) 载有旅行社产品信息的纪念品

现在有许多旅行社通过载有企业或产品信息的纪念品进行宣传促销，旅行社可以向消费者赠送印有自己名称、主要产品、通信地址以及电话号码等内容的旅行包。旅游者在日常生活中携带这些纪念品出入各种公共场所时，无疑是为旅行社做了免费的广告宣传。

2. 大众媒体广告

在现代社会生活中，各种类型的大众媒体特别多，除了电视、报纸、杂志和广播四大传统大众媒体外，如今又增加了网络这种极其重要的大众传媒。

1) 电视

在当今的大众媒体中，电视广告促销对潜在消费者的影响最大，电视作为旅游宣传媒体的优点是视听共存、图文并茂、传输及时、真实生动、覆盖面广、效果明显。不足的地方是播出时间短，潜在消费者看到广告多属于偶然，而且制作技术难度大，成本费用高，级别越高的电视广告收费越贵。所以，一般中小旅行社没有能力承担昂贵的广告费用，目前只有少数大型旅行社在地方电视台的特定旅游频道进行电视广告宣传。

2) 报纸

报纸是普及率最高的大众媒体，一般可分为全国性报纸、地方性报纸和专业性报纸等三大类。报纸广告的价格各不相同，旅行社应根据旅游产品的不同目标来选择营销报纸，选择广告版面。

3) 互联网

互联网广告虽然具有覆盖面广、传播迅速、费用低廉、高度交互性、表现力强、信息可及时反馈等特点。但是其点击率较低，无法及时精准推送。旅行社应根据旅游产品特点对特定人群实行精准投放，提高点击率。

(二)公关关系促销

一般而言，旅行社的公关活动都是以具体的产品品牌为中心进行的，大致包括以下几个方面。

1. 针对新闻界的公关活动

新闻媒体具有可信度高、影响面积广、传达力强和宣传成本低的优越性，它强有力地影响着公众的态度。因此，旅行社要想提高其知名度，建立并维持良好的形象和声誉，就

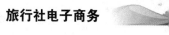

必须将新闻媒体作为一个重要的公关对象，与之保持经常的、广泛的联系，充分利用新闻媒体开展宣传促销活动，善于不断地寻找新闻、制造新闻，吸引新闻舆论和公众注意。

2. 针对旅游消费者的公关活动

旅游消费者是旅行社最重要的服务对象，他们对旅行社的评价决定着旅行社能否保持和扩大市场份额。因此，旅行社应加强与旅游消费者的沟通，主动定期或者经常性地向旅游消费者介绍推进新旅游产品和服务，征求其意见和建议，争取其支持和理解，及时消除他们的不满和怨恨。

3. 针对政府部门的公关活动

政府是国家法律、行政政策的制定者和执行者，是重要信息的发布者和国家权力的执行机构，也是企业的重要公关对象。旅游业是个对政策法规变化十分敏感的行业，旅行社不仅要服从政府的监督，遵守政府制定的各项法律和法令，更要设法与政府部门特别是旅游主管部门建立稳定的沟通关系，争取政府部门的支持。

4. 针对其他相关企业的公关活动

旅行社面对的公众是多层次、多种类、多部门的，除了要与新闻媒体、旅游消费者和政府部门保持良好的沟通关系外，还应通过公关关系不断完善与相关企业、社区以及其他相关公众的关系。通常可以采用参与社区活动、参与慈善公益类活动以及参与研讨交流会等，强化企业的社会责任，树立良好的社会公益形象。

(三)销售推广促销

销售推广是近年来发展极为迅速的一种促销方式。包括面向行业(旅游中间商)的销售推广和面向消费者(旅游者)的销售推广两类。在旅游业前者更为普及。

面向中间商的销售推广活动包括熟悉行业旅行、旅游博览会、交易折扣、联合广告、销售竞赛和奖励，以及提供宣传品等多种活动。首先，中间商考察旅行是目前国际上常用的推销手段，即组织中间商来旅游目的地进行考察，向他们介绍旅游路线和活动，特别是介绍旅行社新产品，使他们通过实地考察，了解旅行社产品和旅游目的地的情况，产生来本地旅游的意愿。尽管邀请中间商来访成本较高，但往往能取得较好的推销效果。

其次是旅游博览会促销。旅游博览会可以分为国际旅游博览会、全国性旅游博览会以及区域性旅游博览会。旅游博览会促销内容包括展览交易、旅游装备、纪念品、户外休闲商品、高端旅游、智慧旅游产品等。在运作方式由"政府主导"向"政府引导"转变的新形势下，我国比较知名的旅游博览会有中国国际旅游商品博览会、上海世界旅游博览会、中国森林旅游博览会、北京国际旅游博览会、广州国际旅游博览会等。

(四)其他促销方式

除了以上的促销方式，随着时代的发展，越来越多的旅游促销方式也被旅行社企业所运用。

1. 直接营销法

直接营销也是近年来发展迅速的一种促销方式。它主要包括下述三种形式。

(1) 人员推销。它是旅行社通过委派销售人员，直接上门向旅游者或者潜在旅游消费者推销产品。这是一种比较传统的直接营销方式。

(2) 直接邮寄。这是近年来普及的一种新的直接营销方式。它是旅行社通过直接向旅游者或潜在旅游消费者寄送产品目录或宣传推销自己的产品。

(3) 电话营销。它包括向内和向外两种方式。向内电话营销是指旅行社通过公布 800 等免费电话，吸引旅游者使用电话查询或者预订产品；向外电话营销是指旅行社销售人员通过电话向旅游者推荐购买旅游产品和服务。

2. 现场直播法

现场直播是指旅行社通过营业场所的布局、宣传品的陈列与内部装饰向旅游者传播产品信息，增强旅游者购买的信心，促进旅游购买行为的产生。

五、旅行社网络营销的几种策略与模式

(一)旅行社网络营销产品策略

网络营销产品策略的核心是大众化产品的广覆盖度和个性化产品的精准匹配度的结合。实际上是在旅行社市场细分的基础上，针对不同细分市场，面向不同旅游者的需求实施的产品营销策略。

1. 旅游市场细分与产品类型多样化策略

旅行社的市场细分已经越来越受到企业的重视，越来越多的旅行社从细分市场中赢得了利润。市场细分是指按照某一标准将消费者市场细分为不同类型的消费群体，对目标市场进行市场细分是非常有必要的。消费者市场可以按照消费者的年龄和所处地域划分，也可以按地域将目标市场划分。

目前，消费者分层需求明显，并呈现出多样化趋势。旅行社实施产品类型多样化策略，产品涵盖了旅游标品和非标品服务的全线产品。旅行社充分利用线下线路优势，围绕需求开展旅游度假路线定制活动，通过对旅游线路的精心选择，形成丰富的线上产品群，团队游涵盖了境外游、周边游、国内长线游等；自助游方面涵盖了境内外自由行、巴士自由行等，客户通过途牛可以预订单项的产品，也可以结合旅行情况将不同产品以套餐形式打包预订。而定制游则是针对公司、家庭群体推出的个性化定制服务，可以同时满足不同消费群体对各种价格、各种类产品的需求。

2. 旅游核心市场要素与产品品牌策略

旅游网络营销的核心是市场，旅游核心市场要素是满足旅游者不同层次的需求，这些需求就是旅行社网络营销首要考虑的问题。因此，针对不同层次的旅游需求，旅行社应充分开展市场调研，确认旅游者个性化需求，提供可以进行多种选择搭配的插件式旅游线路定制服务。如面对研学市场，结合传统旅游线路，挖掘研学者个性需求，将学科知识和旅

游结合起来，让旅游者在学中游，游中学，真正将"读万卷书，行万里路"融合起来。面向亲子游市场、中老年旅游市场、年轻旅游市场分别打造出自己的核心品牌。

3. 旅游产品供给与优质服务策略

对旅游营销而言，其提供的旅游产品和服务是无形的，仅仅存在于旅游过程中，属于即时消费，无法保留。基于此，旅游产品的供给应注重提供优质服务。为客户提供优质服务是途牛旅游网络营销的主要策略之一。旅行社要坚持"客户第一"的服务理念，努力提升消费者满意度，将优质服务内容涵盖旅游的整个流程，同时也为客户提供全天候的专业服务人员。即出游前，可以通过咨询服务人员了解信息、解答疑问；旅行中，进行跟踪服务，第一时间了解和解决客户诉求；出游后，安排人员进行专门的电话或网络回访。

(二)旅行社网络营销价格策略

价格策略是企业能否盈利的决定因素之一，产品和服务价格不论对于企业和客户都是双方关心的重点问题，因此网络营销中企业实施的价格策略十分重要。在旅行社的各项决策中，价格是一项重要内容。在某些情况下，它甚至可以成为营销组合中最重要的一个因素。

1. 旅行社竞争导向定价法与低价定价策略

竞争导向定价法是旅行社通过研究竞争对手的生产条件、服务状况、价格水平等因素，依据自身的竞争实力，参考成本和供求状况来确定自己的商品价格。尽管旅游市场潜力巨大，但是目前竞争仍然十分激烈，传统的旅游企业也在通过并购或者运营自有网站的方式与在线旅游企业共同竞争在线旅游市场的蛋糕。信息化时代，客户可以从多渠道了解旅游商品价格，随着获取信息渠道的多样化，客户可以对各个线上线下旅游企业的产品和价格等重要因素进行快速的比较。由于企业与企业间旅游产品不会呈现过大的区别，因此各企业普遍采用的一种策略即是低价定价策略。这就造成了行业间价格战频发这一现象。为占据有利地位，与其他互联网行业一样，在线旅游行业也会持续砸钱吸引客户，由于资本的加持，途牛长期用低价营销的方式争夺市场份额。

2. 旅行社需求导向定价法与差别定价策略

需求导向定价法是旅行社根据旅游者对旅行社价值的理解和需求强度来制定旅游产品的价格，而这种价格具体可以分为理解价值定价法和区分需求定价法两种。区分需求定价是指一种产品(或劳务)并不按边际成本的差异制定不同价格，而其价格差异是针对不同需求区别制定的。一般旅行社会根据不同需求制定差别定价策略。如因为旅游有淡、旺季之分，因此旅行社在采购旅游产品再组装出售过程中，购入成本在淡、旺季也不尽相同。在旅游旺季，旅游产品预订量随着客户的涌入会持续走高，而在行业淡季，客户流量减少，旅行社更多的是解决库存问题，这时会采用打折方式进行出售。另外，对于客户群体的不同，则制定出针对年龄不同、单人或多人的差别定价策略。

(三)旅行社网络营销渠道策略

随着获得旅游产品信息渠道的增多，客户选择产品的渠道也日趋多元化，旅行出游客户不仅可以在线下门店选购产品，也可以在网站、微信等移动端完成交易。针对这种情况，旅行社应融合线上线下资源开展多渠道的营销活动。旅行社网络营销的渠道应将旅游信息传递给旅游者，因此，需全面优化旅行社网站的功能和效果，加强网络购买的安全性，是优化新型的销售渠道，使网络营销更加畅通的有力保障。

1. 旅行社传统线下广泛性销售渠道策略

广泛性销售渠道是指通过旅游批发商把产品广泛分派给各个零售商以满足旅游者需求的一种渠道策略。实施这种策略，可以充分利用传统旅行社线下门店资源，以门店为单位，向各种场景和群体进行渗透，为消费者提供线上线下全方位体验，进一步获得客户流量，提升市场份额。

2. 旅行社网络线上多渠道策略

除门店渠道外，旅行社在线上也可以打造多种营销模式，即针对不同客户采取多样化营销策略以达到营销目的。不仅应通过自身门户网站进行品牌和旅游产品宣传，同时还应借助短视频、直播平台和微信公众号、App 等移动端等进行多渠道推广。途牛正是通过线上多渠道与客户建立持久的联系。

(四)旅行社网络营销促销策略

网络营销促销策略可以助力客户与企业进行良好的互动，也是吸引客户选择和购买旅游产品的一种重要的方式。适时地对旅游产品进行促销，不仅可以短时间内迅速提高品牌曝光率，同时也能加深客户对企业产品的良好印象，最关键的是最终引导消费者完成交易。

旅行社可以利用多媒体展示目的地优美的风光以吸引旅游者，激发旅游者的旅游动机。网络作为新兴的广告宣传媒体，可以将多种广告方法有机地结合起来，如文本、图片、视频短片等。多样化的广告形式比起传统广告更具有说服力，因此也就能吸引更多的旅游者。

案例4-4 "丁真的世界"——互联网时代旅游营销新模式

项 目 小 结

本项目主要是让学生全面学习旅行社电子商务基本知识，首先是了解传统旅行社的经营管理、基本职能、产业链，熟悉旅行社的主要业务流程。其次是了解互联网环境下旅行社电子商务的发展历程，对比分析传统商业模式和电子商务模式的差别，认识互联网环境下旅行社业务流程重塑、行业产业链重构，提出旅行社发展策略。最后熟悉旅行社网络营销的概念、特点、作用，对比传统旅行社营销模式，了解旅行社网络营销模式。

课后拓展

一、简答题

1. 简述传统旅行社的主要经营管理模式。
2. 简述旅行社网络营销的概念。
3. 简要说明旅行社传统商业模式和电子商务模式的差别。
4. 旅行社网络营销的模式有哪些？

二、分析题

1. 网络营销已成为旅游行业当下最重要的营销模式，除了在线旅游外，还有一些网络平台深耕某一细化领域，强化旅游社交功能，增加平台用户的黏度，并利用这一客户优势开展旅游线路推广活动。请你结合旅行社的特点，简述旅行社该如何应对网络营销平台竞争，以及旅行社网络营销的优势、策略和手段。

2. 互联网环境下旅游业新产业链出现，旅行社不再是单核存在于旅游产业链中，请你对照旅游产业链，阐述旅行社在产业链的位置和功能作用，以及如何提升自身优势。

3. 按照旅游活动开展过程，旅行社现有业务框架体系可以分为十个业务流程，请简述国内门市(销售)业务流程。如果在新旅游产业链中，又该如何继续完善国内门市(销售)业务流程。

三、案例分析

1. 2019年网红经济走强，网红直播带货模式刷新了传统销售模式。"双11"带来的不仅仅是销售的狂欢，还有"达人带货"的狂欢。

"单日卖出4 000多万元，平均每3秒成交1单"，公众号达人嬉游，这样描述着自己今年在飞猪双11上带货的"战绩"。飞猪平台预售第一周，带货最多的达人总预计成交额已经超过了1亿元。

"网红经济"的战场从微博、微信等社交平台转移到直播和短视频平台，主力从个体网红、素人变为网红孵化机构MCN，模式从"人带货"变为"货带货"。"网红风"继续在旅游圈蔓延，带火了一群相关景区。"网红景区"背后是新一代旅游爱好者的崛起。除了达人营销，节事营销、跨界营销也成为今年各景区、品牌常用不衰的"法宝"。"酒香也怕巷子深"成为业界共识。

问题：

请结合网络营销概念，分析旅行社网络营销与传统营销整合应注意哪些问题？

2. 2019年6月，工信部向中国电信、中国移动、中国联通、中国广电发放5G商用牌照，我国将正式进入5G商用元年。而5G与旅游业的牵手也顺势成为焦点话题。通信技术的跨越式升级，能够给智慧旅游落地、旅游景区提升带来众多可能性，如今众多5A级景区纷纷加码5G，打造数字沉浸式体验，与此同时，交通行业的火车站、机场，以及大住宿行业也纷纷切入 5G+VR 全景直播、5G+AR 慧眼、5G+AI 旅游服务、5G+社交分享等，让游客出行更加便利。

看点：今年 2 月，中国电信江西公司推进龙虎山 5G+智慧旅游项目，此举意味着江西省首个尝鲜 5G+VR 的 5A 级景区来了。在特制竹筏上布设 5G 全景摄像头，游客通过 VR 眼镜，可以在千里之外的家中感受龙虎山美景，体验竹筏漂流。今后，无论是惊险刺激的龙虎山悬棺表演，还是秀美如画卷的泸溪河，通过 5G+VR 技术，游客都能如身临其境般感受"龙虎天下绝"。

看点：深圳欢乐谷将联合中国电信打造 5G+体验乐园。在体验乐园内，将不断增加基于 5G 传输的 VR、AR、4K 全景、全息影像等游乐体验产品，园内交通工具自动驾驶技术、随车智能导览播报、智能客服机器人等创新服务模式将接连推出。

问题：

请结合互联网+、5G+等发展趋势，讨论分析未来旅行社如何在新旅游产业链更好地突出自身优势，确定发展方向？

四、社会调研

请 4～6 个同学为一组，调查该地区一大一小共两个旅行社的电子商务基本情况，把各个旅行社的电子商务线上业务流程图画出来，分析各个旅行社电子商务的特点。

项目五

酒店电子商务

【学习目标】

　　知识目标：酒店信息化是酒店发展电子商务的前提和基础，本项目将介绍酒店信息化的构成、结构及功能，剖析酒店电子商务体系的构成及其内外系统的应用，帮助学生更好地了解酒店电子商务各岗位的电子商务应用。通过酒店电子商务的现状及问题分析，让学生掌握酒店电子商务业态重构、酒店网络营销的现行策略与模式等知识。

　　能力目标：学习酒店电子商务体系的构成、具体实现方式及功能等，能够通过锦江、7 天连锁酒店等案例分析，总结酒店电子商务应用方面的成功经验和发展模式。

　　素质目标：在掌握酒店电子商务体系的构成、具体实现方式、发展趋势的基础上，创新思路，尝试制定酒店网络营销策略。

【关键词】

　　酒店电子商务体系　　酒店信息化　　酒店电子商务重构　　酒店网络营销模式

引导案例

锦江国际集团

锦江国际集团是上海市国资委全资控股的中国规模最大的综合性酒店旅游企业集团之一,注册资本 20 亿元。拥有酒店、旅游、客运三大核心主业和地产、实业、金融等相关产业及基础产业;控股(或间接控股)"锦江酒店"(2006HK)、"锦江股份"(600754、900934)、"锦江投资"(600650、900914)和"锦江旅游"(900929)四家上市公司。目前,集团三大核心主业营收占比超过 90%,初步形成了以酒店为核心的旅行服务产业链。"锦江"是具有 80 多年历史的中国民族品牌、中国驰名商标、上海市著名商标,获中国商标金奖,品牌价值超过 415 亿元。锦江国际的组织架构如图 5-1 所示。

图 5-1 锦江国际组织架构

集团围绕"深耕国内、全球布局、跨国经营"战略,加快传统业态创新转型,着力提升品牌、质量、效益,经济总量、产业规模都取得重大突破。集团先后收购法国卢浮酒店集团、铂涛集团、维也纳酒店集团并战略投资法国雅高酒店集团,2018 年集团又成功收购丽笙酒店管理集团。截至 2018 年年底,集团投资和管理酒店由 2003 年的 105 家发展到 12000 多家、客房数 130 多万间(套),拥有"J""岩花园""锦江""昆仑""丽笙 Radisson""郁锦香 Golden Tulip""锦江都城""康铂 Campanile""丽枫""维也纳"等高、中端及经济型品牌 40 余个,分布中国 31 个省(直辖市、自治区)和世界 120 多个国家,会员超过 1.5 亿,跻身全球酒店集团 300 强前 3 位。"锦江旅游"作为中国旅行社行业的龙头企业之一,位列中国旅行社品牌 20 强。"锦江汽车"超过 10000 辆中高档客车,综合接待能力位居国内领先。集团还拥有中瑞合作锦江国际理诺士酒店管理学院,从事中、高级酒店管理专业人才培训;合资经营"肯德基""吉野家"等著名餐饮品牌。

集团按照"基因不变、后台整合、优势互补、共同发展"的 16 字方针,引入"互联网+共享经济"理念,加快打造"一中心三平台",即:锦江酒店全球创新中心和 WeHotel 全球旅行产业共享平台、全球统一采购共享平台、全球酒店财务共享平台,推进全球酒店资源整合,对标国际一流,努力建设世界知名酒店管理集团。

锦江国际集团近十年大事记

2010 年 6 月,锦江国际酒店业跻身全球 300 强第 13 位,成为排名最前的非欧美酒店集团;

2010 年 12 月，锦江国际与上海中心、洲际(中国)酒店和度假村有限公司签署上海中心品牌酒店合资暨管理合同；

2011 年 2 月，锦江国际集团与陕西延长石油集团签署战略合作协议；

2011 年 3 月，锦江国际集团和光明食品集团建立战略合作关系；

2011 年 4 月，锦江国际集团联合美国德尔集团成功并购美国洲际酒店集团；

2011 年 9 月，锦江之星品牌将正式落户菲律宾；

2011 年 11 月，卢浮酒店集团和锦江国际集团建立了业务合作关系，在中法两国主要城市推出锦江和卢浮的复合品牌酒店；

2012 年 2 月，赵雯副市长充分肯定集团改革发展取得显著成效，希望整合资源创新产品提升能级推进转型；

2012 年 3 月，上海市国资委党委书记主任王坚同志到锦江国际总部调研，充分肯定集团改革发展和国际化所取得的成绩，希望"锦江"早日进入世界酒店业前十强；

2012 年 4 月，锦江国际电商平台(www.jinjiang.com)全面上线发布；

2014 年 7 月，上海市深化国资改革促进企业发展座谈会举行，锦江与弘毅资本等新一批重组项目集中签约，标志着上海国资国企战略重组、探索混合所有制经济掀起新一轮高潮；

2014 年 10 月，锦江国际集团 11 万人次国庆"黄金周"加班酒店客运旅游等核心主业营收同比增长；

2014 年 10 月，锦江国际集团成立信息化领导小组推进集团信息平台建设；

2014 年 10 月，锦江之星国外首家开业的单店特许经营酒店——"韩国首尔明洞东酒店"正式对外开张营业，这是中国经济型连锁酒店进军海外市场的新里程碑；

2014 年 11 月，锦江国际集团和美国喜达屋资本集团联合公布，双方已就喜达屋资本出售卢浮集团和全资子公司卢浮酒店集团 100%股权签署相关协议；

2015 年 5 月，锦江都城牵手荷兰 Postillion 酒店开拓全球化市场第五站；

2015 年 9 月，锦江国际战略投资铂涛集团 81%股权，本次交易标的公司价值超过 100 亿元人民币，锦江由此成为首家跻身全球前五的中国酒店集团；

2016 年 2 月，国家旅游局党组书记、局长李金早在全国旅游工作会议讲话中，对锦江国际集团加快"走出去"步伐、积极实施国际国内并购、助推"锦江"民族品牌走向世界的做法给予充分肯定与好评，赞扬锦江国际并购法国卢浮集团、战略投资铂涛酒店集团是旅游企业并购重组的成功案例；

2016 年 4 月，锦江股份牵手维也纳强化公司战略布局；

2017 年 6 月，锦江国际(集团)有限公司获得 2017 年中国商标金奖商标运用奖；

2018 年 12 月，锦江国际(集团)有限公司第二届董事会第二十七次会议通过了关于实施公司职业经理人方案和《公司职业经理人中长期激励计划》的议案；

2019 年 3 月，第三届董事会第一次会议召开，并通过陈礼明等同志职务任免事项等议案；

2019 年 10 月，锦江国际集团提前完成 10000 家酒店、100 万间客房目标，布局世界 120 个国家，跻身全球酒店 300 强第二位；

2020 年 8 月，珠海格力电器股份有限公司和锦江国际集团全球采购平台签署战略合作协议；

2020 年 11 月，锦江都城再下 10 城，迈向 300 大关，武汉专场推介会圆满成功。

(资料来源：锦江国际官网，http://www.jinjiang.com/about，2020)

任务一 认识酒店电子商务

任务目标

假如你面试应聘某酒店的管培生，该酒店希望你尽快熟悉酒店信息化的构成和功能及酒店电子商务内外系统的应用。为此，你提前上网下载了一款免费酒店管理系统，并模拟测试了其各种酒店管理功能。

任务实施过程

模拟酒店各岗位工作人员，对酒店进行信息化管理，并将实施步骤和结果填写在如表 5-1 所示的任务单中。

表 5-1 项目五之任务一的任务单

小组成员：		指导教师：
任务名称：	任务完成地点：	
工作岗位分工：		
工作场景： (1) 你是某酒店的管培生； (2) 需要熟悉酒店信息化管理系统的结构、功能和酒店电子商务内外系统的应用； (3) 下载安装一款免费的酒店管理系统； (4) 模拟酒店岗位工作人员，体验酒店信息化管理并总结经验进行交流		
教学辅助设施	计算机、互联网、免费酒店管理系统及其他模拟酒店信息化管理需要的环境与相关教具	
任务描述	熟悉酒店信息化管理系统的结构、功能和酒店电子商务内外系统的应用；下载并安装酒店信息化管理系统，让学生模拟信息化工作，然后总结交流	
任务重点	主要考查学生对酒店电子商务内外系统的应用	
任务能力分解目标	(1) 酒店信息化的构成和功能； (2) 酒店电子商务内外系统的应用	
任务实施步骤	(1) 学习相关知识点； (2) 4~6 个学生组成一个小组，下载并安装酒店管理系统； (3) 对教室进行布置，划分不同的酒店区域； (4) 各组员扮演不同的角色，分岗位体验酒店信息化管理流程(填写表 5-2)； (5) 各小组进行总结和互评，教师进行点评	

表 5-2 酒店信息化管理岗位体验

体验项目	总　结
如何快速预订入住登记	
如何录入消费项目(迷你吧)	
如何快速换房操作	

续表

体验项目	总　结
如何快速关联客单	
如何交班	
如何给顾客结账退房	

任务评价

(1) 酒店信息化的构成和功能。

(2) 酒店电子商务内外系统的应用。

情境一　酒店信息化管理

在酒店行业竞争日益激烈的条件下，如何简化人工业务流程、控制成本、提高管理效率，成了每个酒店运营和决策者关注的问题。利用信息化手段可以大大提高酒店自身的生产效率和管理效率，因此成为酒店管理的必然选择。

一、酒店信息化的必然性

酒店信息化成为必然趋势，主要取决于它带来的各种便利。酒店信息化的作用主要表现在以下五个方面。

(一)提高酒店内部的生产率和管理效率

实践已经证明信息化是生产效率的倍增器，在我国酒店行业竞争日益加剧的背景下，利用信息化手段提高酒店自身的生产效率和管理效率成为不二选择。高速的数据交换网络、强劲的信息处理设备、完备的数据库基础平台、优秀的管理软件都能有效提高员工的工作效率，提升管理者的管理效率，从而提高酒店的竞争力。

(二)强化酒店的品牌宣传，为酒店招揽更多客人

通过酒店信息化建设，依赖 IT 行业高科技带来的强大信息优势，更广泛地将酒店的信息传递给客户，便于酒店的销售团队获取更多大客户信息，从而为酒店招揽更多客人。还可以利用网络的广泛覆盖和广泛使用，建立网上客房预订系统或者和外部知名酒店预订网站对接，便利客人预订酒店客房，增加酒店客源。同时可以通过网站、网站链接、网络广告进行广泛的品牌宣传，树立品牌形象，稳定并增加酒店的入住率，增加酒店收入。

(三)提高酒店的服务水平

通过酒店信息化建设，发挥其集中管理的优势(如智能房间终端电话、PDA 下单、一键

式服务等),可以更快地响应客户需求,提高客户对酒店的服务满意度。采用强大的数字安防技术(电子门禁、数字监控、海量存储等),可以为酒店及客户提供有力的安全保障,增加客户的安全感。

(四)利用信息化手段进行服务创新,提供个性化服务

国内和国际的一些高档酒店充分发挥它们的信息化优势,建立诸如常客管理系统、客人消费习惯分析系统,为客人提供个性化的服务,如客人入住期间恰逢生日为其赠送生日礼物表示祝贺,了解客人的饮食习惯和娱乐习惯从而适时推荐恰当的项目,既提高了客人的满意度,又增加了酒店收入。

(五)利用信息化手段降低酒店的经营管理成本

低效的手工操作、人工业务流程和管理方式必然会因雇用更多的员工而增加成本。例如酒店的信息化系统如果缺少优秀的管理软件,必然需要更多的 IT 管理人员。相反,采用先进的信息化手段则能有效降低此类成本。例如,连锁酒店的采购如果采用网上集中采购、供应商信息网上分享,所需成本必然低于传统的分散采购方式。

二、酒店信息化管理及其应用

酒店信息化管理是指企业在其制定的信息战略的指导下,采用先进的管理理念,通过信息技术和通信技术对酒店企业信息资源进行深度开发、综合分析和广泛利用,不断提高生产、经营、决策、管理的效率和水平的过程。

从应用主体来看,它主要体现在三个层面。

(1) 单个酒店的信息化——以"酒店管理信息系统"和"酒店网站"为代表。

(2) 酒店集团或联合体的信息化——以"中央预订系统"为代表。

(3) 酒店分销平台的信息化——以"全球分销系统""接口技术""互联网分销商"等为代表。

从应用领域来看,它主要体现在以下三个方面。

(1) 为酒店的管理者、决策者提供及时、准确的信息,使其掌握酒店经营各个环节的运营状态。

(2) 为酒店的经营者节省运营成本、提高运营质量和管理效率。

(3) 为顾客提供信息化服务。

三、酒店信息化管理系统的构成与功能

酒店信息化管理系统是一个服务于酒店内部管理的信息系统,以计算机作为信息处理工具,以内部局域网络作为信息传输纽带,负责对酒店工作流程所产生的各种原始数据进行收集、处理、输出并具有预测、计划、控制和决策等辅助管理功能。

知识拓展 5-1

酒店管理信息系统的发展史

早在 1963 年，MIS 发展之初，希尔顿酒店就率先将计算机运用于酒店管理。由于 MIS 的引入、计算机的运用，酒店的管理更加规范，数据处理的速度大大加快，信息的传递更为迅速，而人员却得以精简，为酒店带来了更好的效益。酒店计算机管理很快就在西方酒店业中普及开来，由此产生了 MIS 的一个分支——酒店管理信息系统(Hotel Management Information Systems，HMIS)。到了 20 世纪 80 年代，国外的酒店管理系统，如 EECO、HIS、CLS、Lodgistix 等，整个模式已基本定型，技术较成熟，功能也较齐全。

我国的 HMIS 起步较晚，1976 年以前，整个酒店行业还不曾有过计算机，更不用说 HMIS 的应用了。我国酒店业最早使用计算机管理的是杭州酒店，20 世纪 70 年代末运用 CROMEMCO 微型机进行总台接待管理，可完成前台的接待、查询和结账等基础工作，开创了我国酒店计算机管理的先河。到了 20 世纪 80 年代中后期，随着国外酒店计算机系统的大规模引进，国外酒店的先进管理技术进入我国，进一步促进了我国酒店管理技术的发展。国内系统正是在充分吸收国外管理系统的精华的基础上，再结合国内的实际情况逐步发展成熟的，到 20 世纪 90 年代初期形成了几个较成熟的软件系统，同时产生了许多专职从事酒店计算机管理信息系统的公司。到了 90 年代中期，随着计算机在酒店中的普及应用以及计算机技术的不断发展，酒店计算机系统的发展到了一个新的时期，新的系统平台、新的软件功能、新的系统特点及发展方向不断涌现。

(资料来源：朱松节，旅游电子商务，南京大学出版社，2015)

(一)从信息和数据流角度看

酒店信息化管理系统功能主要包括业务管理和操作、合作伙伴关系管理、供应链管理、客户关系管理四大模块，各个模块之间无缝集成，同时还与多种饭店智能自动化系统有接口，并能与在线电子交易系统集成。这些信息系统是整合在一起的集成系统，存在各种交叉功能，这些交叉功能可以减少信息孤岛的存在，如图 5-2 所示。

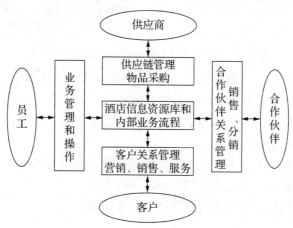

图 5-2　酒店信息管理系统的交互构成及功能

其中各模块的功能如下所述。

(1) 业务管理和操作。通过内部网和内部的管理信息系统解决问题，如酒店前台信息系统、后台信息系统等。

(2) 合作伙伴关系管理。通过外部网和互联网的企业间信息系统解决问题，一般企业间信息系统是基于互联网的信息系统，或虚拟专用网(VPN)的信息系统，主要用于企业间的业务协作。

(3) 供应链管理。酒店采购相当频繁，与酒店用品供应商采用外部网建立协作关系，实现在线采购，同样是利用企业间的信息系统来实现的。

(4) 客户关系管理。客户是上帝，是酒店经营的重要资源。酒店一般通过互联网与客户沟通，实现对客户的营销、销售和服务。

进入互联网新经济时代，酒店业信息化的新追求境界是在集成化基础上的协同化应用，酒店通过互联网搭建统一的信息应用平台，将客户、酒店、员工、供应商、合作伙伴等各方连为一个整体以实现纵览全局的跨行业、跨组织、跨地区，实时在线的端对端数据无缝交换的业务协同运作，其重点在于各方连为一体直接面向顾客提供个性化服务。

(二)从系统软件内部功能分类看

酒店信息化管理系统主要包括前台系统、后台系统、扩展系统和接口系统等，如图 5-3 所示。

```
                    ┌─────────────────┐
                    │  酒店信息化管理系统  │
                    └─────────────────┘
         ┌──────────┬──────────┬──────────┐
    ┌─────────┐ ┌─────────┐ ┌─────────┐ ┌─────────┐
    │ 前台系统 │ │ 后台系统 │ │ 扩展系统 │ │ 接口系统 │
    └─────────┘ └─────────┘ └─────────┘ └─────────┘
    ┌─────────┐ ┌─────────┐ ┌─────────┐ ┌──────────┐
    │ 预订接待 │ │ 财务处理 │ │ 财务分析 │ │ 程控交换机 │
    │ 账务审核 │ │ 人力资源 │ │ 商场管理 │ │ 门锁接口   │
    │ 综合收银 │ │ OA系统   │ │ 宴会销售 │ │ IC卡/磁卡消费│
    │ 公关销售 │ │ 库存管理 │ │ 餐饮成本 │ │ 电子分销系统│
    │ 客房中心 │ │ 电子采购 │ │ 桑拿管理 │ │ 网络预订系统│
    │ 前台收银 │ │ 工程设备 │ │ 卡拉OK点歌│ │ 户籍管理   │
    │ 商务中心 │ │ 客房节能 │ │ 多媒体查询│ │ 互联网接口 │
    │ 餐饮娱乐 │ └─────────┘ │ 绩效管理 │ │ 语音信箱接口│
    │ 客户关系 │             │ 考勤系统 │ │ 客房VOD计费│
    └─────────┘             │ 安保管理 │ │ 客房VOD接口│
                            └─────────┘ └──────────┘
```

图 5-3　酒店信息化管理系统的不同模块与功能

前台系统主要包括预订接待、客房、账务等与客户直接相关的信息系统，还包括客户关系管理等系统。这些系统是商务流程的核心。

后台系统主要包括财务信息系统、人力资源信息系统以及工程设备管理系统等，这些系统是支持前台经营的重要系统。

扩展系统主要包括财务分析、成本控制管理以及商场管理等信息系统，这是酒店经营的分析和辅助性信息系统，是酒店管理不可缺少的系统。

接口系统主要包括程控交换接口及其他外部系统接口。

四、国内外酒店管理软件比较

(一)国外酒店管理软件简介

酒店管理信息系统有着广阔的发展前景,很多计算机商,包括微软、戴尔等已进入酒店管理信息系统领域。在国外,美国 ECI 公司最早使酒店前台业务实现了计算机管理,主要包括预订、排房、结账、客户、餐厅、查询、夜间稽核及市场分析等。目前,国际上著名的、在我国国内使用较多的软件系统有 ECI(EECO)酒店系统、HIS 酒店系统、Fidelio 酒店系统、Opera 酒店系统等。这些系统进入中国酒店市场一般是通过两种渠道:一是随着酒店集团进入中国市场,这一种属于国际连锁酒店的网络系统,如假日酒店集团的假日系统、喜来登酒店集团的喜来登系统等,应用于境内的成员酒店;二是通过中外合资的渠道进入中国市场,一些大中型合资酒店,它们在建店时就把计算机酒店管理的软、硬件当作酒店的必需设备而与其他设备一起从国外全套引进。到目前为止,在我国酒店的管理系统中,从国外引进的系统约有十几种。因此,国外系统占据了国内四星级以上酒店的大部分市场。

(二)国内酒店管理软件简介

目前,国内三星级以上的酒店基本已经使用了计算机管理,在沿海经济发达地区也有许多一、二星级酒店在使用计算机。特别是国家旅游局出台的星级评定标准,规定三星级以上的酒店必须采用计算机管理,进一步推动了酒店计算机管理系统的发展。到了 20 世纪 90 年代末和 21 世纪初,我国自主开发的酒店软件开始进入五星级市场,目前挂牌的五星级酒店采用国内软件的已达 30 余家。但国产软件的主要用户还是四星级以下酒店,大规模进入五星级酒店特别是外资或外方管理集团的酒店还是有一定的难度。我国的酒店管理系统,在技术上并不落后于国外产品,在产品功能、性能上也可与国外软件相媲美,在售后服务、本地特色化方面明显地优于国外系统,主要的差距还是在品牌上。目前,在全国具有较大影响力的酒店管理软件有杭州西软 FOXHIS 酒店管理系统、中软好泰 CSHIS 管理系统、华仪酒店管理系统、北京泰能公司酒店信息系统、天言五星酒店信息系统、广州黑马科技有限公司的酒店及餐饮信息系统等。

(三)国内外酒店管理软件比较

尽管国外系统占据了国内四星级以上酒店的大部分市场,但是国外系统在中国酒店市场的发展和推广还是面临着一定问题。这是因为有些系统所采用的操作系统没有汉化(基本上是英文版);有些不适合我国酒店使用,如财务系统;不易进行系统功能的扩充与修改(由国外技术人员开发);可移植性差,二期投资较高,比较难以适应中国的实际情况,在实际运用的过程中很难进行二次开发;价格高、维护费用高,培训不方便,有些软件的引进要花上千万美元,而且后期培训费用昂贵。

由此可见,国内酒店管理软件有着一定的优势,可以与国外系统相抗衡,甚至超越它们。但是,国内系统仍存在许多需要加强改进的地方,如在自动控制、决策支持、人工智能技术、Internet 应用等方面相对比较落后,今后需要努力的方向主要体现在以下几个方面:

自动登记系统、服务和监控集成化、使用人工智能技术及 Internet 更深层次的应用等。随着国产软件的进一步发展和提高，国内软件替代进口软件，成为高星级酒店的主流管理软件也将成为必然。

知识拓展 5-2

主流酒店管理系统产品介绍

1. Fidelio 及 Opera 系统

Fidelio 系统是世界上著名的酒店管理系统，Opera 是在 Fidelio 系统基础上发展出的最新产品，界面如图 5-4 所示。Fidelio 和 Opera 几乎是所有国内高端外资酒店的共同选择。在国内，除非五星级或者有一定影响力的酒店，一般都不进行合作。

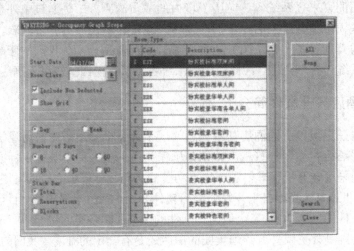

图 5-4　Opera 系统界面

2. 石基系统

北京中长石基信息技术股份有限公司拥有 Opera 酒店前台管理系统在中国大陆的独家技术许可。提供包括酒店前台管理系统、财务管理系统、人力资源系统等的整体解决方案。公司全资子公司西软科技拥有满足从本地高星级到经济连锁酒店需求的全套酒店信息管理系统。此外，控股子公司石基昆仑专门从事研发酒店中央预订系统/会员管理系统。

国际酒店一般采用 Micros System 公司出品的 Opera 系列产品。几大酒店集团的管理软件多采用以下厂商提供的产品，如表 5-3 所示。

表 5-3　主流酒店管理系统

公司名称	核心产品	说　明
Micros System Inc	Fidelio 系列产品 Opera 系列产品	Opera 为目前国外酒店业管理最常用的系统，国际星级酒店或高星级酒店均标配此系统。Opera 是 Fidelio 系列的最新产品。 缺点：费用高昂(300 万元一套起)，维护费用高，只有 30%左右的内容符合中国环境

续表

公司名称	核心产品	说　明
石基信息	Opera PMS Infor Sun SA	国内最大的酒店管理软件提供商，中国的 Opera
西软科技	西软 Foxhis 酒店前台系统	石基子公司集团版软件很少
中软	中软酒店系统专业版(CSHIS)	包含集团版软件，但是功能不完善
中软华仪	饭店管理系统 网络系统工程(门锁系统、电话系统、网站建设)，企业管理软件(人力、财务、餐饮收银、仓库管理、物业管理)	基于单体酒店的酒店管理系统，目前市场份额极小，并不断缩小
深圳捷信达	捷信达酒店管理系统(GSHIS)	基于单体酒店的酒店管理系统

(资料来源：赵立群. 旅游电子商务[M]. 北京：清华大学出版社，2018.)

五、酒店信息化发展趋势

随着酒店业的日益发展，计算机在酒店中的应用日渐普及，对酒店信息管理系统的要求将越来越高，特别是系统集成化、决策支持(DSS)、客户关系管理(CRM)、办公自动化(OA)、网络中心实时订房等。从近几年的发展来看，特别是计算机技术和计算机网络技术的不断发展，酒店业的竞争将主要在智能化、信息化方面展开，以下三个方面将得到迅猛发展。

(一)电子商务

对酒店而言，盈利是根本，若要加快酒店行业的信息化进程就应当首先从能够为酒店创造或提高经济效益的项目着手。建立一个基于互联网络的全球酒店客房预订网络系统已不再是难事。无论是集团酒店、连锁酒店还是独立的酒店都可以加入成为该系统成员，并且享用全球网络分房系统。

全球网络分房系统可以通过互联网接入。让旅行社团、会议团队、散客都可以利用计算机直接访问该系统，从中得到某酒店的详细资料，包括酒店的各种状况，并能立即接受预订和确认。

(二)智能管理

"酒店智能管理"作为一个综合概念，给酒店业经营管理理念带来了巨大变革。这一变革要经过不断的建设和发展，渐渐形成一个涵盖数据采集、信息保存、信息处理、传输控制等各项功能的应用系统。这些信息库的建立将成为酒店信息化管理和办公自动化的重要基础。从前台客人入住登记、结账到后台的财务管理系统、人事管理系统、采购管理系统、仓库管理系统都将与智能管理系统连接构成一套完整的酒店信息化体系。

(三)个性化服务

服务业现代化的一个重要内容，就是要实现"个性化服务"。例如：酒店的会议室采用可视电话系统，可以全球同时同声传影、传音、翻译；基于客户管理积累和建立的"常住客人信息库"记录了每位客人的个人喜好，客房智能控制系统将根据数据库中的信息实现：光线唤醒，由于许多人习惯根据光线而不是闹铃声来调整起床时间，新的唤醒系统将会在客人设定的唤醒时间前半小时逐渐自动拉开窗帘或增强房间内的灯光。无匙门锁系统，以指纹或视网膜鉴定客人身份；虚拟现实的窗户，提供由客人自己选择的窗外风景；自动感应系统，窗外光线、电视亮度，音响音量和室内温度以及浴室水温等可以根据客人的喜好自动调节。

情境二　酒店电子商务体系

酒店电子商务系统目前已经逐步普及，它通过互联网向客户多姿多彩、声情并茂地展示自己的风貌、特色，推销客房和各种服务，并可依此组成酒店连锁业，结成战略联盟，以强劲灵活的营销手段向广阔的市场进军。它向客户提供了新的营销方式，开拓了市场的广度和深度，这些都是常规方式下的人力、物力所无法与之比拟的。利用电子商务可提高酒店销售、营销、客户服务的效率和效益，为酒店开发客源市场带来了无限的商机。

一、酒店电子商务体系的构成

酒店的电子商务体系主要由内外两个系统构成，一般称为外网(酒店企业网站)和内网(酒店内部电子管理系统，即酒店信息化系统)，这主要取决于酒店经营要兼顾外部经营环境和内部管理环境两个环境系统。这两个系统既相互联系，又相互独立。

(一)酒店企业网站

网站是酒店企业面向外界的窗口,其主页给浏览者的第一印象即是客户对企业的第一印象。酒店的 CIS 形象设计，酒店的微标，标志性形象体现，以及通过 Flash 动画、宣传片等生动的表现手段，都体现着酒店自身的企业文化底蕴与精髓。通过互联网可以实现远程预订、远程访问酒店内部网络，查询经营情况和电子邮件，进行运营控制、企业集团经营数据汇总传送、预订确认；电子促销、信用卡支付确认，发布公司住处信息及对外宣传等。

案例 5-1　锦江国际"一个中心三大平台"集群亮相 HFE 上海展，展现赋能优势

(二)酒店内部电子管理系统

先进的电子商务系统不应仅限于企业内部管理的文件无纸化传送，基于互联网平台的电子商务管理系统，还能连接各个部门共享酒店的信息资料，实现实时的市场跟踪和对客服务。

知识拓展 5-3

WeHotel 简介

上海齐程网络科技有限公司(WeHotel)成立于 2017 年 2 月，由锦江资本、锦江酒店、锦江股份联合联银创投、西藏弘毅、国盛投资，共同注资人民币 10 亿元设立，并于 2017 年 6 月成为上海市地方国有控股混合所有制企业首批员工持股试点单位。自成立以来，锦江 WeHotel 整合锦江全球酒店资源，以会员生态和酒店赋能为业务核心，为逾 1.5 亿会员，6000 万 App 用户和 2000 万微信公众号粉丝，提供品质化酒店预订和会员服务体验；为各品牌酒店的数字化运营提供强有力的技术支持。

WeHotel 自成立以来，植根中国，面向全球，以股东庞大的产业资源和雄厚的实力资本为依托，以连接有温度、有深度的旅行体验为目标，以互联网+产业为驱动，通过为广大用户提供手机客户端、微信、智能客服等一站式移动互联网预订体系；为逾亿会员提供全球近 30 个品牌，约 8000 家优质酒店预订、旅游度假、在线服务、金融支付等全流程旅行服务体系；为品牌酒店提供经营管理的赋能支持系统。加快实现用户消费需求、高新技术运用与酒店创新发展的无缝结合和多方共赢，持续推动产业转型升级，全力构筑以酒店为核心的全球旅行服务共享平台。

(资料来源:锦江 WeHotel，https://hotel.bestwehotel.com/AboutUs/)

二、酒店电子商务体系的功能

我们通常讲的酒店电子商务主要是指酒店外部电子商务，它至少应该包括以下各种功能。

(一)酒店及产品介绍

由于所处的国家和地区不同，酒店各自具有的独特风格和特色，成为其取胜于其他同行的优势所在。酒店网站不仅可以全面介绍酒店的背景、发展状况及特色，还可根据市场定位推出不同风格的酒店产品，满足不同客人的需求。如凯悦酒店集团，其旗下的酒店共分四个品牌，分别为服务于一般客人的凯悦酒店(Hyatt)；服务于商务客人的君悦酒店(Grand Hyatt)；服务于高级商务客人的柏悦酒店(Park Hyatt)及服务于休闲度假客人的凯悦度假村(Hyatt Resort)。通过网站的介绍，让客人对酒店的产品有了详细的了解，有助于酒店的形象树立及产品销售。

(二)酒店最新信息发布

面对随时变化的国际市场，酒店要及时调整其市场策略和产品组合以求在竞争中获胜。通过后台管理系统，向客人提供酒店最新的产品信息、价格及优惠条件，向公众发布酒店的最新动态以加强社会对酒店的信任和忠诚度，并通过网络与合作伙伴保持密切的沟通和联系。发布的酒店信息包括文字、图片、动画等，还可以根据需要做成不同语言版本，方便不同国家的合作企业和客人使用。

(三)在线预订

基于互联网平台的酒店电子商务体系,一个最主要的对外功能就是利用网络进行酒店产品的销售和宣传。客人只要登录酒店的网站,就可以查询到酒店所有客房的状态及酒店配套设施供应状态,然后选定一项产品进行在线预订并得到电子确认。其主要流程如下所述。

1. 注册、登录

支持用户的在线注册,通过后台管理员的确认,可以成为酒店的普通用户、VIP 用户、团体用户、单位用户或合约服务用户等不同客户。用户根据注册名和密码登录后才能预订。

2. 网上预订

用户通过系统,查询需要的服务是否有提供,如果有则可以进行预订,预订的订单自动发送到管理员的电子邮箱,也可以提供网络管理接口,管理员通过网络直接查看客户的预订信息,通过网络进行确认。

3. 订单打印

通过系统的内部转换,将客人的预订订单打印成规范的格式,方便管理员进行订单管理和确认操作。订单打印后,可以发送传真由客户签字确认,这样就算是第一次使用酒店预订系统的客户也可以方便快捷地享受酒店提供的服务,并且最大限度地保护酒店的利益。

4. 在线支付

预订完成以后,用户可以通过银行信用卡或者其他支付工具进行在线支付。只有能够提供在线支付的电子商务系统才可以称得上是真正的电子商务系统,现在国内的很多酒店电子商务系统还做不到这些,但是随着支付宝等快捷支付方式的普及,在线支付将不再是制约酒店电子商务的障碍。

5. 用户管理

即针对不同类别的用户提供不同的优惠等级,包括 VIP 客户、团体客户等其他客户类别。不同用户登录显示不同的价格,在后台进行价格等管理。

6. 后台管理

后台可以对预订信息进行管理以及确认。后台可以对注册用户进行管理,给用户分配不同的用户类别,以享受不同的优惠待遇。后台可以对客房进行管理,可以支持后台输入客房信息以及客房入住信息,也可以通过专线连接客房数据库和网络查询系统,直接读取客房信息。

7. 其他

相关链接可以提供机票预订、航班查询、网上问讯等服务。

(四)虚拟酒店服务

游客在入住一家酒店之前总希望得到该酒店尽可能多的信息，而在酒店提供的宣传册上，最多有一些酒店建筑、房间、餐厅及配套设施的介绍和一些图片，所得到的信息非常有限。网上酒店可以让顾客在选择酒店前就了解该酒店的位置、价格与类型等，然后通过选择虚拟入住，开始在网络上体验该酒店的服务。虚拟入住系统使客人通过电脑屏幕，从抵达酒店门口、接受门童的服务开始，依次领略前台 check in、客房入住、餐厅就餐、会议设施、健身娱乐直至 check out 离开酒店的全部过程，然后选择最适合自己的产品进行消费。在我国，虚拟旅游正得到更多网站运营商及旅游者的重视和认同，虚拟酒店的发展也必然需要更多的虚拟酒店产品来支撑。虽然视频显示受到带宽等技术的局限，但是作为一种重要的酒店产品种类和销售手段，它的发展前景是乐观的。

(五)客户反馈系统

建立完善的信息反馈系统，使酒店的客人，不论是内部客人还是外部客人，均能方便地通过网络反馈意见和建议，而且反馈的内容及时，并自动发送到相应处理人员的邮箱及酒店高层领导或质量管理部门。

客户反馈系统的信息流向可以分为上行、下行或平行，相应的信息都会及时出现在相应的位置，不管是通过电子邮件还是其他方式，都能确保信息及时、准确地传递给信息接收者。还可以提供网络管理接口，由管理者通过网络直接查看客户的反馈，及时向客户进行问题解答等。通过客户反馈系统还可以进行顾客满意度调查，对调查结果进行及时的数据分析并提出解决方案，报请管理部门审批执行。

酒店内部电子管理系统主要用于内部管理使用，通常具有以下几种功能。

1. 酒店的行政管理职能

酒店作为一个企业，除了特定的酒店产品销售和服务提供以外，需要相当大量的行政工作人员来确保酒店组织内部各机构的正常运转。酒店的内部网络可以将处于不同物理位置的部门连接在一起，同步执行酒店管理层的各项行政政策和指令。

通过内部网络系统，酒店高层领导将决策同时通报给酒店的所有部门，或者通过在线聊天工具进行网上会议，可以节约大量的时间成本和资金成本。传统酒店内的许多行政传达工作如果由内部网络来完成，可以节省大量的时间用于获取经济效益。

2. 成员间的信息沟通职能

内部网络不只是用来传达酒店高层指示的，基层部门也完全可以利用它来互相沟通、交流，甚至向高层反馈基层的意见和建议。通过内部网络，这些信息可以完全、真实地传递到高层领导的手中。只有保证原始信息的真实性，对策才有可能有针对性，解决方案才能有效。

3. 酒店内部的数据共享职能

所有客人都是整个酒店的财富，也是酒店内各个部门应该加以关注的目标。通过内部网络的数据库，可以得到相应客人的所有资料，便于对特定的客人制定有针对性的促销策略和提供个性化服务。

4. 整体的协作发展职能

经济全球化的进程使酒店的全球化发展变得越来越迅猛。酒店要依靠战略联盟及合作伙伴的紧密联系来发展业务，向客人提供全程跟踪服务，相互间的信息提供和服务提供必须及时、准确，才能保证协作发展的顺利进行。这一切都说明无论从现实技术、外部发展趋势上，还是从竞争对手方面，建设基于互联网平台的信息网络化不但是切实可行的，而且是刻不容缓的。

案例 5-2 凯悦与首旅如家合资全新品牌逸扉酒店正式开启双官网预订

任务二 互联网环境下酒店业态重构

任务目标

假设你计划在暑假期间出游一个月，在出发前你想提前安排好入住的酒店，请结合自身以往的订购体验，采用调查问卷和实地调研等方式，了解 7 天、汉庭等连锁酒店的经营状况，给出你的选择及相应的理由，并向这些连锁酒店提出相应的电子商务业务改进建议。

任务实施过程

请每个小组将任务实施的步骤和结果填写到如表 5-4 所示的任务单中。

表 5-4 项目五之任务二的任务单

小组成员：		指导教师：
任务名称：	任务完成地点：	
工作岗位分工：		
工作场景： (1) 为一个月的出游预订入住的酒店； (2) 设计问卷进行连锁酒店的调研； (3) 结合过去的酒店订购体验，采用实地调研等方式，得出你将选择入住的酒店及其理由； (4) 向这些连锁酒店提出相应的电子商务业务改进建议		
教学辅助设施	计算机、互联网、问卷星、PPT 等	
任务描述	结合自身以往的订购体验，采用调查问卷和实地调研等方式，了解 7 天、汉庭等连锁酒店的经营状况，给出你的选择及相应的理由，并向这些连锁酒店提出相应的电子商务业务改进建议	
任务重点	主要考查学生对酒店电子商务现状与发展对策、酒店电子商务业态新特点及其重构的掌握程度	
任务能力分解目标	(1) 酒店电子商务的现状与发展对策； (2) 酒店电子商务业态新特点； (3) 酒店电子商务业态重构	
任务实施步骤	(1) 学习相关知识点； (2) 4～6 个学生为一个小组，围绕连锁酒店电子商务的现状进行调研； (3) 设计调查问卷并进行网络调查； (4) 结合自身经验，采用调查问卷及实地调研等进行分析，并形成报告(填写表 5-5)； (5) 各小组进行互评，教师进行点评	

表 5-5　旅行社设立的外部环境条件调查报告

经过调查与分析，根据 SWOT 分析方法，现将＿＿＿＿＿＿＿＿＿市(区)旅行社设立的外部环境条件报告撰写如下。

优势(strength)	
劣势(weakness)	
机会(opportunity)	
威胁(threat)	
总结：	

任务评价

(1)　酒店电子商务的现状与发展对策。

(2)　酒店电子商务业态新特点。

(3)　酒店电子商务业态重构。

情境一　酒店电子商务的现状

我国旅游酒店在经营管理中普遍使用了各种现代化的信息技术。现阶段，酒店通过网络与旅行社、航空公司等各个部门进行合作，形成了较为完善的电子商务模式。我国旅游酒店电子商务的发展，通过建立电子商务系统，采用中央预订、全球分销、独立网站等方式开展。一些独立服务器以及国内的旅游网站也逐步参与到了电子商务中。随着网络的不断发展，我国旅游酒店电子商务正在逐渐完善，涌现了一批如携程、途牛等旅行网站。旅游酒店也与团购、"网红经济"有效地融合，游客通过网络订票的方式可以方便地查找各项旅游信息。

一、中国旅游酒店电子商务发展存在的问题

现阶段，随着网络化的发展，中国的旅游酒店作为实业企业，在电子商务发展中还是存在一些问题和不足，现阶段存在的主要问题，主要集中体现在以下几个方面。

(一)网络的安全性

电子商务发展中，网络安全是最为关键的内容。随着各种网络技术的不断发展，在旅游酒店中，网络安全问题直接关系到客户的个人信息以及酒店的商务信息等是否安全。

(二)技术水平

电子商务利用电子支付的方式进行结算，数据信息的保密性以及安全性非常重要。而在网络环境中，双方的信任度不高，存在一定的恶意预订以及取消等行为，旅游酒店网络

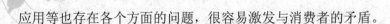
应用等也存在各个方面的问题,很容易激发与消费者的矛盾。

(三)利用率的差距

旅游酒店的电子商务并不是单纯地利用网络进行销售以及展示信息内容,还涉及旅游信息的采集、加工以及筛选等诸多的内容,对这些内容进行整合才可以构建一个完善的商务链模式。

现阶段我国旅游酒店电子商务的发展还存在深度不足的问题,多数酒店对于网站的建设以及广告的宣传等较为关注,但是却没有为客户提供完善的服务。

案例 5-3 携程酒店
2019 年 4 月 GMV
突破 130 亿 持续引领
在线酒店预订市场

二、酒店电子商务发展对策

电子商务时代,旅游酒店要想获得一席之地,解决自身在发展中存在的问题以及排除隐患,需要不断拓展自身的服务范围,凸显核心实力,要整合现有的资源,利用大数据等多种技术手段,探究持续发展的有效路径,主要可以通过以下几点来完成。

(一)整合酒店资源,改善电子商务利用效率

旅游酒店电子商务的建设是一项需要大量信息资源的活动,要整合酒店各个部门的各项内容以及信息,凸显酒店的作用以及优势,根据酒店的特征进行内外部网络连接,整合旅游酒店的业务需求,对企业的管理、采购、公关、服务以及餐饮等各个部门进行网络化的建设,利用信息化的方式对各项业务进行处理。

同时各个部门利用网络化的方式完善系统,保持各个部门的各个系统的独立性,并且可以进行联合运行。整合大数据、云计算等技术,做到各项信息内容的共享,深化酒店的电子商务建设,为用户提供一站式的服务体验,充分满足不同用户的不同需求。

(二)建立诚信消费环境

构建一个诚信的消费环境,提高旅游行业的诚信意识,提供优质的酒店服务,是增加顾客满意度的有效方式。旅游酒店要明确自身发展的定位以及目标,要利用网络大数据分析顾客的不同需求,不断地提升自身的服务水平,通过提供个性化、多元化的服务,达到吸引顾客群体的目的。

此外,酒店要在市场竞争中进行价值定位,充分保障在电子商务环境中,人们的个人信息安全性。

(三)旅游资源整合,建立战略联盟

旅游酒店要根据电子商务发展的需求,对酒店的内部、外部资源进行合理的整合以及规划。

只有分析现阶段旅游酒店电子商务发展的需求,组织建设战略联盟,通过与旅游产业链中不同企业的互相合作,拓展旅游业务范围,才能满足消费者的各种旅游需求。

(四)做强线下，内容为王

旅游行业涉及产业、产品以及服务等诸多的内容。在电子商务模式之下，利用网络为载体进行旅游酒店的运营，涉及不同的专业知识。旅游酒店若想获得持续发展，就要聚焦产品以及服务的不同环节，综合市场的需求呈现具有交融性的服务内容。

因此，旅游酒店要合理地利用大数据，通过大数据进行分析，构建客户的数据分析库，通过网络网点以及线下门店的资源进行线上和线下的数据整合，跟踪、收集、整理多种信息数据。将不同信息数据作为基础，对客户各项信息数据的分布以及流向进行汇总，将其作为旅游酒店各项业务运营的参考。

通过电子商务进行各项信息数据的分析，可以了解行业的走向、顾客的不同需求倾向以及消费趋势，获得具有导向性的数据，在互联网技术的支持之下，达到精准定位的目的。

旅游酒店要利用云端等各项信息数据对流量进行分析，探究切入点，达到激活产品剩余价值的目的。

(五)实现旅游酒店的核心价值

在互联网时代，旅游酒店实体最为显著的优势就是可以与消费者进行面对面交流，实现价值的传递。通过分析消费者的具体诉求、评价以及投诉，反馈消费者的不同信息，对消费者的不同信息进行回顾和筛选，了解消费者的核心诉求，不断完善，可以达到拉近与消费者距离的目的。

将双方均认可的价值作为契机，组织开展电子商务活动，精准地进行宣传，可以大幅度提升线上活动的丰富性，在源头上达到精准宣传的目的。例如，可以将创业者的旅途以微电影的方式展示给酒店的客户群体，激发话题，促进讨论，这样就可以拉近客户与品牌之间的距离。

(六)利用平台工具整合资源

在网络时代，旅游酒店进行电子商务活动，必须整合网络资源信息，通过"互联网+"的方式进行市场的推广宣传活动。

从应用平台以及工具的角度分析，市场中具有较为丰富的资源，涉及诸多的商业、社交平台，微博、微信、小红书、抖音、快手等平台的出现，使旅游酒店的经营管理具备了多元化以及碎片化的特征。

旅游酒店礼仪社交活动以及各种不同的推广工具的组合，利用与人们的生活更为贴近的方式进行包装、宣传，营造不同的氛围以及感觉，具有一定的时代意义。在此种环境之下，旅游酒店要充分地利用自身实体运营的优势，展示自己的特征。

案例5-4　华为云管理园区助力锦江饭店云化转型

情境二　酒店电子商务业态重构

中国的酒店信息化和酒店电子商务的发展，已经有 20 多年的历史，经历了"前台系统"普及发展阶段、"后台系统"普及发展阶段再到现在的"协同系统"发展阶段。从电算到互联网，酒店信息化服务系统跨越了数代，但探索的步伐从未停止。随着信息技术的发展，酒店电子商务也在不断进行革新。

一、酒店电子商务业态新特点

(一)产品与价格信息

在旅游出行之前，人们最为关注的就是旅游的核心产品以及价格信息；出行中最为关注旅游目的地、旅游线路、景区以及衣食住行等相关方面的服务质量。

(二)散客化趋势

在中国旅游经济的发展历程中，游客的分布逐渐呈现散客化的趋势，居民自驾游、自组小团队旅游的形式开始增多。

(三)网络成为信息收集的主渠道

在网络时代，人们在旅游出行中会通过网络收集各项信息，了解旅游目的地的风土人情以及旅游热点。在此种环境之下，"网红经济"逐渐发展，人们会通过网络博主、微博、公众号等多种方式了解旅游的各种信息，"网红打卡"已经成为人们旅游的一种新形式。

二、酒店电子商务业态重构

(一)数字化酒店

入住者一踏入酒店，将身处设置有电子信息廊的"数字大厅"，信息廊可以不断提供关于城市景点、交通、文化特色等各种信息，在客房、酒吧，住客能与服务中心实现视频互动，来自世界各国的游客还可享受到"多语种对客服务"，这就是数字化酒店的美好前景。数字化酒店的特色主要体现在以下三个方面，即多媒体视频系统、商务系统和网络化系统。

在多媒体视频方面，酒店数字标牌系统能够通过网络满足视频系统的需求，能够为酒店提供多媒体信息发布的功能，还能够用作酒店数字指示牌和数字客房牌价显示系统。奔流酒店数字标牌系统由播放管理中心、奔流播放器、网络平台和显示终端(如液晶、等离子、大屏幕电视)四部分组成。系统以高质量的编码方式将视频、音频、图片和滚动字幕等信息通过网络传输到奔流播放器，然后由播放器将组合后的多媒体信息转换成显示终端的视频信号播出。这种信息发布模式融合了多媒体视频信息的多样性和生动性，实现了信息发布的远程集中管理和内容随时更新，使受众在第一时间接收到最新鲜的各类资讯。此外，系统还可提供酒店简介、电话指南、酒店娱乐介绍等基础功能，大大节省酒店的印刷费用；可吸引更多的广告投资，创造巨大的利润和媒体价值；可为酒店内部提供视频会议、组织培训等特殊服务，提高员工的工作效率。

在商务系统方面，其一，客人可以利用一体机进行网络浏览，真切感受数字化带来的乐趣；其二，酒店的服务将融于数字客房互动平台之中，客人将享受到更便利直观的服务；其三，客人可以享受到真正的数字电视服务。在竞争日趋激烈的酒店行业，数字客房系统将使酒店的服务和形象迈上一个崭新的台阶。"在客房内轻轻一点，便可以轻松订购预览想要的飞机航班、火车车次，了解附近的旅游景点路线，甚至可以从外面的饭店订餐送入客房"。

在网络化方面，酒店的数码 e 房，配备计算机，能满足客人 24 小时的免费上网需求。使用终端以及软件，可以实现诸如宽带接入、客房终端设备、酒店应用平台、互联星空、增值服务、系统维护、广告发布等多项应用，为客人提供包含视频监控、网站建设、网络传真、收发邮件、查看商务旅游信息等多种信息服务和娱乐功能，还包括增值服务在内的各类通信业务。这类数码 e 房，受到商旅人士的热烈追捧，未来也将不断地发展。

(二)智能化酒店

不论是商务旅行还是旅游度假，越来越多的顾客都希望在酒店也能像在办公室或家里一样工作和娱乐，享受个性化和信息化的服务。因此，中国酒店行业迫切需要能满足数字时代全新舒适要求的酒店客房视听解决方案，以创新管理，提高星级含金量，增强对顾客的吸引力，以便在激烈的市场竞争中把握先机。在全力追求高档次标准及"酒店 E 化"的大趋势下，酒店需要从较为单一的吃住场所向集住宿、餐饮、娱乐、康体和会议等多种功能于一体的服务场所转变。因此，酒店需要的不仅仅是单一的产品，还需要办公、商务、多媒体会议系统；安防、监控系统等全系列设备。

酒店管理智能化可以使酒店服务中心在酒店内部管理系统的控制下，显示客人临时需要的服务请求，比如需要增加某种物品，或者送餐服务，甚至显示紧急求救信号。通过数字管理科技化可以为客人提供更多的满足个性化需求的选择，提供给客人自行控制的数字服务。在酒店业的服务方面，数字科技化的努力必将不断完善客人自身的体验。

建设酒店智能化，主要有三个目的：为入住的客人提供全方位的服务，使客人感到更舒适、更温馨、更安全、更方便、更便捷；为酒店的经营管理者提供现代化的管理手段；为酒店开源节流节能降耗提供控制手段。

(三)酒店移动电子商务

移动电子商务是指贸易双方通过智能移动终端所进行的电子商务交易活动。移动电子商务的独特优势能够满足现代酒店服务专门化和用户需求个性化的要求。酒店的移动电子商务网络营销模式，可以接受消费者随时随地地访问酒店网站、查询酒店的客房信息、实现客房的网络预订。同时，移动电子商务营销平台还能够使酒店根据市场群体的需求变化进行相应调整，以促进酒店营销活动的开展。酒店通过移动电子商务平台直接接触到的庞大市场是其必须重视的潜力顾客。

酒店的移动电子商务营销是当前酒店营销的重要发展趋势和酒店电子商务发展的热点，开展酒店移动电子商务营销活动应当注意以下几点。

(1) 根据酒店自身实力，选择移动电子商务平台的开发模式。酒店自己独立开发一个合格的 3G 移动电子商务平台，成本不低于 10 万元人民币，而后期的运营费用将更多。酒店要量力而行，实力不足的酒店可以选择请第三方服务提供商提供解决方案。

(2) 重视专业技术人员和营销人员的培养。对于酒店来说，既懂酒店产品的网络营销又懂移动电子商务技术的人才在短期内难以培养，所以准备开展移动电子商务营销的酒店，要早做准备，培养专业人才。

(3) 酒店要在最小的移动营销平台界面上，提供最全面的信息。移动电子商务平台最好能够提供机票、车票、天气预报、旅游路线查询功能等模块，并保证所提供信息的准确性。

(4) 酒店管理者要把移动电子商务营销放在战略性高度，重视其对酒店销售业绩的作用，并安排专门的人员进行维护和管理，使其真正发挥营销工具的作用，而不是仅仅作为酒店赶时髦的形象工程。

(5) 酒店要实现移动电子商务营销平台上的客房管理系统、传统的网络营销平台的客房管理系统和酒店内部的客房管理的无缝连接，三个系统中的客房和宾客信息要保持同时同步，避免出现网上预订成功，酒店客房部系统中却没有宾客预订信息的尴尬问题。

(6) 网络最大的特点就是信息共享，酒店建立移动电子商务营销平台，将意味着酒店信息资源的更加开放。各个酒店的移动电子商务平台之间也应该彼此链接，共享市场信息，建立酒店市场营销合作集团，充分避免"孤岛效应"，形成地域性或者针对特定客户群的酒店营销集群。通过联合营销平台，为全体酒店成员宣传营销，招揽客源。

(四)酒店与物联网应用

国际电信联盟(ITU)发布了"ITU 互联网报告 2005：物联网"，正式提出了"物联网"的概念。物联网是将射频识别装置(RFID)、红外感应器、全球定位系统、激光扫描器等信息传感设备与互联网结合起来而形成的一个巨大网络，它可以将所有物体连接在一起，自动、实时地对物体进行识别、定位、追踪、监控并触发相应事件。

将交换机技术、无线技术、网络技术、手持 PDA 技术、电信运营商的 GPRS 技术、GSM 绑定技术、计费系统以及智能化酒店管理信息系统整合起来，运用高科技可使客人体验全新的"智慧生活"。利用 RFID 简化入住流程，客人可以通过自助入住机自行完成登记手续，VIP 客人可凭智能卡，一进入酒店即可被系统自动识别，无须办理任何手续即可入住。通过 RFID 和 VIP 的身份识别，根据客户资料完成个性化服务，例如，客房会自动按照客人的习惯进行环境设置，如自动调节温度等，使其能马上在自己熟悉的空间里工作休息。互动电视系统和 IP 电话系统可自动获取客人的入住信息，自动选用客人的母语作为默认语言等。

基于远程控制的密码+RFID(无线射频识别技术)，以 Web 作为客户自助窗口，衔接预订及订单处理系统、门锁控制系统、财务结算系统，实现了客户直接预订到房间号的功能。以 24 小时房价为基础，精算出每分钟的价格，会员可以根据自己的需求随时入住、随时退房，房费计算起止时间以密码第一次开门和密码退房为止精确至分钟。通过整合互联网资源，搭建消费者与企业信息传递最便捷的平台，并成功应用于酒店行业，可以打造"全程自助"的最方便的入住酒店服务模式。

案例 5-5　智慧酒店时代　0 秒入住　无感体验 悉点科技引领酒店数字化大潮

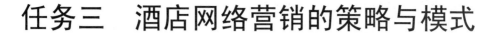

任务三　酒店网络营销的策略与模式

任务目标

假设你与同学共同经营一家酒店，请策划一个全网营销方案，以应对即将到来的国庆假期，并汇报其实施过程。

任务实施过程

请每个小组将任务实施的步骤和结果填写到如表 5-6 所示的任务单中。

表 5-6　项目五之任务三的任务单

小组成员：		指导教师：
任务名称：	任务完成地点：	
工作岗位分工：		
工作场景： (1) 你与同学共同经营一家酒店； (2) 请策划一个全网营销方案，以应对即将到来的国庆假期； (3) 形成报告并汇报其实施过程		
教学辅助设施	文字、图片、视频、PPT 等多媒体	
任务描述	掌握相关知识，并将其运营到酒店网络营销中	
任务重点	主要考查学生对酒店网络营销的实施过程和营销模式的掌握程度	
任务能力分解目标	(1) 酒店网络营销及其实施过程； (2) 酒店网络营销模式	
任务实施步骤	(1) 学习相关知识点； (2) 4～6 个学生为一个小组，策划一份酒店国庆假期推广的全网营销方案； (3) 形成报告并汇报其实施过程； (4) 各小组进行总结和互评，教师进行点评	

任务评价

(1) 酒店网络营销及其实施过程。

(2) 酒店网络营销模式。

情境一　酒店网络营销的策略

酒店的不可移动性使酒店在大部分时候不能实实在在地展现在顾客面前，特别是对于外地的顾客，必须在酒店消费之后才能真正了解其服务水准，所形成的印象对以后是否再次光临该酒店具有十分重要的作用。因此，想要让顾客更好地在消费之前就形成对酒店的真切认识就必须借助网络。通过网络，酒店综合运用各种多媒体手段，展示出各种服务设施、设备，可以使顾客远在千万里之外，就能获得如身临其境般的感觉。通过网络，客户可以查询到任何目的地酒店经营信息和客房价格，酒店经营设施、客房价格都是透明的，有助于顾客根据自己的需求作出正确的选择。

一、网络营销是酒店营销的必然选择

(一)捕获顾客信息，提供满意服务

作为一个酒店，顾客满意是酒店服务的目标，故必须清楚地知道客户在什么时候、什么地点、需要什么样的服务。酒店通过网络订房以及网络的互动信息功能，可以了解客户的具体需求信息，从而努力为客人提供所需的服务。网络订房的功能不但可以吸引网络客户资源，而且有利于对网络客户资源实现计算机管理。从而提供个性化和人性化服务，使酒店抓住更多的潜在客户资源，赢得发展先机。

(二)提高酒店竞争力，建立酒店品牌

信息是酒店经营的重要战略资源。酒店通过网络在经营竞争中只有拥有更多的客户信息，才能拥有更广阔的市场。品牌在网络营销中非常重要，拥有品牌的酒店会向客人传达这一品牌所特有的服务理念。这是网络营销取得最佳效果必不可少的营销方式，也是树立酒店良好网络形象所需要的。电子商务是酒店最好的一种经营手段，它通过网络预订的方式可以在全球范围内进行客房销售，实现异地销售。网络订房大大拓展了酒店的客源渠道，树立了酒店形象。

二、酒店网络营销的实施过程

(一)酒店网络营销的市场定位

网络营销具有双向性的特点，即酒店经营者必须了解网络客户的各种需求，同时也必须了解自己的产品是否适合网络客户。酒店可以先通过自己的网站窗口，了解客户群体的基本构成，同时了解客户的需求。如通过网络获取客户的需求信息，由此确定自己哪些客房产品放在网上销售，确定自己在网上的市场目标，为开展网络营销指明方向。

(二)酒店网络营销的主要对象

网络营销的对象是可能在网络虚拟市场上产生购买行为的客户群体。根据酒店自身的产品特点，确定营销主要对象，通过网站的内容制作来吸引这些群体访问。对于酒店来说，客户群体大致为年轻人客户群体、商务客人群体、休闲度假型客人群体等。在确定网络营销的主要对象时，还必须了解和关注网络用户的群体分布，即通过关注网络上的客户群体，结合自己的产品特点，最后确定网络营销的主要对象群体。

(三)酒店网络营销的整体策划

网络营销的目标是宣传酒店，提高酒店知名度，形成一定的客户群，并在近期通过网络预订酒店的客户。这个目标是通过设计具体的信息内容来实现的。客户对一个酒店客房

的预订欲望是一个复杂和多阶段的过程，营销内容应当根据客户预订的决策阶段和酒店产品周期的不同阶段来决定。一个客户对酒店的网络订房都经过了解阶段、试用阶段和使用阶段，酒店经营者必须注意每个阶段的营销内容，精心培育网络客户群。使酒店的网络订房顺利通过培育期、成长期，并进入良性循环的成熟期。

(四)酒店网络营销的产品组合

网络营销必须通过产品组合增强营销力度，增强酒店在网络上的知名度。一般网络营销活动主要有网络广告和酒店网站，网络广告和酒店网站主要起宣传、提醒、收集信息的作用。酒店可以多媒体网络组合产品进行网络营销。根据经营情况以及网络订房的开展情况交叉组合使用这两种方法，使网络促销获得最佳效果。该出击的时候就通过网络广告推出去，以稳定网络客户群体；同时通过精心制作网站的信息内容，把潜在的客户群体牢牢地吸引过来，在网络上树立起良好的酒店形象。

(五)酒店网络营销的营销渠道

酒店要通过网络营销取得成功，科学的管理营销渠道是非常重要的。酒店不仅要建立自己独立的订房系统和酒店网站，还要寻求并采用更多的渠道开展网络订房和营销活动。随着互联网经济的再度火热，出现了越来越多的网络推广资源，为潜在顾客商业信息提供了更多的机会，这些有价值的网络推广资源扩展了网络营销信息传递渠道，增加了酒店网络营销的成功机会。酒店为了在网络上树立良好的品牌形象，必须不断地与各营销渠道进行信息沟通和协调，保证酒店在网络上营销的一致性、连续性和统一性。这是保证网络营销取得最佳效果的必不可少的管理内容，这也是酒店的网络形象所需要的。

案例 5-6　5 个新策略让希尔顿在品牌竞赛中甩了对手几个街区

情境二　酒店网络营销的模式

随着我国互联网的普及，越来越多的企业开始利用电子技术发展业务，并从中大获裨益。酒店行业作为一个提供服务产品的行业，从目前的发展现状看，能否结合自身产品的特点并利用电子技术的优势发展自己的业务，还处于比较朦胧的阶段。但可以肯定的是酒店发展电子商务必将有非常广阔的市场前景。那么，酒店如何发展电子商务？主要途径有三点：第一，利用企业自身网站；第二，利用网络订房中心等旅游中间商；第三，利用其他网站。以下我们来分别论述。

酒店电子商务是当今酒店业发展的必然趋势。它通过互联网向客户多姿多彩、声情并茂地展示自己的风貌、特色，推销自己客房和各种服务，并可依此组成酒店连锁业，结成战略联盟，以强劲灵活的营销手段向广大市场进军。它向客户提供了新的营销方式，开拓了市场的广度和深度，这些都是常规方式下的人力、物力所无法与之比拟的。它代表了新的有效的营销方式，为酒店开发客源市场带来了无限的商机。

酒店的核心业务是客房销售，因此酒店电子商务的主要内容包括客房销售、网络营销以及客户关系管理等，利用网络可以提高酒店销售、营销、客户服务的效率和效益。那么对于酒店来说，如何发展自己的电子商务呢？

一、企业自身网站

目前大部分酒店都已经建立了自己的网站，但网站的利用率还有待考证，酒店对自身网站所做的营销还很不到位。对酒店网站的营销主要包括两方面：一是酒店网页的建设；二是酒店网页的搜索定位。

酒店网页的建设既要强调页面的美观性，更要注重页面的功能性和实用性。酒店网页的建设应主要涵盖以下内容。

(1) 酒店设施设备的介绍。

(2) 酒店特色服务的介绍。

(3) 酒店产品的预订。

(4) 客户信息的反馈。

(5) 其他与客人出行相关的信息，如酒店所在城市的旅游指南等。

酒店网页的建设一方面要满足自身的销售需求；另一方面要完成网页人本化建设，体现对游客的人文关怀，体现酒店的特色。从目前酒店网页的建设情况看，大部分酒店的网页还只停留在对酒店设施设备的介绍层面，只是对酒店产品的初级宣传，酒店网页的建设没有提升到一定的高度。

网页建设作为酒店宣传的一种手段，其最终目的是实现酒店产品的销售，所以网站有效的预订功能和链接功能可以提高网站的利用率和酒店客房的利用率。酒店网页的建设有待深化。酒店网页的搜索定位是指酒店网页在各门户网站和搜索引擎上的关键词搜索排名。排名越靠前，意味着被点击和被利用的可能性越大，也意味着企业的网站越优化，在茫茫的网海中，同类的企业网站不计其数，如果不能有效地在搜索引擎中排名靠前，其网站的存在意义在某种程度上等于零。

酒店网站优化已经成为网络营销经营策略的必然要求，如果在网站建设中没有体现出网站优化的基本思想，在网络营销水平普遍提高的网络营销环境中是很难获得竞争优势的。新竞争力网络营销管理老师倡导的规范的网站优化思想得到越来越多的酒店认可，即网站优化并不仅仅是针对搜索引擎的优化排名，搜索引擎排名的提升只是体现出网站优化必然结果的一个方面。新竞争力网络营销管理网站优化的基本思想是通过对网站功能、网站结构、网页布局、网站内容等要素的合理设计，为顾客获取信息提供方便，即通过网站更好地向用户传递有价值的网络营销信息，发挥网站最大的网络营销价值。网络将使酒店建立起诚信经营机制和更顺畅的沟通平台，从而扩大了知名度，开辟了新的市场，促进了营销活动的进一步开展。网络营销将不仅仅是网站建设和网站推广等常规内容，网络营销的关注点也不仅仅是访问量的增长和短期收益，而是关系到酒店营销竞争力的全局性的策略。随着网络用户的迅速膨胀，网络营销已成为目前酒店经营发展的大趋势，它代表着酒店业在信息时代生存发展的必然方向。网络营销不是市场营销的简单延续，酒店经营者开展网络营销活动必须具有战略眼光，有计划、有步骤地制订网络营销方案。

案例 5-7　停业三年再复业，白天鹅重新讲了关于酒店服务的老故事

二、利用第三方交易平台

随着旅游业的发展，旅游中间商的范围不断扩大，除了原有的旅行社、旅游公司外，出现了像艺龙旅行网、携程旅行网等利用网络平台为客人提供中介服务的旅游电子商务平台，这些旅游电子商务平台一方面促进了旅游业电子商务的进一步发展。另一方面，越来越多的旅行社在发展传统业务的同时，也在不同程度地扩大业务范围，将其业务拓展到了电子商务领域，开展了一定规模的网络订房业务，许多旅行社也都建有自己的网站。

迄今为止，艺龙旅行网、携程旅行网都已经成功地在美国纳斯达克上市，是旅游业电子商务的先锋和典范。除了这两家比较大型的公司外，在全国范围内还有更多规模中等或小型的旅游电子商务平台，其业务操作都是将旅游业与电子商务结合。旅游电子商务平台的发展壮大为酒店发展自己的电子商务提供了广阔的平台，具有很多优势。

1. 旅游电子商务平台以先进的技术为依托，技术手段现代化

这些旅游电子商务平台首先都建有自己的订房网站页面，同时利用声讯、电子、移动通信等多种手段延伸客户，扩大覆盖面，将电子商务与旅游结合，利用高科技手段壮大实力。这种优势使旅游电子商务平台在激烈的竞争中比其他中间商占有更大的优势，同时也适应了未来的发展趋势。

2. 较大型的网络公司资金雄厚，形成规模效应

如前所述的艺龙和携程两家旅游电子商务平台，都拥有较强的实力，其业务的发展有强大的人力、物力、财力的支持。在这样的公司中，其不仅有预订部门，更有策划、宣传、销售、客户服务等多种部门，形成了相互配合、相互支持的完整体系，在竞争中更具优势。当然，其他规模中等或小型的旅游电子商务平台目前虽然不具有此种庞大的规模，但随着业务的发展，其体系也将更加完善。

3. 旅游电子商务平台业务覆盖面广，可对旅游产品进行有效的整合

目前较大的旅游电子商务平台已构建起包括航空公司、运输公司、旅行社、酒店等在内的网络系统，将旅游的食、住、行、游、购、娱进行整合，形成了整体优势。

酒店利用旅游电子商务平台发展电子商务主要有以下两点好处：①扩大酒店客源范围，提高酒店的客房利用率；②在更广阔的范围内宣传酒店。随着旅游电子商务平台的发展壮大，其为客人提供订房的手段也越来越方便，越来越多的客人接受了通过旅游电子商务平台预订客房的方式，旅游电子商务平台拥有大量的客源。酒店通过与旅游电子商务平台的合作，通过旅游中间商的销售活动获得更多酒店客户，提高自身的客房利用率。对酒店来说受资金、人力等多方面的条件限制，酒店不可能在全国范围内进行销售和发展客户，而对旅游电子商务平台来说则存在这种可能。

酒店利用同旅游电子商务平台的合作，可以更大范围地利用客户资源，并以酒店自身的条件来赢得更多的回头客，从而提高了酒店的客房利用率。酒店业发展的实际情况也让越来越多的酒店意识到旅游电子商务平台所预订的房间在自身客房利用当中占的比重越来越大。所以，充分利用旅游电子商务平台是提高酒店的客房利用率的有效途径。

利用旅游电子商务平台扩大酒店的宣传范围是酒店与旅游电子商务平台合作的第二个益处。旅游电子商务平台一方面可以在自己的网站上为酒店做宣传；另一方面也通过其对外发放的宣传材料对酒店进行宣传，如艺龙、携程每月在机场等公共场所发放的宣传小册子，而这些对酒店来说多是一种免费的宣传。

案例 5-8　美团酒店的新战场

另外，随着 GDS 系统在中国的不断完善，酒店利用旅游电子商务平台的空间也将越来越大。

三、其他新媒体营销方式

(一)网络硬广

在网站投放图片广告、文字链接是传统的网络推广方式。投放及时、涉及面广、形式和内容灵活但成本较高是其特点。不过一项数据显示，网络图片广告的平均点击率仅为0.3%；而对于广告内容选择，就不完全统计，网络用户对数字、优惠词汇、利益信息等的敏感度更高。因此，确定合适的投放位置，需要根据广告内容和目标决定。

就网站来说，门户网站、垂直搜索网站、商旅网站、大众旅游社区都是可选对象，它们的用户特点与潜在用户量也存在很大差异。拿搜狐这样的门户网站来说，可观的流量和独立用户数是其优势，品牌推广能达到相对最大的普及度是理所当然的。但门户广告营销转换率偏低问题的考虑与否，取决于具体推广的侧重点。单就传播品牌形象来说，门户的banner、焦点图等位置，是在大众间直接树立酒店形象的首选。而不得不提到的例子：芒果与网易旅游媒体结合的失败；携程跟 MSN 的无果合作，让人思索门户网站的用户里有多少奔着新奇内容去，又有多少有直接预订愿望，用户对广告的接受程度如何这些问题。

再来看异军突起的垂直搜索网站，以去哪儿为代表。近年来"去哪儿"流量飙升。据数据显示其月独立用户数已超过 3500 万，在旅游行业中仅次于携程，位居第二。而这些用户中，基本以查询、比价和预订为主要动作。对需求直接的人群做直接推广并转化成销售，成为许多酒店的选择。格林豪泰、7 天酒店等就在"去哪儿"酒店频道的首屏有优惠活动广告，无论价格和内容都很醒目。

(二)互动式推广

旅游主题的线上互动活动，是来自旅游社区的运营推广经验，它能在一定时期内"利诱"用户关注和参与，并贡献内容或流量。作为酒店网站的推广同样可以借鉴，以此发展潜在用户。线上活动要注意参与广泛度、操作简便度以及活动的公开公平性。就用户习惯来说，让网民上传图片比上传文字容易；写一段话比写一篇文章更便于参与。而针对一些在线趣味性活动只有 PV 少有销售的普遍问题，目前一些酒店及商旅网站的"住 X 送 X"、返券等优惠活动，也是更直接的销售+互动推广。有没有可能使趣味性活动与销售优惠活动有效结合，使鱼与熊掌兼得呢？

(三)搜索引擎

选择合适的门户网站或搜索引擎也是决定酒店网站优化效率的关键。目前门户网站如 Yahoo!(雅虎)、新浪、搜狐、网易等，搜索引擎如 Google、百度等，其覆盖面都已经达到了一定的广泛程度，是酒店优化网站的首选。当然，这种网站的优化还要受到酒店资金的限制，要想实现网站的优化也不是一朝一夕的事，但却势在必行。

提高自身在谷歌、百度这样的搜索引擎中的排名，让用户方便进入是所有网站的基本需求与努力方向。研究显示，依赖搜索引擎计划个人旅行以及计划商务旅行的人数比例分别是 64%和 56%。在搜索酒店信息方面，依靠搜索引擎搜索过夜的商旅住宿以及个人住宿的比例分别是 81%和 67%。而另一项调查同时表明，大多数网民查找资料时，只查看前三页的内容，排名靠后的很难有机会被网民查看。在这个领域中，除了付费的项目，登录付费分类目录、关键词广告、关键词竞价排名、网页内容定位广告等，网站自身的搜索引擎优化，就是需专业团队解决的另一深入部分了。

案例 5-9　7 天酒店升级初体验，创新样板释放投资新红利

(四)其他推广

就网站的特别功能进行推广，或利用论坛、名人博客、事件炒作所做的软性宣传也是酒店网站推广可以兼顾的其他手段，如博客、微信、短视频和直播营销等。

前几年，博客营销已经取得了快速发展，但由于微博的局限性，所以未来几年里酒店博客营销可能低于微信营销。微信公众号逐步成为企业的门户，并在主流网络营销中占领一席之地。微博营销成为酒店网络营销、营销策略的组成部分，酒店微信网络会引领网络营销进入全员营销时代。2015 年至今，短视频营销成为新的竞争热点，网站视频可以全方位地展现酒店的整体形象、客房设施，通过生动的宣传广告吸引更多顾客前来享受。2019 年是短视频与直播营销爆发增长的一年，再经过疫情的特殊时期洗礼后，直播营销所带来的效益是显而易见的。

案例 5-10　从流量到内容，酒店新营销模式的启示

项 目 小 结

本项目首先介绍了酒店信息化管理的一般构成、具体实现结构及系统功能和发展趋势。接着分析了酒店实施电子商务的信息平台系统的几个功能，并指出了酒店实施电子商务的途径、现阶段发展的不足与对未来的展望。最后介绍了两个酒店实施电子商务的案例。

希望读者熟练掌握酒店信息化系统的构成、具体实现方式与技术特征、常见应用系统。熟练掌握酒店电子商务体系结构、实现途径、现阶段的不足与展望。了解 7 天连锁酒店集团、希尔顿饭店集团在电子商务上的应用及特点。

 课后拓展

一、简答题

1. 什么是酒店管理信息系统?
2. 酒店管理信息系统有什么作用?
3. 酒店管理信息系统由哪些部分构成?
4. 什么是酒店电子商务系统?
5. 酒店电子商务系统的构成与功能有哪些?

二、实战训练

几个同学分为一组,根据所学的知识,选择一家传统酒店,结合其实际情况,制订一份可行的 3 年期酒店信息化发展规划,并制作成 PPT 进行汇报。

项目六

旅游景区电子商务

【学习目标】

知识目标： 掌握景区电子商务的概念；了解景区实现电子商务的途径；了解景区的特点；了解景区的作用；了解景区电子商务的构建原则；了解我国景区的建设成效；了解景区存在的问题；了解景区电子商务的管理模式。

能力目标： 了解信息管理系统在景区的应用情况；能够了解并运用景区电子商务系统。

素质目标： 热爱旅游行业，具有较强的责任心，具有与团队成员的合作精神和创新意识。

【关键词】

旅游景区认知　旅游景区电子商务　旅游景区电子商务系统　景区智能化　景区数字化　全网营销

引导案例

本案例的相关内容参见图 6-1。

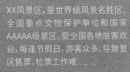

图 6-1　旅游景点也要智能化

(资料来源："江苏联通政企客户"公众号，2019 年 10 月 25 日)

任务一　认识旅游景区电子商务

任务目标

你刚刚晋升为某景区的项目负责人，为了更好地带领团队管理好该项目，你决定全方位了解该景区的电子商务现状、构成要素及其交易模式。

任务实施过程

请每个小组将任务实施的步骤和结果填写到如表 6-1 所示的任务单中。

表 6-1　项目六之任务一的任务单

小组成员：		指导教师：
任务名称：	任务完成地点：	
工作岗位分工：		
工作场景：		
(1) 你刚晋升为某景区的项目负责人；		
(2) 全方位了解该景区的电子商务现状、构成要素及其交易模式；		
(3) 形成报告并进行汇报		
教学辅助设施	文字、图片、视频等多媒体	
任务描述	通过调研了解某景区的电子商务现状、构成要素及其交易模式(填写表 6-2)	
任务重点	主要考查学生对旅游景区电子商务现状及其交易模式的认识程度	
任务能力分解目标	(1) 旅游景区电子商务的概念及其业务流程； (2) 景区电子商务的发展； (3) 景区电子商务系统的构成要素； (4) 景区电子商务的交易模式	
任务实施步骤	(1) 学习相关知识点； (2) 4～6 个学生为一个小组，调研某景区的电子商务现状、构成要素及交易模式； (3) 分析调研结果并形成报告； (4) 各小组进行总结和互评，教师进行点评	

表 6-2　某景区调研结果

旅游景区名称	
景区类型	
景区电子商务现状	
构成要素分析	
当前的交易模式	

任务评价

(1) 旅游景区电子商务的概念及其业务流程。

(2) 景区电子商务的发展。

(3) 景区电子商务系统的构成要素。

(4) 景区电子商务的交易模式。

情境一　旅游景区电子商务

一、旅游景区及其类型

旅游景区(tourist attraction)又叫旅游景点或旅游胜地，是指以旅游及其相关活动为主要功能或主要功能之一的区域场所，是能够满足游客参观游览、休闲度假、康乐健身等旅游需求，具备相应的旅游设施并提供相应的旅游服务的独立管理区，且有统一的经营管理机构和明确的地域范围，包括风景区、文博院馆、寺庙观堂、旅游度假区、自然保护区、主题公园、森林公园、地质公园、游乐园、动物园、植物园及工业、农业、经贸、科教、军事、体育、文化艺术等多种类型。

旅游景区是旅游业的核心要素，是旅游产品的主体成分，是旅游产业链中的中心环节，是旅游消费的吸引中心，是旅游产业面的辐射中心。一般可以分为文化古迹类、风景名胜类、自然风光类、红色旅游类等几大类别。

(一)文化古迹类

文化古迹类旅游景区主要指古代时期就已经存在，却未因时间原因消逝，至今仍然存在的典型遗迹，其具有一定的文化价值或历史价值。文化古迹类景区是人们学习历史、了解历史以及教育当代人的良好场所。如北京故宫、长城、天坛、颐和园、云冈石窟、沈阳故宫、莫高窟、秦始皇帝陵、周口店北京猿人遗迹、承德避暑山庄、曲阜孔庙、平遥古城、丽江古城、龙门洞窟、南阳武侯祠、五台山、殷墟、大足石刻、苏州园林、福建土楼、凤凰古城等世界文化遗产。

(二)风景名胜类

风景名胜类旅游景区是指具有独特的风光、景物以及古迹，同时也包括有独特的人文习俗的景区。风景名胜是人们休闲、学习、放松心情的好去处。如北岳恒山、桐柏山、云台山、鸡公山、青城山、峨眉山、崂山、棋盘山、荔波樟江风景名胜景区、花萼山国家级自然保护区等。

(三)自然风光类

自然风光类景区是以当地独特、优美的自然环境为主，由当地旅游部门精心开发而成的景区，适合于休闲、养生等。比如著名的自然风光景区有桂林、九寨、漓江、大同土林、张家界等。

(四)红色旅游类

红色旅游是把红色人文景观和绿色自然景观结合起来，把革命传统教育与促进旅游产业发展结合起来的一种新型的主题旅游形式。其打造的红色旅游线路和经典景区，如万源战史陈列馆、鱼泉山风景区既可以观光赏景，也可以了解革命历史，增长革命斗争知识，学习革命斗争精神，培育新的时代精神，并使之成为一种文化。

知识拓展6-1

网 红 景 点

随着互联网的发展，近几年衍生出另一个新词——网红景点，有时候也称网红打卡点。它泛指那些景点自身的某种特质在网络作用下被不断放大，加上一些滤镜和剪辑效果等美化之后，让人看了就心生向往，大批游客慕名而至，成为游客争相打卡的旅游景区。随着短视频等社交软件的火爆，在各种美照、视频的推动下，这些原本养在深闺人未识的地方一下子走红，客流量也随之暴涨。很多景区也逐渐意识到这些新媒体的魅力，开始通过这些渠道进行宣传推广，因此网红景点层出不穷。

二、旅游景区电子商务及其业务流程

景区电子商务是指以信息技术、通信技术、存储技术等现代数字化技术，优化景区的业务流程与管理流程，目的在于为游客、景区和社会创造更多的价值。

景区电子商务是旅游电子商务的重要组成部分，是电子商务在景区管理中的应用，其本质是以景区为核心，通过先进的信息技术改进景区的内部管理，对外(包括旅游者和其他旅游企业)进行信息交换、网上贸易等电子商务活动。景区作为旅游市场这个大系统的重要单元，它与整个市场系统必须保持密切的输入、输出关系，并进行大量的资金、服务、信息等的交换。景区电子商务应用是通过旅游市场这一媒介而起作用的。

旅游景区电子商务是指以现代信息技术为手段，以高效整合旅游景区各种资源为目的的一系列旅游综合服务过程。旅游景区电子商务业务一般主要由旅游景区管理机构(DMO)、本地旅游服务企业、旅游中间商(如旅行社)等实体组成，不断增加旅游景区对旅游者的吸引力，促成旅游者前来消费，拉动区域经济良性发展是 DMO 永久不变的第一要务。从宏观看，旅游景区电子商务一般的业务流程如图 6-2 所示。

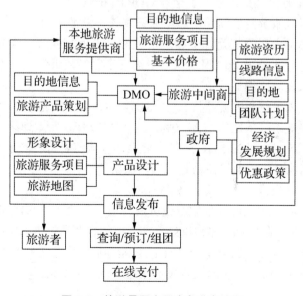

图 6-2 旅游景区电子商务业务流程

三、旅游景区电子商务的发展

(一)国外发展概况

早在 20 世纪 90 年代中后期，欧美诸多旅游发达国家就已经开始在景区的营销与分销方面利用互联网为游客提供更为便捷的服务，进而实现旅游产品上游供应商、游客和电子商务运营商的共赢。美国在 1996 年就开始在景区实施电子商务，并于 1998 年获得了快速发展。根据美国旅游协会(TIA)报告，为旅游相关的目的而使用网络的旅行者数量在 1996—1998 年实现了第一轮飞速增长，两年内该群体人数上升了 141%，1998 年，已经有近半数的旅行者在网上订票，具有经常出行习惯的旅行者中 51%的人会采用网上订票(大多数采用条形码检票方式)。欧洲起步比美国晚几年，但紧跟美国旅游市场的步伐，其在线业务份额也日益增多。日本在网络普及率方面，位居全球互联网普及率第一的位置，电子商务的发展在亚洲处于领先地位，虽然起步比欧美晚，但是已形成了一定的规模。

根据 PhoCusWright(全球旅游业的权威研究机构)发布的数据显示，近年来，北美网络旅游订单占北美整个旅游市场订单的比例年均为 56%；欧洲的比例为 41%，而亚太市场的比例为 20%。从发展趋势来看，全球三个主要市场，网络预订订单占全部旅游订单的比例都处于连续上升的阶段，其中北美市场相对成熟，增长速度趋于平稳，而欧洲与亚太市场的增速都非常显著。

2019 年 1 月 16 日，世界旅游城市联合会(WTCF)与中国社会科学院旅游研究中心(TRC-CASS)共同发布了《世界旅游经济趋势报告(2019)》，总结出以下特点。

(1) 2019 年全球经济增长趋缓，但旅游经济稳步上涨。

报告显示，在全球经济疲弱的当下，旅游市场领跑超越经济总体增长。预计 2019 年全球旅游总人次将达到 127.6 亿人次，增速为 5.5%，增速较 2018 年回升 0.5 个百分点，全球旅游总收入将达 5.54 万亿美元，相当于全球 GDP 的 6%。

(2) 全球五大区域旅游发展渐趋明显，亚洲增长、欧洲下滑。

长期以来，全球旅游呈现三足鼎立格局。欧洲、美洲、亚太三大板块在全球旅游占据绝对主体地位。全球十大旅游景区国均来自上述三个区域。近年来，欧洲板块和美洲板块比例持续下降，亚太板块比例显著上升。

欧洲仍是第一大入境旅游旅游景区，但入境旅游消费增长乏力。2018 年亚太地区入境旅游收入占全球入境旅游收入比重达到 30%，预计 2019 年，亚太地区入境旅游收入所占比例将增加 0.5 个百分点，达到 30.5%。此外，亚太地区旅游经济相当于 GDP 的比重从 7.3%提高到 10.6%。美洲地区旅游业保持稳定，国内旅游排名优于入境旅游。

(3) 亚太旅游投资规模、增速均列各大洲前茅。

在全球旅游版图中，亚太地区是旅游投资规模最大的地区。2018 年亚太地区旅游投资规模占全球 38.7%，美洲和欧洲分别以 28.1%和 25.1%的份额居第二位和第三位。中东地区旅游投资规模增速最高，达到 5.4%，亚太地区紧随其后，增速达到 5.2%，美洲和欧洲旅游投资分别增长了 4.5%和 4.2%，非洲旅游投资增速最低，为 2.6%。

(4) 创新性提出"T20"国家概念，T20 国家创造全球旅游八成收益。

报告根据 2012—2019 年的研究成果，首次推出 T20 国家。

从 T20 国家的构成来看，2012 年以来，美国、中国、德国、日本、英国一直占据旅游总收入前五，日本、印度、澳大利亚和泰国排名有所上升，瑞典和阿根廷跌出 T20，菲律宾和奥地利则挤进 T20。

从人均国内旅游次数来看，T20 国家可划分为五个梯队：第一梯队为美国、澳大利亚和西班牙，前两者人均国内旅游次数最高，达到 4 次，后者人均国内旅游次数达到 3.5 次；第二梯队为中国、日本、法国、加拿大和马来西亚，人均国内旅游次数为 3 次；第三梯队为德国、英国、韩国、菲律宾和沙特阿拉伯，人均国内旅游次数为 1.5～2 次；第四梯队，人均国内旅游次数只有 1 次，该梯队包括印度、印度尼西亚、巴西、墨西哥、意大利和土耳其；俄罗斯人均国内旅游次数不足 1 次，为第五梯队。

报告根据入境旅游收入占该国旅游总收入的比例以及入境旅游收入占比年均增速作为两个衡量维度，将 T20 国家划分为入境旅游驱动型国家、国际国内双驱动型旅游国家(国内旅游和入境旅游双轮驱动)和国内旅游驱动型国家。

(5) 支付手段变革助推旅游消费升级。城市仍是入境旅游者的主要旅游景区，95%的国际城市来自亚太、欧洲和美洲。

(6) 以虚拟技术、全产业链合作等为代表的 6 大营销创新打造旅游新体验。其中，影视营销构筑旅游景区感知和情感记忆，视频和内容营销提升旅游景区情感形象，精准营销提升旅游景区营销效果和转化率，体验营销深化旅游景区要素构成和产业组合。

(7) 城市仍是入境旅游者的主要旅游景区。

(二)国内发展概况

据国家 2019 年文化和旅游发展统计公报显示，全年国内旅游人数 60.06 亿人次，比上年同期增长 8.4%；入境旅游人数 14 531 万人次，比上年同期增长 2.9%；出境旅游人数 15 463 万人次，比上年同期增长 3.3%；全年实现旅游总收入 6.63 万亿元，同比增长 11.1%。由此可见，我国国内旅游市场和出境旅游市场稳步增长，入境旅游市场基础更加牢固。

我国旅游市场在中国经济迅猛发展的推动下，通过全行业和全社会的共同努力，将踏上新的台阶。互联网影响着人们的旅游消费方式，同时孕育出旅游的新业态。1996 年，国旅总社参与投资创办了华夏旅游网，标志着我国旅游电子商务网站诞生。根据网经社"电数宝"电商大数据库监测数据显示，2019 年中国在线旅游市场交易规模约 10 059 亿元，相比 2018 年 8 750 亿元增加了 14.96%。2015—2017 年市场交易规模(增速)分别为 4 127 亿元(31.42%)、5 779 亿元(40.02%)、7 426 亿元(28.49%)，见图 6-3。

据"电数宝"监测数据显示，2019 年在线旅游用户规模达 4.13 亿人，同比 2018 年 3.92 亿人增长 5.35%。2015—2017 年的用户规模分别为 2.75 亿人、3.26 亿人、3.76 亿人(参见图 6-4)。在线旅游行业用户规模增速保持稳定，下沉市场以及挖掘消费者多元需求成为各大在线旅游平台的发力方向。

案例 6-1　我国未来 5 年有望形成 10 万亿元级国内游市场

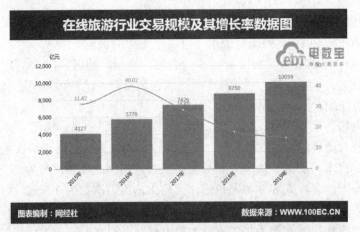

图 6-3 2015—2019 年中国在线旅游市场交易规模(单位：亿元)

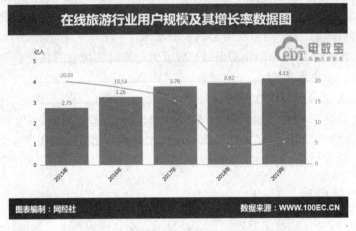

图 6-4 2015—2019 年中国在线旅游行业用户规模(单位：亿人)

情境二　旅游景区电子商务系统

对旅游行业的产业链有所了解的人都知道，在过去的传统产业链中，旅游景区的经营模式多是以单向的同行渠道为主。也就是说，绝大多数旅游景区都会选择直接与旅行社进行合作。但随着在线旅游市场的快速发展，旅行社在整个旅游市场中所占的份额比例迅速萎缩，与此同时，旅游景区的直客比例却在急剧上升，这就对传统的旅游景区经营模式产生了重大影响，促成旅游景区旅游电子商务这一新的经营模式的诞生。

一、旅游景区电子商务系统的构成要素

可将旅游景区电子商务系统的构成要素分为四大部分，即人的要素、物的要素、财的要素和信息要素，如图 6-5 所示。

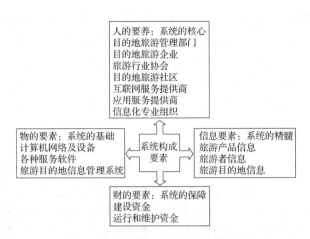

图 6-5　旅游景区电子商务系统构成要素

　　旅游景区电子商务系统是个多层次、多要素的复杂系统。旅游景区电子商务系统经常用来整合旅游景区的供给，具有很强的战略管理和营销管理功能，尤其表现在对旅游景区各利益群体的协调上，能够使旅游景区以更低的成本、更高的效率在市场上进行营销和推广。

二、旅游景区电子商务的交易模式

(一)B2B 交易模式

　　具体来讲，这种运行模式又表现为以下几种情况。

　　(1) 旅游企业之间实施旅游产品代理，分为特定企业间电子商务和非特定企业间电子商务两种形式。特定企业间电子商务的主体是过去或未来具有合作伙伴关系的企业，为了互利共赢，根据市场需求共同设计、研发、管理信息网络的一种发展模式。例如，航空公司的服务器与机票代理商的服务器，两者通常采取实时链接的方式，当机票价格出现变动，代理商数据库中也会立即显示出来。非特定企业间的电子商务，是基于互联网开放性、交互性的特点，不断寻求战略伙伴的一种发展模式。目前很多景区门户网站都具有查询其他旅游企业报价，提供交易链接的功能，为客户自主选择提供了更加开放的空间。

　　(2) 旅行社之间相互拼团。同一条旅行线路，通常有多家旅行社经营代理，而且出团时间大多比较接近，利用这一优势，当旅行社各自游客较少时，在征得客户同意的前提下，将多家客源合并，重新组成一个新的旅行团，并交由其中一家旅行社带团，通过这种资源整合以实现规模合作的方式，可以有效降低企业运行成本。

　　(3) 景区当地接待社批量订购当地旅游饭店客房、景区门票。

　　(4) 客源地旅行社与景区接待社之间的委托、支付关系等。

(二)B2E 交易模式

　　B2E 交易模式中的 E，专指与旅游企业间具有长期业务关系，或享受旅游企业各项商旅管理服务的大型企业、机关、单位。大型企业和机关单位有需要处理的大量公务出差、组织员工旅游等事项，通过与专业旅行社合作，由旅行社根据其出行情况，协助制定合理的出行方案，为相关企业出行服务提供全程代理。还有一些企业则与机票代理商、酒店等企业保持稳定的业务关系，从而享受优惠价格。B2E 交易模式现行的应用系统是企业商务旅行管理系统(Travel Management System，TMS)。此外，该系统还具有统计报表功能，客户端的管理者可以从 TMS 中生成详细的出差费用报告，并进行相应的财务分析，从而控制成本、优化预算，实现财务管理目标，提升企业科学化管理水平。

(三)B2C 交易模式

B2C 交易模式即电子旅游零售。旅游业是一个客源地域高度分散的行业，B2C 交易模式直接面向零散客户，为客源地的游客提供查询、预订等便捷服务，从而克服远程固有的信息不对称性。目前，通过旅游电子商务门户网站购票、订房，已经成为最普遍的个体电子商务形式之一。B2C 交易还包括向游客销售旅游产品，提供中介服务等。

(四)第三方电子商务模式

该模式不由旅游资源拥有者的景区搭建，而是由第三方建立运营在线交易网站，主要的代表有驴妈妈、去哪儿等(相关的旅游出行综合类 App 排行参见图 6-6)。这类平台通过自身的营销宣传，扩大品牌知名度，获得市场的认可，平台利用对市场的影响力为景区开展各种电子商务活动。这种模式有效地实现了资源优化，平台运营商和客户可以获得相对优惠的价格政策。一般来讲，平台商为了获得更大的流量和扩大市场占有率会将这种优惠直接体现给通过平台预订产品的游客。此外，对于中小景区来说无须投入大量的资金建设电子商务系统，只需依托这些平台就能完成其产品的在线销售，为景区带来大批中高端自助游客。第三方电子商务平台改进了传统的景区服务方式，加快了景区电子商务的发展。

排名	应用	活跃人数（万人）	排名	应用	
👑	携程旅行	7,031.2	6	途牛旅游	725.5
👑	去哪儿旅行	4,369.7	7	艺龙旅行	272.6
👑	同程旅游	1,933.3	8	TripAdvisor猫途鹰	141.3
4	飞猪旅行	1,152.1	9	百度旅游	69.1
5	马蜂窝自由行	1,004.4	10	驴妈妈旅游	32.5

数据来源：艾媒北极星互联网产品分析系统（bjx.iimedia.cn）

图 6-6　中国旅游出行综合类 App 活跃人数排行(TOP10)

(五)政府旅游服务网站模式

这种模式主要是指由地方旅游行政管理部门建立的旅游网站，这类网站比较多，基本每个省市都有，是地方主要的旅游网络宣传窗口，比如四川旅游咨询网(www.tsichuan.com)、山东旅游网(www.sdta.cn)等。这一模式以政府为主导，信息量比较大，信息的可信度高。政府主导的模式市场化程度低，电子商务效果相对较差。

案例 6-2　未来的旅行社：地接社替代批发？

任务二　互联网环境下景区业态创新

任务目标

根据上一任务中的考察分析，为了更好地带动该景区的发展，你决定带领团队做些改革举措，请提出你即将要实施的改革策略。

任务实施过程

请每个小组将任务实施的步骤和结果填写到如表 6-3 所示的任务单中。

表 6-3　项目六之任务三的任务单

小组成员：		指导教师：
任务名称：	任务完成地点：	
工作岗位分工：		
工作场景：		
(1) 你刚晋升为某景区的项目负责人，你决定带领团队进行创新改革；		
(2) 结合该景区的现状、特点，提出相应的信息化、智能化或数字化的改革措施；		
(3) 形成 PPT 方案并进行汇报		
教学辅助设施	文字、图片、PPT、视频等多媒体	
任务描述	结合该景区的现状、特点，提出相应的信息化、智能化或数字化的改革措施	
任务重点	主要考查学生对互联网环境下旅游景区业态创新的认识水平	
任务能力分解目标	(1) 分析某旅游景区现状； (2) 了解景区信息化、智能化、数字化发展趋势； (3) 针对该景区提出相应创新改革建议	
任务实施步骤	(1) 学习相关知识点； (2) 4～6 个学生为一个小组，结合前面对某景区的电子商务现状调研，提出相应创新改革策略； (3) 形成 PPT 方案并进行汇报； (4) 各小组进行总结和互评，教师进行点评	

任务评价

(1) 旅游景区信息化。

(2) 旅游景区智能化。

(3) 旅游景区数字化。

情境一　旅游景区信息化

一、旅游景区信息化的内涵

根据景区信息化发展水平，可将国内景区大体分为三种类型，即初级信息化景区、数字景区和智慧景区。目前我国大部分中小景区正处于信息化建设初始阶段，属于初级信息化景区。初级信息化景区主要依托计算机、局域网、多媒体和互联网技术初步建立了办公自动化系统和景区门户网站。但资金短缺导致其信息化程度普遍较低，基础设施和配套设备落后，已建成的系统后期维护能力差，景区软实力建设长期滞后。

旅游景区信息化是运用信息技术的初级阶段，指的是通过计算机软件技术、网络通信技术，以及地理信息系统等，设计出能够面向游客和景区工作人员的业务数据管理系统。

由于信息技术发展水平的限制，这一阶段的景区信息化建设并没有系统性的规划和框架，信息系统的主要功能为游客数据处理、景区财务管理、票务管理等。这些功能的实现，也标志着计算机系统开始在旅游业中得以应用和推广。

二、旅游景区信息化的形式和内容

旅游景区信息化阶段的建设重点，一是景区宣传资料的信息化转化，如制作景区宣传光盘等。二是在景区内发展多媒体技术，如声光电等视觉特效等。三是发展互联网技术，如开设景区网站，上传景区图片和影音资料等。

这个阶段的景区信息化发展主要有三个方面的内容：其一，景区旅游信息发布建设。这方面主要是通过互联网或多媒体来向旅游目标消费人群进行宣传和介绍。其二，旅游景区管理建设，主要是旅游景区的各项管理，包括景区软硬件设施管理、工作人员和游客管理等。其三，景区商务活动平台建设。主要包括商务信息和旅游景区信息的发布、交易、邀约等。

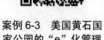

案例 6-3　美国黄石国家公园的"e"化管理

三、旅游景区信息化管理的动机与优势

1. 旅游景区信息化的动机

电子商务要求：电子商务要求景区信息化的步伐跟上它蓬勃发展的步伐。

内部协调要求：更加高效的内部协调要求采用信息化这种更加高效的方式来推动。

技术成熟：目前的信息化成熟度使得信息化应用变得更加容易。

外部协同要求：外界的交流、协同要求信息化的手段。

管理层推动：管理层要求景区实施信息化。

市场竞争与压力：竞争与压力迫使景区采用各种手段力争上游，包括信息化。

2. 旅游景区信息化管理的优势

首先，实现景区办公自动化管理，可以节省办公财务和时间的开支，优化人力资源管理；其次，利用信息化可以提升对瓶颈管理的水平，使症结的发现和处理都更省时省力；再次，信息化管理可以改善景区流程管理水平、快捷地进行客户关系管理；最后，信息化改变了景区的活动推广方式：售前，景区可以有针对性地宣传，相对准确地找到目标游客，并告诉他们"这就是你想要去的地方"；售中，景区可以有针对性地提供服务，让游客觉得"这就是我想要的服务"；售后，对游客数据处理，为前期和中期服务。

知识拓展6-2

打通三个通道，实现智慧旅游

对于文旅发展而言，粤港澳大湾区本身作为一个人口超7 000万，我国开放程度最高、经济活力最强的区域之一，本身就是我国最大的旅游客源地之一。同时粤港澳大湾区也要成为重要的旅游旅游景区之一，这就离不开交通的发展。"极点—轴带"网络化空间格局明确了未来的交通网络骨架，而"互联互通"则为粤港澳大湾区文旅发展解决了通道问题。

众所周知，横亘于旅游景区与旅游客源地之间的就是旅游通道，只有旅游通道通达，才能让旅游者能够顺利地实现旅游过程，而旅游通道包括三类，一是交通通道，二是信息通道，三是制度通道。

其中交通通道打通的是物质空间通道，让旅游者及旅游商品能够在客观的物质空间中得以转移。信息通道是能够让旅游景区与客源地的信息在二者间传播。制度通道则可使旅游景区与客源地之间的空间摩擦增大或变小。本段将重点分析粤港澳大湾区文旅发展中交通通道和信息通道的改变，制度通道将在第三方面、第四方面中重点呈现。

《粤港澳大湾区发展规划纲要》通过"构建新一代信息基础设施""建成智慧城市群"等策略，"全面布局基于互联网协议第六版(IPv6)的下一代互联网""加快互联网国际出入口带宽扩容，全面提升流量转接能力。推动珠三角无线宽带城市群建设，实现免费高速无线局域网在大湾区热点区域和重点交通线路全覆盖""加强粤港澳智慧城市合作，探索建立统一标准，开放数据端口，建设互通的公共应用平台，建设全面覆盖、泛在互联的智能感知网络以及智慧城市时空信息云平台、空间信息服务平台等信息基础设施"，在智慧城市的基础上，智慧交通、智慧能源、智慧市政、智慧社区等将会实现，智慧旅游也将顺理成章地实现。

(资料来源:《粤港澳大湾区发展规划纲要》文旅侧解读，

https://mp.weixin.qq.com/s/zskYfr_yVmSHp0_HNZypPw)

情境二　旅游景区智能化

一、旅游景区智能化的内涵

智能旅游是一个新型的概念，被人们通常称为智慧旅游。这一概念是借鉴于"智慧城市"和"智慧地球"而提出来的。

智慧化，顾名思义，它的主要特点就是方便快捷、灵活高效。这一特点的实现依赖于先进的信息科学技术和雄厚的软硬件设施基础。同样，旅游景区的智能化要实现的是一个网络全覆盖的、可以进行感知和可视的动态景区。

案例 6-4　携程 App
的口袋导游

智慧景区信息化建设，是基于数字景区建设成果，通过物联网、传感网和空间信息技术等最新技术的集成，实现对景区基础设施、资源环境、游客活动、灾害风险等方面的更全面、及时的感知和精细化管理。

二、旅游景区智能化的形式和内容

智能化景区主要表现形式是在数字化景区的基础之上，增设了二维码扫描、全息幻影成像、3D 实景影像、信息聚合，以及多点触控显示屏和无线热点覆盖等，使景区更为智能化地为游客提供信息化体验和可视化的旅游信息。

对于智能化的旅游景区来讲，智慧化体现在"四个导"上，即智能化导航、智能化导游、智能化导览和智能化导购。智能化导航指的是将 LBS(位置服务)融入旅游信息中，让旅游者随时可以精准确定自己的位置，并使周围的游、购、住、行、食等场所的信息一目了然地呈现在旅游者面前，使旅游者自主地选择。智能化导游指的是旅游者用手机扫一扫景物上的二维码，即可获得该景物详细的语音试听信息和介绍，戴上耳机即可享受如同专业导游般的景物介绍服务。智能化导览指的是旅游者在手机或者平板电脑等设备上，输入自己的出发点和旅游景区，景区导览系统可以迅速地为旅游者制定出最科学的旅行路线，从而避免旅游者产生不必要的消费或支出。智能化导购指的是在为旅游者呈现景点周边信息的基础上，为旅游者提供其他旅游者推荐的场所，从而在其他旅游者详细的游记和评价指导下，更科学理性地选择消费场所。

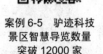

案例 6-5　驴迹科技
景区智慧导览数量
突破 12000 家

案例 6-6　小程序
"导览讲解"上线　驴迹
科技助力景区智慧化

情境三　旅游景区数字化

一、旅游景区数字化的内涵

数字化景区有两层含义：一是指景区数字化，将现代信息技术引入景区工作中，利用信息化技术来管理景区，景区既有的工作模式也因之而有所改变和发展；二是指综合运用3S技术、多媒体技术、大规模存储技术以及虚拟仿真等技术实现对景区的基础设施、功能机制进行自动采集和动态监测管理，并为景区规划和建设提供辅助决策服务，借助网络或其他信息传播途径对大众进行传播和宣传。大多数学者对后一种含义认同度更高，认为数字景区是在信息时代以数字技术对景区功能的强化再现、延伸和扩展。

综上所述，对数字景区给出如下定义：以系统论、信息论、控制论、管理学等为理论指导，以计算机技术、3S技术、虚拟现实技术、网络技术为手段，通过信息资源的整合及深度开发，为景区资源保护与监测、业务与行政、游客服务、景区营销提供辅助决策功能的管理信息系统。

景区数字化即是我们常说的数字化景区，指的是景区借助计算机软硬件，综合运用信息技术，如网络宽带技术、3G通信技术、3S技术、数据库技术、无线网络技术、互联网数据处理技术等，对景区的基础设施、旅游环境、旅游景点的各项资源、游客活动行为、旅游管理等信息进行自动采集和动态检测，并实施数据统计和分析，从而为景区管理人员提供一个全景的景区动态信息图，帮助其作出下一步的工作部署，从而为游客提供更加便利的服务，并为景区的规划建设和管理提供决策依据。景区数字化发展可以归纳为以下三点，即景区旅游资源保护数字化、景区经营与管理数字化、旅游产业整合数字化。

目前，我国数字景区主要集中于规模大、实力强的国家级或省级风景名胜区、自然保护区等。但由于起步较晚，数字景区建设还存在系统间集成程度不高、业务目标体系不清晰、电子商务平台不完善、管理智能化水平不高和景区文化传播不到位等问题。

二、旅游景区数字化的形式和内容

从发展层次和实质来看，景区数字化已经超越了传统的管理理念和方法，可以说，这个阶段的旅游业管理模式是中国旅游业发展的一大突破和创新。景区数字化所带来的景区管理效率提升和景区资源控制精准度非常大。数字化景区主要的表现形式有景区门票的在线销售、专业化的景区门户网站、景区自动化门禁系统、移动通信平台和无线信息发布系统，以及集游客安全监控、景区资源监控和保护等多种功能于一体的综合视频监控系统，这一系统包括景区防火预警系统、规划检测系统、GIS地理信息系统、GPS车辆调度系统等。可以说，景区数字化建设实现了整个景区的经营管理、资源保护、人员管理等多个方面的有序化和网络化。

三、国内数字景区建设发展

我国数字景区的试点建设是在"金旅工程"开展以后，即原国家建设部从 2003 年开始启动了国家重点风景名胜区的数字化建设，并推荐黄山风景区和九寨沟风景区开展试点，从此全面拉开了国内风景名胜区数字景区建设的序幕。2005 年，原国家建设部在对两个示范景区进行一期工程验收后，在九寨沟景区现场召开了数字化景区建设工作会议，同时部署了数字化景区建设试点推广工作，先后公布了另外 22 家风景区为数字化景区试点单位。经过一年多的时间，这 24 家试点景区的数字景区建设工作进展迅速，取得了不同程度的建设成果，如"数字九寨""数字黄山""数字武夷""数字武陵""数字庐山""数字泰山""数字云台""数字峨眉""数字石林"等数字景区不断涌现。这些数字景区都通过信息技术系统开展管理。通过遥感技术动态监测景区的变化，并利用地理信息系统的空间分析功能将景区的实时遥感影像与规划资料或历史影像进行对比分析，实现对景区规划实施情况以及资源与环境的保护状况进行定期与不定期的动态监测。

在数字景区建设中，景区的环境资源管理是电子化管理建设的重点，住房和城乡建设部在 187 个国家级重点风景名胜区开展了监管信息系统建设和动态遥感监测工作。截至 2009 年年底，全国已有 27 个省级主管部门和 148 个国家级风景名胜区基本完成了监管信息系统的建设工作，采购遥感数据 8.5 万 km^2。这些工作为数字景区建设奠定了重要的基础。另一种数字景区建设以服务管理为重点，建设内容主要为以大屏幕、触摸屏等多种技术手段为载体，以多媒体和虚拟现实等多种手段为表现形式的旅游资讯服务，基于视频监控和 GPS 技术的游客安全监控和指挥调度，旅游景区资源营销服务等。这些工作为景区从管理到旅游服务探索和实践了基于数字化技术的发展新模式。虽然"数字景区"的建设取得了一定的成果，但还存在一些问题，尤其是提供对游客的电子化服务方面，存在着数字旅游服务平台综合程度不高、缺乏网上预订与支付等电子商务功能等问题。因此，创建"数字景区"需要兼顾管理与服务，需要经历一个漫长的发展过程。

案例 6-7　在家"逛"敦煌，"云游敦煌"官方微信小程序上线

知识拓展 6-3

聚焦新基建时代全域旅游数字化探索　《"一机游"模式发展白皮书》发布

2020 年 5 月由北京第二外国语学院中国文化与旅游大数据研究院、云南省智慧旅游工程研究中心、腾讯文旅产业研究院联合撰写的《"一机游"模式发展白皮书》(以下简称《白皮书》)发布，内容主要聚焦新基建时代的全域旅游数字化探索。

"一机游"是"一部手机游"的简称。"一机游"模式是指以"一部手机游云南"为开端和代表的新型全域智慧旅游生态模式。《白皮书》将"一机游"定义为由政府引导、企业参与、市场主导，以数字科技为驱动，以目的地为核心，深耕目的地智慧服务，在各部门间实现信息资源传递，打通产业上游下游连通渠道的全域旅游数字生态共同体。

《白皮书》指出，"一部手机游云南"项目启动两年多以来，实现了网络实时互动和多

方信息的整合，全面展示出云南的全新旅游形象。基于云南的探索，目前全球已有一些国家和地区、许多省州县的景区在建设或建成"一机游"项目。

截至 2019 年年底，"一部手机游云南"面向游客端产品"游云南"App 的下载量达到500 万，为公众提供服务超 1 亿次。"一部手机游云南"上线后，云南省旅游投诉平均受理时长大幅缩短到 4 小时 20 分。我省推行"30 天无理由退货"以来，"游云南"平台已累计受理游客退货 2 730 件，涉及金额 2 179.21 万元。

"一部手机游云南"项目一方面推进了数字化政府治理实施，创造便捷、安全的数据生态环境，为有关部门提供真实可靠的内容，帮助高效地决策，协助政府掌握最新动向和群众需求；另一方面加速了文旅产业的数字化转型，成为全域旅游的数字化样本。项目充分利用大数据、云计算、人工智能、物联网等新一代信息技术，以游客体验为重心，实现文旅产业品质化升级。

《白皮书》认为，"数字中国"建设、新型基础设施建设等政策机遇，消费升级与对外开放、全国智慧文旅产业变革等市场机遇会共同助推"一机游"发展模式迎来新一轮变革。

据介绍，进入"一部手机游云南"公众号，回复"白皮书"即可阅读电子版。

(资料来源：云南省人民政府，http://www.yn.gov.cn/yngk/lyyn/lydt/202005/t20200518_204164.html)

任务三　移动互联网时代旅游景区营销

任务目标

结合当前移动互联网的发展，为某景区策划一场营销活动。

任务实施过程

请每个小组将任务实施的步骤和结果填写到如表 6-4 所示的任务单中。

表 6-4　项目六之任务三的任务单

小组成员：		指导教师：
任务名称：	任务完成地点：	
工作岗位分工：		
工作场景：		
(1) 检索国内外著名旅游名胜风景区的相关网站；		
(2) 体会电子商务在景区营销中发挥的作用；		
(3) 结合当前移动互联网的发展，为某景区策划一场营销活动		
教学辅助设施	互联网、文字、图片、PPT、视频等多媒体	
任务描述	检索国内外著名景区的相关网站，体会电子商务在景区营销中的作用；结合当前移动互联网的发展，为某景区策划一场营销活动	

任务重点	主要考查学生对景区营销的认识和相关策划能力
任务能力分解目标	(1) 认识景区网络营销； (2) 了解景区网络营销策划； (3) 认识景区网络营销的各种方式
任务实施步骤	(1) 学习相关知识点； (2) 4～6 个学生为一个小组，结合前面对某景区的电子商务现状调研，为该景区策划一场营销活动； (3) 形成 PPT 方案并进行汇报； (4) 各小组进行总结和互评，教师进行点评

任务评价

(1) 认识景区网络营销。

(2) 了解景区网络营销策划。

(3) 认识景区网络营销的各种方式。

情境一　认识旅游景区网络营销

一、旅游景区网络营销概述

旅游景区网络营销是景区借助旅游电子商务平台，将各种景区旅游资源和服务对外推销的一种营销活动，具体包括景区产品信息在网上传递与接收、产品订购、付款、客户服务等各类网上销售活动；利用网络开展景区品牌宣传、市场调查分析、财务核算及旅游产品开发设计等活动。景区网络营销可以为景区提供全方位的展示机会，实现景区与游客的双向互动式交流，为景区营销突破时空限制，降低成本，增加客流量。它以网络为基础，继承了旅游景区传统营销的基本特点，又有其自身优势，能有效提升旅游景区的市场知名度和竞争力。

旅游景区网络营销是旅游景区旅游管理部门进行宏观管理的重要工作，也是旅游景区旅游管理部门开展旅游营销的重要内容，更是旅游景区旅游管理部门提供公共产品和服务的重要体现。旅游景区旅游管理部门可以借助网络媒体开展网络营销活动，以此推动旅游景区旅游业的发展，增加旅游收入和旅游人数，提升旅游景区旅游形象，增强旅游景区竞争力，促进旅游景区社会经济等各项事业的发展。

二、景区网络营销的特点

1. 产品展示性

景区可以利用多媒体特性，全方位展示产品、服务和旅游项目，比如景区的 3D 图片内容，使消费者全面认识景区，激发其消费欲望。

2. 突破时空性

旅游网络营销可以不受时间和空间的限制，使景区可以在任何时间对全球范围内的旅游消费者展开营销活动，有利于开发远程市场。每个旅游企业都可以通过网络公开地展示自己，降低市场进入门槛，拓展发展空间。

3. 成本低廉性

景区网络营销拓展了营销渠道，加快了营销进程，有效降低了传统营销的推销成本，同时也提升了景区对外宣传的效果。

4. 双向互动性

景区网络营销能够实现旅游企业和旅游者之间的双向交流，消除原有的信息不对称现象，使旅游者在选择旅游企业服务时居于主动地位，并且获得更大的选择权。例如，旅游者可以通过与景区的网络联系，了解当时当地的气候条件、客房的折扣率等，从而帮助旅游者掌握最佳出行时机，提升旅游的体验度。

案例 6-8　"一部手机游云南"智慧旅游平台呈现 8 大核心亮点

情境二　景区网络营销策划

一、旅游景区网络营销策划原则

(一)政府主导原则

旅游业没有特定的有形产品，旅游者购买的是一系列无形产品和服务，包括一个地区的经济、环境和文化，单一经营者一般不能影响游客访问一个特定国家或地区的旅游决策。

设计和推广地区旅游形象，举办大型活动等可较快提升旅游业的国际竞争力。这些工作的性质决定了必须由 DMO 来承担。地区旅游业以中小企业为多，只会在特定时间、特定市场推销其特定产品，不会在更大的市场上促销，即使是大型旅游企业集团也不会开展大范围促销活动。而由 DMO 对旅游景区开展促销活动进行统一规划和管理，就能保证旅游景区营销的完整性和整体有效性。具有"公共物品"属性的旅游景区促销不能有效促进单一旅游企业或旅游组织的投资。DMO 必须发挥统筹作用，合理制定利益机制，协调产业内各参与方。企业参加联合促销比自己单独促销更具经济上的合理性，从而政府的统筹可以有效地调动企业参加联合促销的积极性。

📜 知识拓展 6-4

武汉市委一号文件：着力打造汉派乡村振兴品牌集群

2020 年 4 月 22 日，全市将着力打造汉派乡村振兴品牌集群。围绕完善蔡甸嵩阳大道、江夏鲁湖田园综合体、黄陂木兰大道、新洲桂花大道 4 条乡村振兴示范带，开展美丽乡村建设。强化科技支撑，深化"三乡工程"拓面提质，重点围绕 4 条乡村振兴示范带和黄陂火塔线、新洲红色旅游通道沿线等重点区域，探索养老康养型、民宿文化型、农事体验型、创意创业型等"三乡工程"发展模式。同时，加快构建武汉精致农业产业体系，不断提升农业高端品质高效发展水平。

(资料来源：长江日报，http://www.cjrbApp.cjn.cn/wuhan/p/182979.html)

(二)强化旅游景区整体形象原则

我国旅游电子商务网站基本上是商业性的网站，这些网站在营销的过程中都不可避免地遇到了一个相同的问题：网站是以旅游景区形象为主，还是以企业形象为主？当以旅游景区形象为主时，浏览者常常只关心旅游景区的相关信息，并不通过该网站来预订任何旅游产品；当以旅游企业及其产品为主时，中国的旅游者并不太关心旅游企业的品牌，只关心旅游景区。

案例 6-9　布局湖北：构建"一带六片区"发展大格局

这个矛盾必须由 DMO 来化解。旅游者一般会先浏览 DMO 所建立的网站，了解了旅游目的地的信息后，再决定选择哪个企业的产品，把企业网站链接在 DMO 的网站上，从而形成一个完整的旅游购物流程。因此，DMO 在进行旅游促销时，必须先着力宣传国家和地区的整体形象，当旅游者对这种形象认可时，才会发生购买行为，通过链接到相关的企业网站预订旅游产品。

案例 6-10　全国"红色旅游发展典型案例"揭晓——湖南这 3 个红色旅游景区为何上榜

(三)旅游景区营销需要系统性原则

一方面，在旅游信息搜索上，不同地区的不同人群会有不同的媒体偏好，因此应该根据这些市场偏好特征来选择不同的媒体组合进行系统的推广。旅游景区不能依赖于单一的营销媒体，更不能根据相关领导这样的非市场消费人群的喜好来选择旅游景区营销的媒体。同样地，也不能机械地根据媒体的受众覆盖率来选择营销媒体。

在国内，CCTV 未必是所有潜在客源地消费人群最喜欢的媒体，比如有调查表明，在上海最受人们欢迎的电视媒体主要是上海台新闻综合频道、上海台电视剧频道、东方台新闻娱乐频道，在广州最受人们欢迎的电视媒体则主要是市网翡翠台、省网翡翠台、南方电视台影视频道。在国外，CNN 也未必是最合适的电视媒体，因为在不同区域(如在亚洲和在欧洲)落地的 CNN 节目可能是不一样的，自然受众的喜好也可能不一样。

另一方面，旅游景区营销不仅仅是信息传播的问题，而是必须和产品开发、服务配套、设施建设等相互协调。没有科学的旅游产品开发，营销必然成为无本之木；没有有效的服务配套和设施建设，营销得越成功，恐怕对人们最终的满意度和体验效果可能越负面，糟糕的满意度必然影响旅游景区的后续营销。正如有专家曾经指出的，我国很多旅游景区营销是"敢吹、会吹"，但往往很难"经得起吹"。

应该说，在互联网以及移动互联网快速发展的时代，信息的送达性应该没有问题，关键是信息送达的目标群体以及信息内容的确定，以及当信息送达并转化为市场的消费力之后，相应的产品与服务是否

案例 6-11　《广东省促进全域旅游发展实施方案》公布："三大一新"构建新蓝图

可以同步跟上。因此，在旅游景区营销过程中要强调整体营销，即全环境的营销，要关注少数关键点的价值，尤其要关注那些有之未必加分，缺之必然减分的环节，正所谓"细节决定成败"。

(四)旅游景区营销的关注性原则

旅游是一种体验和经历，旅游景区营销自然应该更加关注消费者(关注旅游者的需求和感受)，而不能只关注消费(关注旅游者在当地花了多少钱、能给旅游景区带来多少经济收入)。"消费者"与"消费"虽然只有一字之差，但是对于旅游景区的持续发展显然会产生截然不同的影响，也是旅游景区营销应该高度关注的。

旅游景区营销不仅要关注产品(product)、价格(price)、渠道(place)、推广(promotion)这4P，同时也要关注满足消费者的需求(customer's need)，以消费者能够接受的成本(cost)去定价，本着方便购买(convenience)的原则进行渠道规划，变单向促销为双向沟通(communication)，从而把单一的促销行为变为整合传播推广，寻找消费者更易于接受的营销方式。

只有有效整合了 4P 和 4C，一个科学有效的旅游景区营销体系才算具备了扎实的基础。其实营销领域中不断出现新的理念，4P、4C 之后又出现了 4R、4V 等理念。所谓 4R 就是关联(relativity)、反应(reaction)、关系(relation)和回报(retribution)。4V 就是差异化(variation)、功能化(versatility)、附加价值(value)、共鸣(vibration)。

案例 6-12 张家界打造"游戏+旅游"发展新模式

二、旅游景区网络营销策划内容

(一)目标定位

一个旅游景区通过网络来宣传自己时，首先要旗帜鲜明地突出旅游景区的旅游形象。如香港的"动感之都"、武汉的"水上动感之都"等，都为这些旅游景区在品牌建立和识别方面贴上了独具特色的标签。设计成功的形象并有效地通过网络展现出来，需要进行详尽的调研，需要对旅游景区固有的旅游资源有创造性的了解。

(二)信息内容确定

旅游景区常常会在网络上全方位地展示关于该旅游景区的信息，一般包括以下内容。

(1) 旅游景区常规介绍。

(2) 根据旅游中间商在回答旅游者咨询时可能遇到的问题，提供关于旅游地的详细而实用的问题解答(内容可涉及签证、货币兑换、语言、当地习俗、宗教、商店或者银行营业的时间、保健常识、小费等)。

(3) 旅游交通信息(包括主要航班、航船、火车、汽车班次和公路网情况)。

(4) 官方旅游咨询中心的名录和地址，以及它们提供的服务。

(5) 预订功能(让旅游中间商能通过网站订购旅游产品)。

(6) 旅游产品数据库查询(使旅游中间商能查到旅游地的饭店、景区点、餐厅、旅游活

动等信息，最好能提供报价)。

(7) 发布旅游促销信息(当旅游地推出优惠活动、免费券时，告知旅游中间商并通过它们推向客源市场)。

(8) 出版物预订(使旅游中间商能通过网站向 DMO 预订年度旅游手册或培训资料)。

(9) 提供旅游景区旅游企业名录(使旅游中间商可通过企业名录，提供产品种类等查询旅游景区旅游企业，与之建立联系)。

(10) 提供旅游中间商注册成为会员的机会(注册时提供的全部资料将纳入客户关系管理数据库)。

(11) 向本地旅游企业出售网站广告位(因为本地旅游企业希望吸引旅游中间商的注意力，通过它们代售旅游产品)。

(12) 公布 DMO 参加旅游展销会、交易会的计划和安排。

(13) 公布旅游景区开放新景点、推出新型旅游产品的信息(这些信息是代理旅游景区旅游产品的旅游中间商所关注的)。

(14) 提供不限版权的旅游景区风景图片、介绍文字和旅游文学作品、多媒体影像资料(使旅游中间商能从网站下载并自由地用于它们自己编制的宣传资料中)。

(三)预算决策

营销任务必须与目标结合在一起，而开展网络营销的预算规模和成本又制约着目标的选择。旅游景区网络营销的预算包括开发费用、运行费用。全国性旅游景区营销系统一般由政府独资开发，地区性的旅游景区营销系统开发费用来源多样。例如，瑞士阿彭策尔旅游景区信息系统的开发基金由当地私营企业提供；奥地利蒂罗尔旅游景区信息系统的开发基金由蒂罗尔州旅游部门和国家旅游局提供。还有许多公私合营的情况。

案例 6-13　恩施：打造
生态旅游目的地
配套康养业态建设

运行费用一般由 DMO 承担。如果提供预订、广告则可酌情收费。一般不会要求查询信息的浏览者交费。如果能为浏览者提供增值服务(如旅游短信)，则可收费。

情境三　景区全网营销

一、全网营销

全网营销是全网整合营销的简称，是指将产品规划、产品开发、网站建设、网站运营、品牌推广、产品分销等一系列电子商务内容集成于一体的新型营销模式，是集传统网络、移动互联网、PC 互联网为一体进行营销。事实上，全网营销系统不仅仅是一个建站系统，或是自有 B2C、天猫等第三方平台销售平台，它实现了所有网站后台的打通；还将各种 PC 互联网、移动互联网的营销方式、新媒体营销工具纳入其中，形成了一个庞大的网络营销体系，是整个媒体行业的创新和突破，是当今这个时代营销必备的利器，其强大的全网覆盖功能和便捷的营销操作模式，正在悄然引发一场新营销革命。

全网整合营销的优势在于提升品牌形象、规范销售市场、促进整体销量、解决线下销售瓶颈、完善客服体系、梳理分销渠道。

二、景区网络营销的方式

1. 网络广告

旅游是带有很强的季节性的，景区网络营销具有阶段性的特征，所以景区在进行营销宣传的时候也需要根据不同的季节进行相应的调整。在点击率高的门户网站或者专业的旅游网站，阶段性地播放景区宣传广告，可以获得事半功倍的宣传效果，因为访问这些页面的浏览者大多是潜在游客，通过阶段性的宣传效应，容易激发其产生旅游消费动机。

2. 网站 SEO 优化

如何想让更多的搜索引擎搜到景区宣传的网站和内容，不仅要从技术上进行优化，更要为网站设定精准的关键词，将标志性的关键词加到网站首页上，并根据搜索引擎的统计结果适时调整，做到有的放矢。

3. 社区营销

网络不仅是一个媒体，更是一个有着整合、互动、参与功能的平台。目前很多旅游景区企业所开展的网络营销活动还局限在打广告阶段，平台应用的意识不够，不能通过网络获得景区口碑效应，品牌的核心价值体现不出来。其实网络营销的手段非常丰富，如网络新闻、博客、论坛话题营销、SNS 社区等，关键是看如何应用这些手段达到企业营销的目的。

网络社区营销的核心是"让用户参与"，注重网民的情感交流，在互动中形成口碑传播。意见领袖在网络社区中扮演着重要角色，如在遥远的云南西北边境，有一个几乎与世隔绝的少数民族自治区——怒江，其位于青藏高原的南缘，高山深谷，经济非常落后。而当我们从互联网上查询"怒江，旅游"这个关键词的时候，能找到的网页数量多达 60 万篇，其中大部分是知名旅行者、行业名人、驴友或背包族的介绍、摄影作品和自助旅游攻略等，这些丰富翔实的信息都保存在不同的网站上、博客中。景区每年搞的网络摄影大赛、网络博客大赛等还在源源不断地吸引更多的潜在游客关注。

4. 视频营销

网络视频营销是近年来一种新兴的网络营销方式，增长十分迅速，其与博客营销一样，非常强调网民的互动性，需要精心的策划。网络视频营销与其他营销方式相比具有很多优势，一是好的视频能够不依赖媒介推广即可在受众之间横向传播，以病毒扩散方式蔓延。二是目前网络视频营销的价格也相当低廉，一段视频广告的制作成本可能仅需十几万甚至几万元，不到同类电视广告的 1/10，但传播效果并不逊色。三是优秀的网络视频营销能够与用户互动，摒弃了电视广告的强迫式灌输，更加将品牌内涵进行引申；加强传播效果。

5. 即时通信营销

即时通信营销是利用互联网即时聊天工具进行推广宣传的营销方式。尤其最近几年利用 QQ、MSN 等即时通信软件进行营销大有愈演愈烈之势。使用即时通信营销的优点是可以很方便地与客户沟通，维护客户关系，并且可以迅速带来流量，但是需要注意通过这种营销方式，处理不当会给用户带来不好的影响，也会对自身品牌产生一定的消极影响。通常即时通信营销常配合网络营销或地面推广活动等共同应用。

6. 新媒体营销

新媒体是近年来不断出现的一个新名词。就其划分界限，一般认为只要与传统媒体有所区别，都可以称为新媒体。比如手机媒体、交互式网络电视、移动电视、移动信息平台等。新媒体营销的渠道，或称新媒体营销的平台，主要包括但不限于门户、搜索引擎、微博、微信、SNS、博客、播客、BBS、RSS、百科、手机、移动设备、App 等。新媒体营销并不是单一地通过线上渠道进行营销，而是需要多种渠道整合营销，甚至在营销资金充裕的条件下，可以与传统媒介营销相结合，形成全方位立体式营销。

项 目 小 结

本项目主要让学生了解旅游景区电子商务的概念；掌握旅游景区电子商务系统构成、业务流程及基本模式；熟悉旅游景区信息化、智能化、数字化的内涵、形式和内容；通过相关知识的学习掌握旅游景区网络营销的原则、策划内容和营销方式。

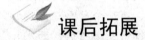

课后拓展

一、简答题

1. 简述景区电子商务的概念。
2. 简述景区电子商务体系及其构成。
3. 景区电子商务的交易模式有哪些？
4. 简述景区网络营销的特点。
5. 景区网络营销策划应遵循什么原则？
6. 什么是全网营销？
7. 简述景区网络营销的方式。

二、实战训练

随着旅游景区信息化、智能化、数字化技术的进一步发展，为当地某景区制订建设性发展方案，并尝试策划一场网络营销活动。

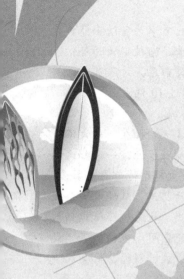

项目七

餐饮电子商务

【学习目标】

　　知识目标：了解餐饮业的起源与发展；认识餐饮电子商务的含义及类型；熟悉餐饮电子商务的发展障碍和发展方向；掌握餐饮业的新模式与网络营销策略。

　　能力目标：培养较强的调研分析能力、沟通能力以及团队协作能力；能够为餐厅提供营销解决方案。

　　素质目标：具有较强的责任心，具有与团队成员的合作精神和创新意识。

【关键词】

　　餐饮业　起源与发展　餐饮电子商务　餐饮电子商务的类型　移动点餐系统　餐饮小程序　网络营销策略

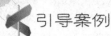
引导案例

餐盈动力打造餐饮 3.0 利润增长加速器，3 年创增超 10 亿元

在餐饮行业竞争越发激烈的当下，角逐者开始呈现出明显的两极分化。一部分餐饮品牌开始逐步建立以用户为中心的运营思维，开启利润加速增长的时代；还有一些品牌依然死守降低成本、提高效率的老办法，却难以继续突破发展瓶颈。

成都餐盈动力电子商务有限公司生于这个裂变的时代，成为国内首家为餐饮企业提供新零售运营、短视频内容整合营销与用户运营为一体化的新经济企业。它被定义为餐饮利润增长加速器，旨在帮助餐饮商家建立以用户为中心的运营模式，目前已累计服务餐饮品牌超过 360 家，门店超过 3 700 家，为合作客户创造增量销售累计超过 10 亿元。

"互联网+用户"思维，深挖餐饮企业利润增量

提及餐盈动力创始人兼 CEO 净海鹰，成都互联网行业的从业者都不会陌生。当大家还在网上冲个浪、互踩个 QQ 空间的时候，净海鹰已踏入电商行业，从业于北京一家知名的 B2C 公司。此后，从综合类电商平台到垂直电商再到传统行业，每一次转型他都自有筹谋。

2012 年第一次转型，他去了通威集团，负责通威生鲜的电商平台搭建，从纯电商企业走入了大型上市集团公司；第二次转型，净海鹰果断选择了传统餐饮，从廖记棒棒鸡到何师烧烤，他不仅把传统餐饮融进了互联网，还做出了一番成绩。在此期间，他创建了"成都电商 VIP 圈层"，囊括了 1 300 多位成都知名企业负责人、电商负责人、媒体、协会和政府等与电商行业相关人士，2014 年年底众筹发起了成都电商年会，200 多家企业参与众筹，创造了成都电商行业发展的一个大事件。

这些从业经历与资源积累，让净海鹰有了进一步创新的底气。2017 年，他成立了餐盈动力，定位于服务餐饮产业生态，为成都餐饮企业的互联网化赋能，挖掘全渠道运营与利润增量。

净海鹰认为，餐饮的 1.0 时代是运营产品，2.0 时代是运营规模，3.0 时代是运营用户。从餐盈动力进入行业开始，就在思考如何帮助餐饮商家建立以用户为中心的运营模式，并围绕用户运营的主题进行业务与科技研发的布局。

流量、营销、产品、运营全赋能，创单日外卖销量 35 万+

餐盈动力的服务模式，主要包括外卖与新零售商品代运营、"多半要火" MCN 吃喝玩乐短视频整合营销、"赚餐"用户运营微信小程序系统，让餐饮企业实现利润最大化。通过线下门店、线上团购外卖、新零售商品电商运营、公众号、小程序、抖音快手等公域流量进行多维度的流量沉淀，再通过 SaaS 会员运营系统进行流量转化，从而实现实体商家可持续经营发展。

在外卖与新零售运营领域，餐盈动力作为西南首家在行业中提供新零售代运营服务的公司，助力"何师烧烤"2017 年仅用一年时间外卖销售额突破 5 500 万元，单店外卖销售额从 0 到 11 000 元用时 7 天，且继续创造出 2018 年上半年外卖销量 32% 的月增长率，单日外卖销量突破 35 万元的好成绩。

截至目前，餐盈动力已为川渝两地多个头部品牌提供了新零售运营服务，包括何师烧烤、老甘家、刘记烧烤、霸王虾、李不管把把烧等。累计服务已超 300 品牌的新零售运营

业务，帮助合作方有效地把握住了新零售业务的红利期，为客户的利润增长创造价值。

餐盈动力旗下的"多半要火"MCN也取得不俗成绩。这是以互联网主流娱乐互动为载体，专业生产"互联网数字内容"与IP孵化的综合性机构。目前已与众多媒体、营销机构、内容平台达成深度战略合作关系，集中于本地生活服务种草深耕贴合用户场景的高质量内容，构建本地生活种草矩阵。目前，"多半要火"MCN团队旗下现运营8个美食类账号，全网粉丝数超1 500万，累计播放量超20亿次，为合作客户带来明显的品牌传播提升及堂食引流效果，实现用户转化与粉丝沉淀。

此外，餐盈动力打造的"赚餐"用户运营微信小程序系统作为生活服务类行业的新零售解决方案，通过"小程序+公众号"结合营销、短视频传播、外卖、堂食、物流等经营所需的功能，助力企业将线下门店与线上营销无缝链接，帮助企业商户快速提升订单、沉淀会员、实现高复购。

据透露，餐盈动力在未来还将在餐饮新零售、赚餐社交电商用户运营、外卖代运营、多半要火MCN本地生活服务矩阵以及餐饮品牌孵化与升级等方面，进行战略布局。

（资料来源：红星新闻网，http://news.chengdu.cn/2021/0104/2174807.shtml，2021）

任务一　认识餐饮电子商务

任务目标

如果让你拥有一家餐厅，你希望有哪些新技术可以应用？比较麦当劳、肯德基在电子商务中的应用，根据所学的知识完成一份比较报告。

任务实施过程

请每个小组将任务实施的步骤和结果填写到如表7-1所示的任务单中。

表7-1　项目七之任务一的任务单

小组成员：		指导教师：
任务名称：	任务完成地点：	
工作岗位分工：		
工作场景：		
(1) 如果让你拥有一家餐厅，你希望有哪些新技术可以应用；		
(2) 比较麦当劳、肯德基在电子商务中的应用，根据所学的知识完成一份比较报告		
教学辅助设施	文字、图片、视频、PPT等多媒体	
任务描述	通过调研和比较分析，让学生认知电子商务在餐饮业的发展与应用	
任务重点	主要考查学生对餐饮电子商务的认识水平	
任务能力分解目标	(1) 餐饮业的起源与发展； (2) 餐饮电子商务的含义； (3) 餐饮电子商务的类型	

任务实施步骤	(1) 学习相关知识点; (2) 学生以小组为单位,通过书籍、网络收集资料和实地调研等,比较分析麦当劳、肯德基在电子商务中的应用; (3) 每小组以多媒体形式进行汇报调研成果; (4) 各小组进行互评,教师进行点评

任务评价

(1) 餐饮业的起源与发展。

(2) 餐饮电子商务的含义。

(3) 餐饮电子商务的类型。

情境一 餐饮业的起源与发展

民以食为天,从古至今饮食就是人们生活最基本的生理需求。然而,随着生活水平的提高,人们从一开始的吃饱就行的需求,逐渐转为追求餐饮的口感、质量、餐饮店环境和体验、心灵享受等。互联网的发展,则进一步加速了包括餐饮业在内的各行业的发展和变革。

餐厅从来都是人群聚集的场所,特别是在现代社会中,餐饮业与娱乐、休闲的结合日益紧密。餐饮业的流传与发展已经形成民族文化的一部分,甚至成为区域性的特色与观光旅游点。

一、餐饮业的定义

餐饮业是集即时加工制作、商业销售和服务性劳动于一体,向消费者专门提供各种酒水、食品,消费场所和设施的食品生产经营行业。按欧美《标准行业分类法》的定义,餐饮业是指以商业营利为目的的餐饮服务机构。在我国,据《国民经济行业分类注释》的定义,餐饮业是指在一定场所,对食物进行现场烹饪、调制,并出售给顾客,主要供现场消费的服务活动。

二、餐饮业的起源与发展现状

餐饮业从最简单的路边小吃店,发展到后来的小餐馆、家庭式餐厅、快餐厅以及高级餐厅,到现在的休闲式茶坊、酒吧、咖啡厅等,都隶属于餐饮业。餐饮业这个满足人类生活需求的古老行业,随着科学技术的进步,其经营的形态和操作的方法已有长足的进步。

(一)餐饮业的起源

秦汉时期,商业兴起,为了满足往来贸易商人的餐饮需求,出现了提供餐饮的客栈。

唐、宋、明、清时期由于经济繁荣，加上水陆交通运输发达、往来贸易频繁，餐饮业迅速发展。例如唐代除了设置货栈及邸店供存货与住宿外，也有店肆可以满足商人们餐饮的需求。到了宋代，街巷中开始出现小食担，同时为了满足各种类型旅客的需求，还出现了商会店、北食店、川食店、羊食店及素食店等不同的菜肆和小食摊。随着时代的演进及清朝末年中西文化冲击交流的影响，在北京出现了现代化的西餐厅。

欧洲餐饮业的起源可以追溯到古罗马帝国时代，由于当时宗教活动与经济活动的频繁，使旅途中的人们对外出就餐产生了需求。为了满足这项需求，一种为旅行者提供基本餐食的小客栈便应运而生，但是真正较具有餐厅规模及形式的餐厅则是以 17 世纪在英国出现的"咖啡屋"为代表。从此之后，这种类型的咖啡屋便纷纷成立。

美国则是在 1634 年由 Samuel Coles 在波士顿设立第一家酒馆，这也是美国的第一家餐厅。而一直到 1670 年美国才出现了第一家咖啡屋，同时美国人也开始学习法国菜的烹调。Delmonico 是美国第一家专业的法式美国餐厅，1827 年在纽约开业。随着工商业的发展，20 世纪 60 年代美国的连锁快餐店开始发展，并且以提供标准的食物品质及快速的服务为特色持续地成长。时至今日，美国的快餐业瓜分了大半餐饮消费市场，特别是连锁经营的麦当劳、肯德基已成为国际性的餐饮企业。

(二)我国餐饮业的发展

餐饮产业作为传统服务业的重要组成部分，一直以来从经济、税收、就业和文化等方面为我国国民经济发展做出了重要贡献，是承担着就业吸纳器和社会稳定器的幸福产业、民生产业。改革开放以来，我国餐饮产业经历了产业恢复期(1978—1991 年)，产业增长期(1992—2001 年)，产业成熟期(2002—2011 年)和产业转型期(2012 年至今)四个阶段。

随着我国城镇和农村居民生活水平达到富裕和小康层次，消费在国民经济活动中的比重逐步加大，居民的餐饮消费逐渐从一日三餐的刚需升级到感受餐饮文化以及社交的重要方式。近年来中国餐饮业销售收入持续增长，2019 年中国餐饮业销售收入达 4 6720.7 亿元，较 2018 年增加了 4 004.8 亿元，同比增长 9.38%，2020 年受新冠肺炎疫情影响，中国餐饮业销售收入虽有所下滑，但 1～11 月中国餐饮业销售收入仍然有 34 578 亿元。

三、餐饮业的制约因素及未来发展趋势

(一)餐饮业的制约因素

1. 小本经营思维，中小企业发展缓慢

从餐饮行业整体市场情况看，餐饮行业的入门较容易，创业时开一家中餐馆、面包房或者火锅店是很容易的。通过小本经营，尽管可以赚取一定的收益，但餐饮企业的内部管理结构容易缺失，例如在食品质量管控、现金管控、员工管理、骨干员工激励等方面都存在不少问题，不利于企业做大做强，这是中国餐饮行业多数处于中小规模的重要原因。面对竞争日益激烈的市场，中小餐饮企业的运营模式难以支撑餐饮企业的快速发展，很多中小餐企在当地的竞争中惨遭淘汰最后关店关门。

2. 餐饮企业缺乏大量人才

市民素质决定了城市文化的精神面貌,而企业人才则是餐饮企业未来走向辉煌的重要因素。管理团队缺失及人才匮乏是中国连锁餐饮行业普遍遇到的问题,包括已上市的大型餐饮企业。当前中国餐饮企业发展迅速,各个餐饮企业迫切需要优秀的厨师以及管理人才,导致了优秀厨师以及管理人才频繁在各工作岗位上调动,企业留不住优秀人才,成为餐饮行业发展的一项瓶颈。尽管部分餐饮企业经过多年的积累,已进入了快速发展期,但面对连锁店的规范经营与管理以及连锁化的发展战略,专门人才的缺失已成为不容忽视的问题。如果公司不能吸引到或培养出足够的技术、管理和服务人员,或发生大量人员流失,公司的发展将严重受限。

3. 食品安全现状不容乐观

餐饮行业与消费者日常生活联系最紧密,食品安全与人们生活息息相关,因而行业整体对食品安全监督及质量控制有较高的要求。食品安全已经成为人们生活中普遍担心的问题,地沟油、毒大米、毒奶粉、假猪耳等,频繁的食品安全问题层出不穷。一方面,对于中国中小型餐饮企业而言,由于基础薄弱,管理水平普遍不高,安全意识、风险意识、诚信意识、责任意识比较淡漠,监管能力还不完全适应餐饮产业发展和人民群众对食品安全的要求,确保餐饮服务食品安全任重道远。另一方面,对于大型餐饮企业而言,随着连锁门店和菜品种类的增多,对食品安全及质量监控方面的要求也越来越细致。如果质量控制的某个环节出现疏忽,食品安全得不到保证,将影响整个行业的发展,甚至毁灭一个企业。

4. 市场竞争加剧

从康师傅与统一方便面的价格战,到肯德基与德克士的优惠战,中餐与中餐,中餐与西餐,餐饮行业竞争日益加剧。由单纯的价格、质量的竞争发展到产品与企业品牌、文化的竞争,从单店竞争、单一业态的竞争发展到多业态、连锁化、集团化、大规模的竞争;从以国内企业竞争为主发展到国内企业与外资企业的竞争,等等。市场竞争的加剧,一方面,使整个行业优胜劣汰,发展日趋理想;另一方面,竞争或将引起价格战和恶性循环等,价格战将削减餐饮企业的利润空间,利润空间的缩小可能再次导致食品安全问题的出现。

(二)未来发展趋势

中国餐饮未来的发展趋势将不断地发生变化,随着居民的收入水平的不断提高,生活形态的改变,外出就餐的人流日益增多,而餐饮业的发展空间也因此大增。同时,也将对餐饮行业的发展提出更高的要求。餐饮企业既要转变发展思维,又要利用创新思想,这样才能使企业获得经济和社会利益的最大化。

消费者的需求变化是值得注意的,但对未来的发展趋势也不容忽视。简而言之,餐饮业未来大致将朝精致与快捷两极化、主题专门化、复合式经营和餐饮服务电子化 4 个方向发展。

1. 精致与快捷两极化

目前餐饮经营的形态已逐渐趋向精致与快捷两极化。也就是说,其中一种的发展趋势是向精致餐饮、高价值及高品质服务的餐厅发展，而且在餐厅的硬件设备，例如外观设计、内部装潢、餐具器皿及桌椅等方面，极为讲究，希望顾客能有被视为上宾及宾至如归的感觉；另外一种则是提供快捷、方便、卫生而且价格较低廉的连锁快餐店，它除了提供标准的制式餐饮外，还根据营业的特色，提供外卖、外送等服务。

2. 主题专门化

在现代餐饮业市场中，有特色的餐厅越来越多，将菜式通过不同的组合变化，推出快餐、特餐及商业套餐。这类餐厅不但简化了原料的采购及储存，同时也能精简厨房的人力。除此之外，未来餐厅所销售的餐饮种类势必将日趋简单化，并以专门化经营为经营理念。例如目前在餐饮市场中出现的墨西哥餐厅、清粥小菜、澳洲岩烧牛排等主题明确的餐饮行业。

3. 复合式连锁化经营

复合式经营模式主要是指餐饮业与其他行业结合。例如，健身房或俱乐部附设的餐厅，或是由于计算机网络的兴起而产生的网络餐饮以及可以利用餐饮现有的设备开设烹饪教室课程等。这种结合主要是以方便顾客、开拓客源及充分利用现有的设备为前提，并以增加营业收入为目的。

连锁经营则是一种商业组织形式和经营制度，指经营同类商品或服务的若干个企业，以一定的形式组成一个联合体，通过企业形象的标准化、经营活动的专业化、管理活动的规范化以及管理手段的现代化，使复杂的商业活动在职能分工的基础上实现相对的简单化，把独立的经营活动组合成整体的规模经营，从而实现规模效益。这种经营方式自 19 世纪中后期在美国产生以来，至今已有 130 多年历史。目前它已成为国际上普遍采用的一种企业经营制度，被广泛应用于制造业、零售业和服务业等众多行业，并出现了国际化连锁经营的趋势，麦当劳、肯德基就是连锁经营的成功典范。

4. 服务电子化

在商业信息化的今天，餐饮业仅仅靠传统的手工经营，显然已经无法满足客户口味和要求经常变化的需要，也难以实现企业获取最大利润的目标、如何提供方便、快捷、高质量的服务，是投资者必须考虑的问题。信息技术的高速发展，正好为这种高效服务提供了可能。对内，顾客的订位、点菜、结账等环节都可以使用电子化产品来完成，力求服务更准确到位；对外，可以通过网站、短信等途径广泛开展宣传活动，从而吸引更多的顾客光临。总之，使用信息技术就能掌握最新的消费趋势，实时吸收经营管理新知，结合并利用最新信息，以适时调整餐厅的经营方向。

四、电子商务与餐饮业的结合

在餐饮业兴盛的背后，同行的竞争也越来越激烈。通过信息化手段改善经营管理已成为餐饮业内的共识，成为一些餐饮企业的制胜法宝，餐饮行业内信息化建设之风也逐步兴起。

餐饮业给人的印象是一个较古老的行业，而电子商务则是新兴的技术。但是如果研究餐饮业的特点，就会发现，这一传统行业优势和运用电子商务技术的特点。

(1) 我国餐饮业以中小企业为核心，其中国有企业只占 1%多，所以大部分餐饮老板都希望通过电子商务降低成本，提高利润。快餐业是对技术最敏锐的现代餐饮业，随着技术、配方、设备和人才的引入，每年以递增 20%多的营业额在高速发展。技术革新财富效应对众多传统餐饮业的刺激很大，大家都在寻求一种安全、稳定、绿色、快捷的增值方式。中国餐饮市场生态图谱如图 7-1 所示。

图 7-1　中国餐饮市场生态图谱(来源：易观数据)

(2) 电子商务从本质上来说，是一种服务经济，其显著特点就是经营方式灵活，一切以客户为中心，二者可以说是异曲同工。餐饮业必须加强技术改造，在引进环保设备的同时，积极开展餐饮电子商务，充分发挥电子商务的绿色环保优势和受众面广及其他旅游服务套餐的特点，达到环保效益、社会效益与经济效益的统一。

(3) 餐饮业是一个大的小行业。大就是大在民以食为天，小就小在它遍及大街小巷，就餐方式多样，经营机制灵活，个性化特点体现得非常充分。电子商务是一种柔性化定制、个性化服务的生产方式，二者具有经济学上的同构性。特许经营、连锁店、品牌效应、电子物流等都是电子商务的强项，正因为餐饮业的分散性，才特别适合于网络的聚集，所以餐饮业不仅适合发展电子商务，而且有可能成为最先盈利的行业。

电子商务技术在传统的餐饮行业中的运用，对餐饮企业具有变革性的作用。首先，电子商务中供应链技术的运用可以大大降低餐饮企业的采购成本。其次，电子商务中网络营销的实施可以为餐饮企业提供广阔的顾客渠道。再次，物流技术的运用可以为餐饮企业拓展销售的模式。

案例 7-1　王小龙：
餐饮业黄金时代来临

情境二　餐饮电子商务的含义及类型

随着网络与通信技术的发展，电子商务迅速崛起，促使餐饮业的运营模式也发生了天翻地覆的变化。

一、餐饮电子商务的含义

　　所谓餐饮业电子商务，就是电子商务在餐饮业这一具体产业领域的应用，通过现代网络信息技术手段实现餐饮商务活动各环节的电子化，包括通过网络发布、交流餐饮基本信息和餐饮商务信息，以电子手段进行餐饮宣传促销，开展餐饮售前售后服务，也包括餐饮企业内部流程的电子化及管理信息系统的应用等。

二、餐饮电子商务的类型

　　目前我国餐饮业大致通过以下五种形式开展电子商务。

1. 第三方建立的综合性网站

　　这一类网站只是简单地发布信息，主要介绍饮食文化、营养保健、各家菜系、知名餐馆等，如九州醉餐饮网(www.zhms.cn)，主要内容包括饮食文化、菜系食谱、食补食疗、饮食文化等内容；中国烹饪协会主办的餐饮在线(www.ccas.com.cn)主要介绍中国菜系、名菜及名厨等，为会员和全社会餐饮业提供多方位服务。还有食在中国网、中国餐馆网、山东美食网等介绍中国饮食文化及地方名特食品。然而，这样的餐饮网只能单向传播信息。甚至有可能只是很久没有更新的信息。显然，这种网站不太具有平台盈利的前景。因此，要想让企业实现盈利，就必须让自己成为餐厅与食客的双向互动平台。

2. 有店铺形式网站

　　据不完全统计，餐饮业的网站已达到了 400 多万家。这种各自为政的小而全的网站在企业宣传等方面起到了一定作用，但大多以信息发布为主，不存在网上交易。但也有些餐饮企业的网站已经真正开展 B2C 业务，并且取得了很好的效果。如广州酒家(https://www.gzr.com.cn/)，始创于 1935 年，素有"食在广州第一家"的美誉。于 1991 年组建集团，2009 年改制为广州酒家集团股份有限公司，2017 年 6 月在上海证券交易所挂牌上市，成为广东省率先上市的饮食集团。近年来，集团先后荣获"中国十大餐饮品牌企业""中国驰名商标""中国老字号新榜样"等荣誉称号，至今，该公司已开设官方商城、微商城等渠道。

3. 无店铺形式网站

　　这种餐饮业的电子商务经营模式适合没有常规餐饮营业的企业或个人。运用这种模式最著名的是丽华快餐(www.Lihua.com)。丽华首创国内"无店铺经营"模式，专营快餐"外送"。该公司自 1993 年创业以来，送餐规模不断扩大，覆盖范围不断拓展，送餐量排名全国第一，在北京、上海、深圳、大连、南京、郑州、长沙等 11 个大中城市拥有 80 余家快餐配送连锁店。

4. 大型餐饮门户网站

　　该类型网站主要让用户通过网络享受餐饮查询及餐馆的菜谱查询和预订服务。网站对

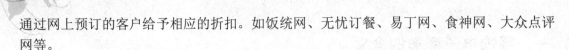

通过网上预订的客户给予相应的折扣。如饭统网、无忧订餐、易丁网、食神网、大众点评网等。

5. 连锁企业网站

这种形式发展得较成熟，从原料采购到网络营销，均实现了电子化管理。如百胜必胜客餐厅、肯德基的网站，有网上订餐、下载优惠券等服务。

相比之下，第一类网站主要是介绍性的，网站建立较容易，成本低，但收效甚微，占目前餐饮业电子商务的 60%；其他几类网站具有电子商务的实质，对电子商务技术与管理能力要求高，但只占大约餐饮业电子商务的 40%。复杂的消费群体、不同的饮食习惯、就餐地点的空间限制等因素形成了餐饮行业无法实现信息化的瓶颈。由此可见，我国开展餐饮业电子商务任重而道远。

案例 7-2　食在广州第一家：广州酒家

任务二　互联网环境下的餐饮业态创新

任务目标

假设你准备跟朋友一起开一家餐饮店，调研当地最受欢迎的三家网红餐厅，分析它们火爆的原因，它们有哪些创新点值得参考？

任务实施过程

请每个小组将任务实施的步骤和结果填写到如表 7-2 所示的任务单中。

表 7-2　项目七之任务二的任务单

小组成员：		指导教师：
任务名称：	任务完成地点：	
工作岗位分工：		
工作场景： (1) 你准备跟朋友一起开一家餐饮店； (2) 调研当地最受欢迎的三家网红餐厅，分析它们火爆的原因，它们有哪些创新点值得参考		
教学辅助设施	文字、图片、视频、PPT 等多媒体	
任务描述	让学生通过实地调研分析，认知餐饮电子商务发展的创新点	
任务重点	主要考查学生对餐饮电子商务的创新发展方向的认识水平	
任务能力分解目标	(1) 餐饮电子商务的发展障碍； (2) 餐饮电子商务的发展方向	
任务实施步骤	(1) 学习相关知识点； (2) 学生以小组为单位，结合调研为某餐厅制订一套提升业绩的解决方案； (3) 每小组以多媒体形式进行汇报； (4) 各小组进行互评，教师进行点评	

任务评价

(1) 餐饮电子商务的发展障碍。

(2) 餐饮电子商务创新的发展方向。

情境一　餐饮业电子商务的发展障碍

由于我国餐饮行业发展集中度低，入门门槛低，行业标准低，同时消费者不够忠诚，且对饮食的追求越来越高，要求优质的口感、良好的服务、愉悦的精神享受等诸多因素，餐饮电子商务发展并不一帆风顺。餐饮业电子商务的障碍主要有以下几点。

一、餐饮业经营观念跟不上时代潮流

随着全球化的发展，我国文化和西方文化进一步融合，很多 90 后对于餐饮的要求提高了，也更追求国际化了。然而很多年轻群体的需求，并不被餐饮企业所重视。对于目标市场定位，很多餐饮业也不够清楚，他们的经营观念也没有及时更新，也跟不上时代的变化，难以把握消费者心理。

二、从业人员的专业化程度不高

人才一直是制约餐饮行业开展电子商务的瓶颈。沿袭传统惯例，餐饮业进入门槛较低，人才素质普遍偏低，这是个不争的事实，懂得信息技术的人更是凤毛麟角。目前的形势是我国大多数餐饮企业的老板是从小店发展起来的，家族式管理的居多，还没有发展到聘请职业经理人的程度，许多管理环节都还是"人治"，并没有执行一套现代企业管理制度和监督体制。另外，据经济普查资料显示，1 400 多家餐饮企业从业人员中，大学本科以上人员所占比例仅为 2.1%，高中以下学历从业人员占 90%，即使在已拥有高学历的人才中，具有计算机和网络知识的人才不懂得金融、商贸和管理，经营管理的人才则不懂网络知识。

三、企业网络缺乏持续的更新、维护和推广

从目前我国餐饮门户网站的餐饮企业来看，不仅数量不多，质量也堪忧，设计不合理、无人维护、网络服务不到位、缺乏品牌的知名度，最直接的结果就是缺少注册用户。

四、"返佣"盈利模式不科学

目前我国餐饮门户网站的收入主要有广告、餐厅加入网站时所支付的会员费以及网站向餐厅推荐消费者时收取的费用(一般按消费者用餐金额的一定比例收取，即所谓的"返

佣")。在这 3 种收入中，入会费用较稳定，广告收入波动比较大，但"返佣"的盈利模式则最具结算风险，因为客户到餐厅的消费额事先无法预知，这种消费金额的不确定性直接影响了"返佣"的基数。由于"返佣"的盈利模式不能切实保证价值链各方的利益，一定程度上使餐饮业电子商务平台提供的服务得不偿失，大大挫伤了他们开展电子商务活动的积极性。

五、营销力度小，营销效果不佳

传统的促销手段，如发广告、人员推销等，信息传播力度已经不太大了，但很多企业仍然在用这种方式进行信息传播。在这样一个互联网社会，很多消费者是获取不到企业信息的。再加上企业对网络的运用不够，不会制造话题进行营销，难以产生热度，导致众多企业没有知名度，发展也不好。企业应该借助微信、微博、网站等自媒体平台进行营销，改变传播的主要路径，从线下转移至线上，通过互联网宣传，使自身的品牌影响力扩大。

案例 7-3 线上线下联合发力 商米助推汕头门店数字化

情境二 餐饮电子商务的创新发展方向

移动电子商务是移动通信技术与电子商务结合的一种新事物，是电子商务发展的一种主要趋势。它是依托移动网络进行数据传输并利用移动终端实现商业交易。它在互联网的基础上将触角伸到了有线网络之外，直接触及参与交易的人，实现了商务活动与个体活动的紧密结合，大大加快了商业交易速度、降低了交易成本，并可提高信息查询的精准性，为企业的商务活动开创了新的模式。它是一种技术融合发展的产物，也是一种崭新的商业模式。当把移动商务包含的这些技术以及它的商业模式与餐饮行业结合起来的时候，可以使餐饮业更新它的经营方式，拓展它的大众市场，建全它的"软硬"件设施，使餐饮业更具科学化、集锦化和社会化。

一、构建企业站点，丰富企业宣传渠道

(一)建设企业站点

21 世纪被称为信息化时代，在网上建立自己企业站点已经被认为是一种非常重要的宣传方式，而对于餐饮行业的企业来说更是如此。尤其是对于一些外出旅游的游客来说，来到一个陌生的城市，往往都想尝到一些本地特色的食品，他们往往必须通过网络来获得这些信息，所以在网上构建自己企业站点来宣传自己已势在必行。当企业在网上建设自己的站点之后，客户就可以通过计算机或者手持设备通过有线或者无线网络来获取餐饮企业的信息。

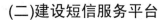

(二)建设短信服务平台

目前我国餐饮企业在营销推广方面的移动信息化需求已非常迫切,多数企业希望在短期内见到实际推广效果,提升店内人气。因此,让企业从最简单的应用入手,使其感受到移动应用为自身带来的实际利益,在体验中接受移动信息化产品是餐饮行业信息化的突破口。建设短信服务平台对于实现餐饮企业的精准营销具有显著效果,在餐饮企业可以通过自己的短信服务平台在特定时间对特定用户群发送特定短信的增值服务。对于企业来说,建立自己的短信服务平台具有"个性化"的优势,即见效快、应用灵活、针对性强,能精准直达,锁定目标群体,发送时间地点,广告信息投放实效性强。此外,短信服务平台还能创造新型的客户关系管理方式,对企业经营有所帮助,例如,短信现场互动、短信抽奖活动、短信问卷调查、短信投诉建议、客户积分统计、客户来访统计等。

(三)搭建微信公众平台

餐饮行业应当充分利用微信公众平台。在微信公众平台的搭建中,必须了解掌握微信公众平台的相关理论和运营模式,重视对高级功能的开发,提供客服实时在线服务功能。精简创新服务过程,维护老客户的关系,刺激老客户的消费。在信息发布和推送上应当控制频率,注重内容与质量,避免消费者产生抵触心理。餐厅可以在宣传之余推送与饮食养生相关的信息,定期向顾客赠送礼品,发放优惠券等,以增强客户黏性。

微信公众平台不仅应具备在线订餐及支付功能,在操作上还应简单、易行,使顾客能轻松完成订餐的所有程序。麦当劳的公众号设置就颇具借鉴性:顾客关注该公众号后的第一时间,就能找到最新的优惠活动、当季新品、订餐链接等。平台不仅设有"麦有礼",包括麦麦童乐会、麦麦开心跳等有趣模块,还设有"订餐找店"模块,包含的"顾客中心"提供了一个有效的反馈平台,顾客将用餐评价反馈后,还能收到麦当劳赠送的感谢优惠券。建议连锁餐饮企业的菜单互动模块必须设计得更加多样化,可将产品同生活功能服务组合起来,如健康、天气、美食等,达到丰富用户体验的目的。

二、构建客户信息库,加强对客户关系的管理

商场上流行着这样一句名言"掌握客户就是掌握市场,接近客户就是接近成功",从这句话可以看出客户对于企业的重要性。对于餐饮行业的企业来说,如果做到既能吸引新的客户,又能抓住老的客户,那么这个企业就能够长盛不衰。那么,如何才能做到这一点呢?除了餐饮企业自身要做到饭菜可口,服务周到这些基本的服务之外,还要加强对客户关系的管理,加强对客户的人文关怀。而要对客户关系进行管理需要建立客户信息库,在信息库中为每一位客户建立一张信息表,表中要记录客户的客户代码(唯一标识每位客户)、姓名、生日、联系方式、积分、会员级别、每次用餐时间、用餐餐桌号码以及点菜目录等信息。这些信息会为将来管理客户提供帮助。比如可以把企业的最新动态如新菜上市、打折信息等,根据信息库中客户所留的电话号码通过短信服务平台发送给客户。或在客户生日、重要节日等特殊日子给客户发送祝福信息等。通过这些措施可以加强对客户的关怀,增加客户的忠诚度。

三、引入新型营销理念，激励客户

目前餐饮行业一般只是停留在发放贵宾卡来吸引客户长期消费阶段，而没有引入新型的营销理念，这严重地阻碍了餐饮企业的发展速度。餐饮企业在营销时可以引入会员制度和直销理念。会员制度是将在餐饮企业消费的客户按照规定严格分为若干等级，每个等级享受不同的优惠待遇。会员制度建立的目的是配合直销理念来激励客户。

直销理念的基本原理是几何倍增原理，几何倍增原理简单来讲，就是 1 变 2，2 变 4，……，n 变 $2n$ 的一个过程。几何倍增原理主要包括这几个方面：市场倍增、时间倍增、效益倍增。市场倍增指的是将客户从单纯"消费者"角色转化为"消费者+宣传者"角色，通过客户的宣传，吸引新的客户将 1 变为 1+1，再依次循环实现客户倍增。时间倍增指的是直销能够倍增时间，但不是增长，而是让时间减少而完成相当的工作量，这是一种逆向倍增。效益倍增是借助于市场倍增而倍增的，对于餐饮企业来说，用餐客户越多，餐位供不应求，那么就可以实现效益倍增。

将直销理念、会员制度以及移动商务模式三者融为一体应用于餐饮企业的营销方法就是通过客户转发短信，为饭店招揽新的客户，实现用餐客户的倍增。具体的操作方法是餐饮企业每次向客户发送短信时，在短信内容的前面加入一个唯一标识客户的代码，如果客户将这条具有唯一标识代码的短信发送给他的亲戚好友，亲戚好友通过这条短信来到餐饮企业用餐，并且在用餐后出示这条短信，那么这些用餐的客户就可以享受一定的优惠，而转发这条短信的客户可以得到相应的积分，当积分达到某个值时可以成为更高级别的会员，而享受到更多的优惠。这样就可以激发这些用过餐的客户向其他的客户宣传的积极性，为餐饮企业招揽更多的客户。

四、引进新技术新设备，为客户提供增值服务

(一)移动点餐系统

随着移动互联网的发展，手机点餐、微信点餐等手机订餐软件已成为最时髦的点餐方式。类似"微菜单"和"爱菜单"这样的移动互联网点餐系统，功能已包含了刷码点菜、找吃喝地方、微博、微信、组团聚餐以及商家经营等新型的餐饮软件功能。移动点餐系统的出现正改变着消费者在饮食上的传统消费方式，也正改变着部分餐饮店的经营模式。该系统已具备了微博、微信、团购等功能，正成为广大饮食消费者、服务者的交流平台。

移动点餐系统操作实施流程如下所述。

第一步，客人选择就餐时间及地点。

客人就餐时首先会根据自己的就餐时间选择就餐地点，并且在地点的选择上还会考虑饭店的地理位置、交通便利情况、饭店的星级标准、菜式特点、价格等因素，并进行预订。

第二步，进入饭店并点菜。

服务员将客人所点的菜式输入点菜机，利用点菜机营养价值测评系统提示的测评结果向客人作出相应的提示，点菜结果得到客人的确认后再点确认键，点菜结果就会自动传输

到厨房、收银台、库房、餐厅经理等处。

第三步，餐厅各部门根据点菜结果提供相应的服务。

凉菜间、热菜间、面点间、酒水间等根据点菜结果分别打印点菜单，并按点菜单制作相应菜式，控制上菜顺序和上菜速度。

当客户在餐饮企业消费后，可以通过手机等手持设备来进行支付，而无须随身携带现金或信用卡。客户在餐饮企业用完餐后，可以在手机端直接采用微信支付、支付宝支付等方式将在餐饮企业消费的金额转入餐饮企业的账户，因此，大大减少了以往排队结账的时间。

(二)小程序的开发应用

近几年，餐饮行业的发展，远比我们想象中的更加迅速，外卖市场越来越火，谁把握住了风口，谁就是赢家；谁的用户体验度更好，谁就是赢家。而小程序的到来完全会让用户体验度得到质的飞跃，小程序可以依靠自身即扫即用，不用残留任何痕迹，给吃客更好的用户体验。餐饮企业可以利用这一点更好地吸引顾客，留住顾客。小程序中关键词推广模块，让吃客能够更快地搜索到商家，那么是不是也就意味着餐饮行业不需要去做付费推广，商家自己就有推广的条件和工具，同时小程序还可以关联公众号，也就意味着更便利地推广。

开发小程序的成本比较低，一般是 App 开发的几分之一。即使是中小规模的餐饮店也能够承受，并且小程序可以实现之前只能在原生态 App 才可以实现的效果和功能。数据在云端，无须安装，不占内存，也不用强制关注，即扫即看即用，简单方便，极其适合餐饮行业使用。另外，商家上线了小程序后，可以把外卖平台的老客户导流到小程序中，而小程序可以直接打通商家账户，顾客在小程序点单付款后的金额可以直接转入商家银行账户，所以就不必另给平台额外提成。以美团外卖为例，目前美团外卖要抽取商家 20%左右的菜品价格提成，另外，还得扣商家快递费，小程序的开发应用可以大大缩减这方面的开支。

"微信支付+小程序"强强联手进军餐饮业，传统餐饮排队、买单、收银、营销等痛点问题就会迎刃而解，小程序的强大优势将在具体的场景中悉数呈现。比如，你到一家餐饮店，先排队点餐，然后再排队等座位，这样浪费了大量的时间，怎么解决？有了微信小程序这些就不用担心了，你可以提前在微信小程序上点餐，在小程序中预约好座位，只要在预约的时间到店吃饭就可以了。而且还可以在小程序中直接支付。

线下极大增强用户体验程度，当顾客进餐厅店坐下的时候，顾客只要自己拿出手机扫描桌上小程序二维码，就可以直接在上面下单支付，这样不仅减少了服务人员的工作量，还能节约用户时间，提高用户的体验度，而且在顾客——服务员——厨房这个过程中减少错误信息的传递。通过餐饮小程序自助点餐，智能监控厨房能够准确收到顾客点餐信息，点了什么菜，在几号桌，特别需求是什么一目了然，极大地提升了服务效率以及提高用户的就餐体验。

餐饮行业开发微信小程序的影响不仅体现在实体店中，而且也体现在对于客户的管理上。当然，微信小程序在卡券功能上的使用，也使得用户能够更加喜欢这款应用，毕竟自己再也不用为没有带优惠券、会员卡而担忧了。与此同时，附近的小程序功能上线之后，小程序的受欢迎程度就更高了，商家店铺希望通过小程序来实现引流，而用户则希望通过小程序来找到自己想要的服务。二者直接的需求，形成了空前巨大的小程序市场。同时也展现了小程序广泛的应用场景。

五、加强餐饮行业的移动电子商务人才培养

人才一直是制约餐饮行业发展电子商务的瓶颈。沿袭传统惯例，餐饮业进入门槛较低，人才素质普遍偏低，这是个不争的事实，懂信息技术的人更是凤毛麟角。而要加强这方面人才的培养和引进，旅游专业学校、烹饪专业学校、电子商务专业学校在这方面必须对专业做相应的调整，让懂信息技术的人懂餐饮，让懂餐饮的人通网络经营，让复合型的人才去顺应市场发展的潮流，做到观念创新、决策创新、激励创新，消除家族观念、亲情关系和家族势力对企业发展的不利影响。没有现代化的经营人员，就没有现代化的餐饮企业。

案例 7-4　广州酒家：吃得安心，广州"老字号"推出小程序"无接触"送餐

📖 知识拓展 7-1

餐饮 SaaS 系统

餐饮 SaaS 系统：软件即服务，也就是将餐饮行业进行抽象模块化，支持多租户，云存储，支持店家自定义设置，用户使用时登录即可在线操作，如"美味不用等"软件就是餐饮 SaaS 系统。

传统的餐饮软件系统与现在的 SaaS 餐饮管理系统有什么区别？

传统的餐饮软件系统与现在的 SaaS 餐饮管理系统最大的区别体现在服务方面。传统餐饮软件系统的服务仅仅只是对系统的维护，而 SaaS 餐饮管理系统的互联网化特性，使其在服务方面引入了运营的概念。

传统的餐饮软件系统每一个环节都是独立运作的，如 POS 和 CRM 等，都没有一体化应用，虽然对餐厅提高效益有一定的价值，但它主要面对传统经营结构的低层次提高运营效率。比如无法将收银、数据管理、会员、人事、财务等系统连接打通，都是独立的，会浪费过多的人力和办公等资源。而 SaaS 餐饮管理系统通过互联网连接，数据是完全可以开放共享的，形成整个管理运作为核心的智能数据体系，为用户提供更数据化的智能服务。

SaaS 餐饮管理系统是通过将服务器、数据库，然后放置在云端上的综合性系统，让餐饮商家可以通过互联网在云端进行统一性管理，消费者可以通过终端、App、微信以及 PC 网站等入口点餐以及付款。SaaS 餐饮管理系统是将所有环节连成一体，从上到下打通，通过大数据提供更多信息化服务或增值产品，从而大幅度提高行业结构的层次和效益。

(资料来源：根据百度经验整理，https://jingyan.baidu.com/article/f3e34a1278f072b5eb6535a4.html)

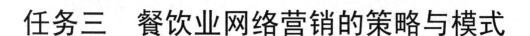

任务三　餐饮业网络营销的策略与模式

任务目标

假如你是一家餐厅的店长，你将如何通过线上线下相结合的方式实现营销推广、提升销售业绩？提出解决方案并以 PPT 形式进行汇报。

任务实施过程

请每个小组将任务实施的步骤和结果填写到如表 7-3 所示的任务单中。

表 7-3　项目七之任务三的任务单

小组成员：		指导教师：
任务名称：	任务完成地点：	
工作岗位分工：		
工作场景： (1) 假如你是一家餐厅的店长，你将如何通过线上线下相结合的方式实现营销推广、提升销售业绩； (2) 提出解决方案并以 PPT 形式进行汇报		
教学辅助设施	文字、图片、视频、PPT 等多媒体	
任务描述	让学生通过实际的调研和策划，认识餐饮电子商务的发展方向与网络营销应用	
任务重点	主要考查学生对餐饮网络营销策略与模式的认知	
任务能力分解目标	(1) 餐饮业网络营销策略； (2) 餐饮网络营销模式应用	
任务实施步骤	(1) 学习相关知识点； (2) 学生以小组为单位，结合调研为某餐厅制订一份提升业绩的解决方案； (3) 每小组以多媒体形式进行汇报； (4) 各小组进行互评，教师进行点评	

任务评价

(1) 餐饮业网络营销策略。

(2) 餐饮网络营销模式应用。

情境一　餐饮业网络营销的策略

在互联网经济背景下，中国餐饮行业正发生着巨大的变化。2018 年我国的餐饮业收入很高，2019 年餐饮业收入继续增长，比 2018 年增长了很多。所以我国餐饮行业还是有很大的发展空间和发展潜力的。预计 2022 年我国餐饮业收入将达到一个新的高度，所以我们要对餐饮行业抱有信心，相信未来会发展得更好。

一、抢抓餐饮业模式创新

(一)线上线下并重经营模式

对于已经形成居家消费习惯的消费者，餐饮企业尤其是大型餐饮企业要走出线下经营的固定思维，提供多样化、系统化的网络订餐与配送服务。将店堂前移至消费者家里，实现居家点餐，定时送餐的无缝对接服务。企业在试行的基础上，应不断优化线上供餐模式，以锁定客源，促进企业发展。

(二)自动化、无人化服务

居家餐饮使消费者体会到无人打扰进餐的随意与温馨。对于消费者喜欢安静进餐的消费习惯，大型餐饮企业应思考对餐厅做空间的分隔，营造家的感觉；小型餐饮企业可思考餐桌空间分隔，营造私密进餐环境。同时，餐饮企业可投入新设备，在点餐、收银、服务呼叫以及后厨互动方面提供更多的无人化、自动化服务，使消费者能自由地享受独立的空间，静静地品味食品的美味。良好的体验是消费者再次光临并形成习惯的动因。

案例 7-5　海底捞
无人餐厅正式上线，
未来已来！

(三)深挖餐饮文化营销模式

对于有下厨习惯与爱好的消费者，餐饮企业要积极转换思路，在线上线下均可采用以教带售的文化营销模式，即向消费者提供"食材+教材"的服务。线上售卖时，企业可以提供原生态或半成品的食材，再配以食材制作的视频，手把手教会消费者食品的制作；线下堂食时，企业可以提供上桌菜品初加工后的食材与教材，便于有兴趣的顾客购买回家自制。这样不仅适应了消费者的消费习惯，还提升了他们购买兴趣，促进重复消费。总之，企业要适应消费者的消费习惯，以兴趣为抓手，带动消费者消费。

二、餐饮业网络营销策略

(一)创新营销观念

要树立全新的营销观念，餐饮企业应该以顾客的需求为导向，多了解顾客的喜好，真正地把顾客的需求放在第一位。同时企业也不应该一味地追求利益，企业要有社会责任感，兼顾社会利益与个人利益，要注重产品质量和卫生条件；不断拓宽营销空间，不要把餐饮局限于传统的空间，要通过想象力，开发出无限场景消费模式，提高消费者的消费次数。

(二)积极运用网络平台

企业可以通过自己的微信公众号、微博、网站等来运营业务，还可以拍视频到一些短视频应用上。通过新媒体营销，巧妙运用营销工具，让消费者把企业的信息深深印在脑中。

经过这一年，我们清楚地看到短视频、新媒体、电商、二次元这些平台，切切实实服务了传统行业，很多有个性化的品牌因此崛起。例如，已经上市了的九毛九(09922)旗下的太二，就是挺有个性化的品牌；"中国第一精品咖啡"Seesaw，虽然比较小众，也很好地利用了像小红书、抖音、微信生态等各种社交媒体平台来推广品牌。

同时，网络平台上的客服要随时在线，以免消费者遇到麻烦问题时无处解决而流失。企业可以通过平台多与消费者交流，及时解答消费者的疑问，随时了解顾客的需求，提高服务质量和用户体验感。

(三)深挖文化内涵，注重品牌建设

餐饮企业可以打造自身文化内涵，可以将饮食和所在的地域联系起来，注重传统文化的维护和品牌建设，提升餐饮业的文化品位和网络餐饮的文化特色。运用文化营销的方式，推广饮食文化，塑造自身品牌形象，让消费者能够记住。如原来街边的肉夹馍的价格几块钱，西少爷通过对品牌形象的打造，肉夹馍的价格提升到 20 块一个很正常，生意依然特别好。

案例 7-6 "国风"热潮迭起，咖啡巨头"乘风"出圈

特色经营突出餐饮的深层次服务，如企业精神、特色菜肴、休闲、文化娱乐、在同行业中的特色优势、投诉处理、意见反馈甚至互动交流。餐饮业也可以与旅游业、农业相联系，推广体验营销，实现不同行业间的合作共赢。

(四)制造营销话题，吸引流量

现在 90 后、00 后是绝对的餐饮业消费主力，年轻消费者喜欢追求这种品牌体验和高规格的享受。他们还特别追捧互联网的爱豆、KOL，热门话题更能引起他们的关注，所以企业应该多掌握这些潜在顾客的需求，借助互联网制造热门话题，吸引顾客。如近几年比较火热的新锐品牌喜茶、西贝莜面村、太二等。

案例 7-7 市值千亿的海底捞，为何从不打广告？

情境二　餐饮电子商务经典模式创新案例

一、餐饮 O2O "弄潮儿"

目前网上订餐行业格外火热，大玩家的布局和创业者们的不断涌入，都加剧了这块市场的竞争。不少业内人士表示订餐 O2O 市场已经进入了 2.0 时代，这个时代就是抢占市场、快速发展的时代。

(一)网上订餐市场火爆，订餐网站圈地扩张

夏天过去了，上海不少写字楼里一到中午外出吃饭的白领还是很少，大部分白领仍然选择在网上订餐，餐厅中午的座位都很紧张，而网上订餐可以不用出门不用排队就能吃到

热乎乎的饭菜。

网上订餐不仅得到了用户们的青睐，更是餐馆创收的绝佳选择。餐饮企业普遍面临竞争压力加剧，人力成本、租金成本上涨等问题，而网上订餐平台正好解决，这些餐饮企业的烦恼。

2020 年中国餐饮业遭遇寒冬，全国餐饮收入近十年来首次下降，2020 年中国在线外卖市场规模同比增长 15%，2020 年中国在线外卖用户规模达 4.56 亿人，同比增长 7.8%。各城市类型中，四线及以下城市用户增长明显高于一、二、三线城市，四线及以下城市中，Z世代(95 后，18～25 岁)及 60 后(51+岁)的用户均增长最为迅速，一线城市中，70 后(41～50岁)的用户月均订单数量首次超过 5 单，成为高黏性用户。疫情加速餐饮企业建设外卖渠道，增强自身抗风险能力，餐饮企业门店中堂食+外卖模式比例从 35%提高至 40%，纯外卖比例从 4%提高至 7%，并保持稳定，几乎全部品类外卖订单均显著增加，其中，西式快餐、小吃快餐增幅显著，并保持持续增长。

(二)订餐市场大如海，"惊涛巨浪"涌不断

订餐市场如此巨大，比作汪洋大海亦很恰当。网上订餐平台为抢夺市场拼资金，拼实力，拼耐力，不惜代价所付出的努力就好比是在大海上掀起的阵阵惊涛和巨浪。现在我们就行业中领军人物饿了么、美团外卖、外卖超人这三家来谈谈"惊涛"和"巨浪"。

1. 饿了么"烧钱"式惊涛巨浪

2014 年 8 月中旬起，饿了么联合分众传媒，通过覆盖上海写字楼的互动广告屏送出 20万份免费午餐，活动还延续到北京和广州。如以每份 20 元计算，本次饿了么将耗资 400 万元。自饿了么获得大众点评投资后，"腰包一鼓"便开始了"烧钱"模式。

饿了么网站各地打着"减免""打折""特价"的旗号开展优惠活动，"新用户减 5 元""满 10 减 3""满 10 减 5""满 20 减 8"层出不穷，还有"5 元管饱""7 元管饱"等特价优惠，另外"1 元下午茶""10 元星巴克"等意想不到的低价实在赚足不少眼球。在低价吸引用户的同时也掀起不小的"价格战"。

2. 美团外卖"闷声"式惊涛巨浪

美团外卖是美团旗下的业务，财力自然不用说，但很少采取投入大量资金打广告来赚眼球的方式，而是常规性地使用"减免""特价"等优惠方式，优惠政策也并无异处，"新用户立减 5 元、7 元""满 1 减 1""满 15 减 5""5 元、6 元、9 元特价"。美团外卖最大的"惊涛巨浪"体现在城市开拓和功能更新上。8 月初由几十个覆盖城市到现在的 163 个城市，不经意间便翻了两倍多。另外，美团外卖在功能优化上仍在不断努力，细节性的功能优化更能提高用户体验，如地址定位优化、PC 和 App 端优惠信息栏优化等。

3. 外卖超人"温柔"式惊涛巨浪

外卖超人一直被业内称为"黑马"，谁知这匹黑马竟也有"温柔"的一面。外卖超人近期掀起的"狂风巨浪"便是服务，用心服务好用户，尽心服务好商户。

据知情人士透露，外卖超人内部每月会根据大数据做一次"用户体验数据分析报告"，

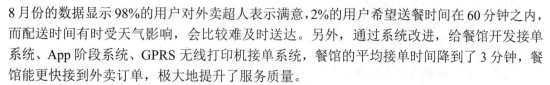

8月份的数据显示98%的用户对外卖超人表示满意，2%的用户希望送餐时间在60分钟之内，而配送时间有时受天气影响，会比较难及时送达。另外，通过系统改进，给餐馆开发接单系统、App阶段系统、GPRS无线打印机接单系统，餐馆的平均接单时间降到了3分钟，餐馆能更快接到外卖订单，极大地提升了服务质量。

外卖超人平台有不少新开业的餐馆，这些餐馆上线不久后就可以增加平台的订单量，提高其营业额，而且带动堂吃生意越来越好。用户真正挣到钱了，自然认为平台的服务就做到位了。

二、天津本地生活服务 O2O 将跨入万亿元时代

炎炎夏日，叫外卖、提前预订到店消费，已经成为滨海新区很多年轻人的日常生活。年轻创业者聚焦的新区，也因此成为多家本地生活服务平台血拼的战场。这恰恰也是全国生活服务平台市场的鲜活写照。

昨日，第三方研究机构艾瑞发布的研究报告显示，去年本地生活服务O2O形成了到家、到店两大模式，行业整体交易规模接近7000亿元。艾瑞预计，该市场规模将逼近1万亿元大关，其中，到店业务以口碑、美团点评为主要代表，市场规模预计为7 149亿元；而外卖、上门按摩、配送等到家业务则以美团外卖、饿了么为主流，市场规模预计为2631亿元。

在经历了团购大战、美团点评合并、饿了么崛起、新口碑成立等行业大事件后，2017年国内本地生活服务O2O的平台的竞争格局已经初步确立。艾瑞认为，O2O市场的平台级玩家只有美团点评、口碑与饿了么三家。其中，在到店业务上，美团点评与口碑形成两强争霸格局。阿里巴巴旗下的口碑平台通过升级二维码，则可以帮助商家管理与经营线下线上流量。美团点评从团购大战杀出，经过几次架构调整，逐渐形成餐饮、酒店旅行等几大业务板块。饿了么获得阿里巴巴与蚂蚁金服的两次投资，继续专注于外卖业务，与美团外卖竞争胶着。百度糯米与百度外卖，因百度整体战略转型至人工智能，投入大幅减少，市场竞争力急剧下降。

滨海新区一些餐饮商户告诉记者，在接下来的O2O竞争中，自己"用脚投票"的重要依据就是一个平台能否在数据产品、技术上真正帮助商家实现效率提升。而消费者最看重的当然是体验的便捷性。眼下，受益于天津"无现金城市"建设的影响，新区消费者使用口碑的频次陡增。

三、5G"深耕"餐饮行业，助力升级智慧餐饮

随着 5G 慢慢被采用，餐饮行业将会发生颠覆性的变化。那些没有抓住"4G"红利的餐饮企业，在5G时代将会作出怎样的抉择呢？

在回答这个问题之前，我们不妨先看下5G的优势都有哪些。

5G即第五代移动通信技术，具有高速率(最高可达10Gb/s)、低时延(1ms延迟)、高密度、广连接(1km^{2}可以承载100万个连接)等特性，尤其为AI、VR、无人驾驶等行业带来技术性的变革，通过大幅"提速"，降低延迟来增强体验，优化服务，同样的，在餐饮业，5G就体现在各种"科技赋能"中。

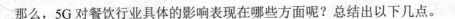
那么，5G对餐饮行业具体的影响表现在哪些方面呢？总结出以下几点。

1. 大数据赋能餐饮新"食"代

事实上多年前餐饮业就开始有了"大数据"，现在也有很多软件服务商借助CRM、ERP、SaaS等管理工具为餐厅提供后台数据支持。

在5G进入餐饮行业后，通过高精地图、传感器、摄像头来实时采集并在0.1秒内完成传输处理，门店据此可以进行精准的人流统计、准确读取来店消费的每一个顾客标签。一旦顾客进店，店内服务人员就可以快速读取每一个消费者的消费习惯和用餐习惯，有针对性地提供顾客需要的更高水准的服务。

此外，顾客也可以借助更丰富的餐厅信息数据，更立体、生动地了解餐厅菜单，实时查看用餐的餐厅座位数、餐厅内部装修以及后厨的环境卫生，继而作出是否来店用餐的选择。从这个角度来说，未来的餐厅无疑会实现更丰富的线上呈现。

2. 促进用餐场景的改变

5G的到来，为实现"万物互联"奠定了技术基础，以手机为代表的移动终端作为交互控制中心，所有的设备都可实现互联。

将选餐厅、点餐、出餐、就餐、支付、餐后反馈等重要环节进行连接，减少甚至取消了人工操作，大大提高了餐厅生产的效率和消费者的就餐体验。

3. 3D支付安全性更高

4G促进了以支付宝和微信为代表的移动支付出现，让每张账单都有据可查，解决了餐饮业财务管理的现金漏洞问题。但扫码支付是基于2D技术，安全性隐患仍然存在。而5G商用后，基于3D技术的刷脸支付的应用，实现了更具便捷、迅速、交互性的"刷脸支付"，不仅确保每笔交易支付万无一失，还能通过刷脸环节衍生其他营销方式。

4. "明厨亮灶"使厨房更加明亮

无论在采购环节还是后厨制作环节，都需要运用视频监控，但由于过去3G、4G时代的信息传输速度、清晰度不够，在食品安全问题频发的今天，人们对于后厨卫生状况也很难从源头上发现。

在5G环境下，"明厨亮灶"工程除了追溯食材来源，还可以通过5G智慧中央厨房物联网对餐饮企业进行超高清摄像，结合影像光谱技术，可以判断作业人员的行为并进行纠错。再比如，智慧仓库和智慧称重系统则可以监控操作人员打卡、验收的过程，食材的重量、图片和视频录入信息也可以实时管理。

5. 短视频再次助力餐企"火起来"

5G时代的来临，更快的网速带动了视频，特别是短视频的爆发。

抖音日活跃用户总数达到10亿，15分钟的视频发布功能，巨大的流量窗口，形成了"视频带货"的商业模式。即在视频播放中，加入相关联商品的链接进行跳转，把消费者带入一个交易(消费)的环节。在庞大的用户基数下，一定比例的下单转换率是不容小觑的消费潜力。

对于餐企来说，这会有巨大的流量可以利用！

餐饮行业的流量来源不同：在外部，来自外卖平台、各类美食推荐的第三方网站；在内部，来自本身到店的客人、商场的自带流量。除此以外，餐企还可以创造场景去吸引流量。

以短视频为例，在一条视频播放中，有可能是有关某部电影的片段，激发了消费者购买电影票观影的消费冲动，那么借助视频页面中的跳转链接，引流到特定的界面或者平台，这就完成一次流量转换。

6. 从 4G 到 5G 餐饮人别再错过

在餐饮行业，大数据、流量一直被认为是一块难啃的"骨头"。大数据要想实现分析的价值，首先对数据的广泛性、完整性、准确性和流动性有很高的要求。而在很多餐饮门店的实际运营中，数据的准确采集、分类本身就是一件难以做到的事情，即使要得到相对有效一些的数据，进行一定程度的分析，也需要商家花费不少人力物力。

而 5G 时代的到来，正好可以替企业解决这一方面的难题。

据悉，5G 所需要的芯片、终端、管道、边缘计算、云基础设施和智能应用等基础设施都已经搭建好，一旦 5G 技术普及，5G 手机、高性能图像采集设备的广泛应用，将会有更大、更广泛的数据通过位置变化、支付行为和其他操作行为呈现出来，数据的基数将呈几何级数增长。同时，依靠 5G 快速处理转化，抵达餐厅端的数据延迟几乎可以忽略不计。

2019 年是中国正式进入 5G 商用元年，餐饮行业在经营过程中各环节的信息获取和交互速度将达到新的高度，其对餐企和餐饮人的考验也是前所未有的，在错过了 4G 时代的红利后，餐企将会如何面对 5G 时代，又将作出怎样的抉择？让我们拭目以待！

四、哗啦啦小程序直播赋能餐饮，打造高频变现通道

"事实上，在哗啦啦之前，我们也和其他平台合作尝试过小程序直播，但是由于对方系统不稳定，导致直播过程卡顿暂停多次，所以没有成功，这次哗啦啦小程序直播还是比较成功的，结果我们也很满意。"苍井外带寿司相关负责人说。

近日，在全国拥有 300+连锁门店的"苍井外带寿司"，通过哗啦啦小程序直播完成了首次小程序直播试水(参见图 7-2)。

直播中，"苍井外带寿司"推出了分享领券、超低价单品秒杀、经典套餐优惠促销、抽奖、会员储值免单等多样化的营销活动，直播两个半小时，实现营收超 10 万元，新增会员近 1000 人，带动加盟咨询量提升 20%，门店客流提升 30%，超出预期。

小程序直播作为微信提供的实时直播卖货工具，商家需要将小程序直播组件嵌入自有小程序，才可达到流量变现的目的。

图 7-2 "苍井外带寿司"的直播画面

近期，哗啦啦小程序正式全面接入"小程序直播"功能，已上线哗啦啦小程序的餐饮商户均可以在自己的小程序后台开通直播活动的入口。

对于此次全面接入"小程序直播"功能，哗啦啦相关团队表示，一方面旨在为餐饮商户省去与微信方面的对接与技术层面的操作，为其提供更为便捷、直接的直播入口；另一方面，基于自身稳定的服务系统，哗啦啦为商户打造了更为流畅的直播变现通路。

同时，哗啦啦小程序直播打通了商户的点餐、储值、会员、积分、营销、商城等体系，可更好地助力餐饮商户实现微信生态下的私域流量激活、裂变与变现运营闭环。

以哗啦啦饮食通项目"苍井外带寿司"为例，哗啦啦小程序支持商家在直播中开展多样化玩法，如进入直播即免费领券、商城促销、商品秒杀限购、会员储值、加客服圈私域流量等多种引流、变现、复购转化活动。例如此次直播中"苍井外带寿司"就凭借推出进入直播间免费送券、1 元秒杀、经典套餐优惠促销等活动，实现产品订单收入 52 148 元，占比本次直播营收超 50%。

同时，基于哗啦啦小程序与商家储值系统的打通，其在直播中推出了在线储值活动，使消费者可以直接通过直播间的储值链接进行在线储值，最终带来近 48 593 元的储值收入，接近此次直播总营收的 50%。

不同于其他直播平台，小程序直播基于小程序本身的特点以及整个微信生态圈，在激活私域流量、裂变引流、变现等环节拥有众多无可比拟的优势。

(1) 用户观看更加便捷。

使用小程序直播，用户无须下载 App 及任何插件，可直接点击链接进入直播间，大大降低了用户观看直播的门槛和成本，缩短了用户观看直播的路径，能够有效地提升用户的点击观看率。

(2) 丰富的流量入口，且获客率高。

商家创建完小程序直播活动后，可经由微信生态下的微信公众号、社群、朋友圈、门店经营海报等多渠道进行传播，且用户可通过其中任一渠道扫码或者点击链接直接进入直播间。

同时，小程序直播支持用户预约订阅直播，在直播开始前会自动向用户推送直播提醒，避免用户错过直播。

(3) 直播中的社交裂变引流。

依托小程序的分享裂变功能，在直播过程中，商家可通过开展各种营销活动吸引直播间的观众进行分享裂变引流，例如哗啦啦小程序直播可为商家提供"邀请好友有礼""推荐有礼""拼团活动""膨胀大礼包"等多种多样化的裂变引流营销玩法。

(4) 缩短购买路径，真正实现"边看边买"。

小程序直播与小程序商城实现了双向无缝跳转切换。例如点击直播间放出的商品链接或者随时点击直播间右下角的购物袋，即可快速跳转至商家小程序下单购买或者浏览商城商品，大大缩短了消费者的购买路径，并且在进行下单支付或浏览商品的同时，依旧可以通过浮动的直播窗口，观看直播，点击浮动直播窗口还可直接切换回直播间，真正实现了"边看边买"。

(5) 引流商家自有小程序，助力商家沉淀私域流量。

进入商家小程序直播的流量，一部分是商家公众号、商家社群等前期积累的忠实粉丝，另一部分则是通过粉丝邀请微信好友或者分享给好友链接而来，故在某种程度上与品牌存在一定的信任基础，从而更容易产生购买行为，并进一步转化为会员，沉淀为商家的私域流量。

可以说，基于哗啦啦小程序于点餐、会员、营销、商城等多系统打通的属性，哗啦啦小程序"直播"功能的上线，不仅为餐饮商户提供了流量激活、裂变、变现的新通道，更为餐饮企业提供了一条高效打造私域流量池的捷径。同时可以助力广大餐饮企业抓住"直播"导流的风口，打造新的盈利模式！

项 目 小 结

本项目主要让学生了解餐饮业的起源与发展；认识餐饮电子商务的含义及类型；熟悉餐饮电子商务发展障碍和发展方向；掌握餐饮业重新模式与网络营销策略，并能够利用所学知识为餐厅提供基本的营销解决方案。

课后拓展

一、简答题

1. 电子商务技术在餐饮业的应用主要体现在哪些方面？

2. 餐饮电子商务的类型有哪些？

3. 小程序对餐饮业有什么影响？

二、实战训练

以小组为单位，调研当地比较热门的两个外卖平台，对比它们的优劣势，并为餐饮店提供相关建议。

项目八

旅游电子商务的新方法和工具

【学习目标】

知识目标：了解传统旅游电子商务的方法、工具；熟悉在旅游消费升级背景下衍生出的新方法和工具；认识微博营销、微信营销、App 和小程序营销；掌握短视频营销和直播营销的基本流程与方法。

能力目标：培养较强的比较分析能力、营销策划能力以及团队协作能力；撰写短视频和直播策划脚本，并进行简单的实操训练。

素质目标：培养新媒体营销思维，具有较强的责任心，注重细节，有合作精神和创新意识。

【关键词】

消费升级　微博营销　微信营销　App　小程序营销　短视频营销
直播营销

引导案例

消费升级促进新旅游经济发展

在消费升级和体验经济成为趋势的大背景下，旅游已经成为人们日常生活的一部分。用户的体验升级带动了文旅消费升级，强调极致之旅的新旅游经济给景区、商家和平台提供了更多机会。就拿马蜂窝来说，其消费者行为可归结为以下几点：一是不受时间空间的限制，马蜂窝旅游作为线上的旅游资源平台，能够提供全天候的服务，消费者可以不受时间和地点的限制订购宾馆，车票，机票，接送机，递接旅行团和租车等服务。二是消费者对消费风险的注重，马蜂窝旅游是完全新型的在线旅游代理平台，属于典型的B2C旅游平台，其本身就是一种安全性较高的电子商务模式。三是逐渐提升消费品质使用户更为关注口碑和自身使用感。口碑是指在个体之间传递产品信息，是从熟人中获得的信息，人们认为口碑往往比正规营销渠道传递的信息更加可信和可靠。马蜂窝已经是我国旅游电商平台中的"超新星"了，作为一个UI风格简约，色彩鲜明的旅游类App，马蜂窝不乏在功能上的创新，首页重点投入旅行短视频，通过各路大V的作品将一个个旅行体验，美食美景生动地呈现在我们身边。而且作为我国业内旅游电子商务平台近年来的黑马，与更为传统的模式相比，消费者在电子商务平台模式下可以更快捷地比较哪种才是他们最需要的。

总体而言，在消费者行为的影响下，马蜂窝也作出了相应的升级举措以提升消费体验。

(一)消费者个性化需求的激发

马蜂窝通过提供许多特色服务激发了消费者的个性化需求，从而引导消费者追求个性化的发展。推出出国定制游等服务，可以根据个人需求进行定制旅行的行程以及充满个性的主题游推荐。"经过这么多年的积累之后，会发现我们形成了一个用户的流量高地了，大家出门第一反应先去看马蜂窝，看看别人怎么玩的。到一个目的地之前先看别人吃什么，玩什么，这个非常关键"，马蜂窝高管这样讲道。这些都是针对不同年龄的消费者所提供的个性化服务，其推出的目的就是为了满足大家多种多样的个性化需求，有需求必然能推动产品的形成和优化，在旅游业也是如此。此外，马蜂窝旅游App更是添加了颇具创新色彩的直播功能，在这里云集了直播出游、直播攻略、直播云游世界等，使这款App不仅只适用于需要订购宾馆，车票等服务的时候，而是随时随地打开App都可以了解来自世界各地的风景、美食、民俗、逸闻等，马蜂窝旅游App也真正做到了"如果身体不能在路上，就让心灵在路上"。

(二)消费者可选消费方式的变化

马蜂窝旅游平台可以优化创新经营模式，进而使产品供应链变得更好，当代的年轻人在消费上已经有了很多变化，年轻人对未来充满信心，也不惧怕提前消费，所以京东白条，花呗等贷款平台才会如此受欢迎。马蜂窝旅游平台也应该关注这个极具消费潜力的用户群体，可以考虑与各大银行，供应商等进行合作，开展"分期付款旅游"或者"仅仅支付定金即可提前旅游"之类可以进行提前消费的营销活动来吸引年轻一代消费者的注意力，让年轻消费者在最好的年纪能够享受到属于年轻的快乐，推出趁着年轻，出去走走等具有人文情怀的服务项目。

(三)提升消费者的认同感

消费行为主要是由决定购买过程中心理活动和真实消费的实践过程所构成的。所以，在消费者决定购买的时候抢占先机，让消费者作出选择马蜂窝这个决定是尤为重要的，主要是通过两个方面来保障，第一是硬件建设，体现在马蜂窝自身 App 和网络平台的优化上，没有良好优化的网站，浏览起来的体验感是很差劲的，当一个网站平台的漫游效率、加载速度等都不能达到消费者的心理预期，甚至无法进入网页的时候，消费者有很大的可能会放弃这个平台转而选择另一个平台。第二就是软件方面的服务，这体现在对消费者思想的影响，比如建立一个良好的企业形象，利用良好的客户服务及营销人员、公关团队等，就可以轻松地帮助马蜂窝平台获得消费者群体认同，增加在消费者作出选择时被选择的概率。

(四)消费者扩大需求的满足

马蜂窝旅游平台作为一个可以全球出票的电子商务旅游平台，从当下消费者有更多更新奇需求的现状来看，马蜂窝确实是值得选择的旅游电子商务平台，马蜂窝在此的黑科技就在于将内容和交易的合并，它不同于其他旅游类 App 的最大特点就是其作为旅游分享类App 被设计出来的，并且快速地满足了消费者不断变化的需求，面对着使用者不仅仅满足于浏览内容的要求，马蜂窝选择了拓展交易功能，使消费者既可以在马蜂窝旅游上观看旅行分享推荐，又能在任何时间选到当下便宜实惠的各类车票门票。同时我认为马蜂窝旅游还可以增加里程积累兑换奖品或者优惠券的活动，只要在马蜂窝旅游平台上购票，就可以按照购票的里程等数据进行积分积累，鼓励消费者通过马蜂窝旅游线上平台进行交易，这样才能提升客户忠诚度，逐渐实现将我国常见的 OTA，UGC 两种不同模式的线上旅游平台功能强强联合，在这场没有硝烟的商业战场上开辟出稳固的立足之地。

(资料来源：尚奕彤，消费者行为对电商旅游平台的影响研究——以马蜂窝旅游平台为例)

任务一　旅游消费升级衍生新方法和工具

任务目标

假设你是某景区的运营总监，你将对一批新业务员进行培训，收集和整理网络资料，对比旅游电子商务的各种方法工具。

任务实施过程

请每个小组将任务实施的步骤和结果填写到如表 8-1 所示的任务单中。

表 8-1　项目八之任务一的任务单

小组成员：	指导教师：
任务名称：	任务完成地点：
工作岗位分工：	
工作场景：	
(1) 你是某景区的运营总监，你将对一批新业务员进行培训，收集和整理网络资料；	
(2) 对比旅游电子商务的各种方法、工具	

教学辅助设施	文字、图片、视频、PPT 等多媒体
任务描述	通过收集和整理网络资料，让学生了解传统旅游电子商务方法工具和新的方法工具
任务重点	主要考查学生对旅游电子商务新方法工具的认识
任务能力分解目标	(1) 搜索引擎营销； (2) E-mail 营销； (3) 新方法和工具
任务实施步骤	(1) 学习相关知识点； (2) 学生以小组为单位，通过书籍、网络收集资料，对比分析旅游电子商务各种方法、工具的内涵与用途； (3) 每小组以多媒体形式进行汇报，展示调研成果； (4) 各小组进行互评，教师点评

任务评价

(1) 搜索引擎营销。

(2) E-mail 营销。

(3) 微博微信、App 和小程序、短视频和直播营销等新方法和工具。

一、典型的旅游电子商务方法和工具

(一)搜索引擎营销

搜索引擎营销(Search Engine Marketing，SEM)简单来说，就是基于搜索引擎平台的网络营销。这种营销利用人们对搜索引擎的依赖和使用习惯，在人们检索信息的时候将信息传递给目标用户。搜索引擎营销的基本思想是让用户发现信息，并通过点击进入网页，进一步了解所需要的信息。企业通过搜索引擎付费推广，让用户可以直接与公司客服进行交流、互动，实现交易。SEM 的方法包括 SEO、付费排名、精准广告以及付费收录等。

搜索引擎在网络营销中的作用具体表现在六个方面，即网站推广工具、网络品牌传播渠道、产品网络推广工具、网上市场调研工具、网站优化检测工具以及竞争对手制造网络推广壁垒等。

(二)E-mail 营销

E-mail 营销，又称电子邮件营销(E-mail Direct Marketing)，有时也被简称为 EDM 营销。企业可以通过 EDM 建立同目标顾客的沟通渠道，向其直接传递相关信息，用来促进销售。EDM 有多种用途，可以发送电子广告、产品信息、销售信息、市场调查、市场推广活动信息等。可分为许可 E-mail 营销和非许可 E-mail 营销。

许可 E-mail 营销的五个基本步骤：第一，要让潜在顾客有兴趣并感觉到可以获得某些价值或服务，从而加深其印象并吸引其注意力，引导其按照营销人员的期望，自愿加入到许可的行列中去；第二，当潜在顾客投入注意力之后，应该利用潜在顾客的注意，比如可以为潜在顾客提供一套演示资料或者教程，让消费者充分了解公司的产品或服务；第三，继续采用激励措施，以保证潜在顾客维持在许可名单中；第四，为顾客提供更多的激励从而获得更大范围的许可，例如给予会员更多的优惠，或者邀请会员参与调查，提供更加个性化的服务等；第五，经过一段时间之后，营销人员可以利用获得的许可改变消费者的行为，也就是让潜在顾客说，"好的，我愿意购买你们的产品"，只有这样，才可以将许可转化为利润。

当然，从顾客身上赚到第一笔钱之后，并不意味着许可营销的结束，相反，仅仅是将潜在顾客变为真正顾客的开始，如何将顾客变成忠诚顾客甚至终生顾客，仍然是营销人员工作的重要内容，许可营销将继续发挥其独特的作用。

二、消费升级衍生的新方法和工具

在消费升级和体验经济成为趋势的大背景下，旅游已经成为人们日常生活的一部分。用户的体验升级带动了文旅消费升级，强调极致之旅的新旅游经济给景区、商家和平台提供了更多机会，同时衍生出新的方法和工具，从微博微信到 App、小程序，再到当下时兴的短视频营销和直播营销。

案例 8-1　北京环球度假区飞猪官方旗舰店已正式上线

任务二　微博与微信营销的应用

任务目标

假如你是某景区的运营总监，结合微博、微信策划一次营销活动。

任务实施过程

请每个小组将任务实施的步骤和结果填写到如表 8-2 所示的任务单中。

表 8-2　项目八之任务二的任务单

小组成员：		指导教师：
任务名称：	任务完成地点：	
工作岗位分工：		
工作场景： (1) 你是某景区的运营总监，结合微博、微信策划一次营销活动； (2) 分小组展示活动方案		
教学辅助设施	文字、图片、视频、PPT 等多媒体	
任务描述	结合微博、微信策划一次营销活动，并进行展示	
任务重点	主要考查学生对微博营销和微信营销的认识和应用	

续表

任务能力分解目标	(1) 微博营销； (2) 微信营销
任务实施步骤	(1) 学习相关知识点； (2) 学生以小组为单位，结合微博、微信策划一次营销活动； (3) 每小组以多媒体形式进行汇报展示； (4) 各小组进行互评，教师点评

任务评价

(1) 微博营销应用。

(2) 微信营销应用。

情境一　微博营销的应用

一、微博营销

微博营销是指一种网络营销方式，其方式是通过微博的发布与讨论，营销产品或者服务，营销对象为微博的粉丝，为扩大营销的效果，一般会通过大 V 的转发，大 V 可能拥有几十万甚至一千万粉丝。每一个人都可以在新浪，网易等注册一个微博，然后每天更新自己的微型博客，并利用每天的更新的内容与粉丝交流，这样就可以达到营销的目的，这样的方式就是新兴推出的微博营销。

(一)微博的类型

1. 个人微博

个人微博是新浪微博中数量最大的微博，其又可以分为明星、不同领域的专家、企业创始人、高管、草根等微博。

除了以个人名义发布的微博外，还有以动物语气发布的微博，如韩寒的狗@韩寒的马达加斯加，甚至还有虚拟人物微博，如电视剧《欢乐颂》开播期间就为自己的主要角色开设了微博，而且微博之间还会进行互动。

2. 企业微博

很多企业都开设了自己的官方微博，不少微博也都获得了非常好的效果，有些企业的微博还形成了矩阵式经营——企业领导人微博、高管微博、官方微博、产品微博，相互呼应。

3. 政务微博

微博对于政府可谓影响深远，它为人们打开了一扇窗户，各种信息蜂拥而来。传统的信息管理方式已经跟不上时代的发展步伐，而微博对于调和公民言论自由、政府信息透明、国家安全和个人隐私之间可能存在的矛盾，都起着积极作用。凭借强大的舆论影响力，微博也成为群众对党政机关和公职人员的监督利器。

据统计，截至 2016 年 6 月 30 日，经过新浪平台认证的政务微博达到 159 320 个，较 2015 年年底增加 6 930 个。其中，政务机构微博 120 920 个，新增 6 214 个，公务人员微博 38 400 个，新增 716 个。

4. 校园微博

新媒体蓬勃发展，微博成为极具影响力的平台，校园作为社会的一个组成部分也加入到了微博阵营中。自 2009 年起，各地学校，特别是各大高校纷纷开设官方微博，传播信息、增进了解，发挥着扩音器和凝聚节点的作用，在教育教学、危机公关等方面也有增益，成为学校和学生之间的沟通纽带与桥梁。

5. 其他类微博

这些微博比较庞杂，不方便分类。如新电影上映会开一个微博，企业的某项重要活动也可能会单独开一个微博。这类微博，有一定的时效性。通常来说，过了上映期或者是活动发布期，就会冷下去，但发挥的作用是不可忽略的。

(二)微博的设置

微博运营的基础是微博的设置，包括微博名称、头像、简介、标签、个性域名和认证等。

微博名称要简洁明了、容易记忆，旅游企业给微博取名的时候一定要注意联系主题、注重品牌传播。这样做的好处有两点：一是让读者对企业产品产生信赖感，二是体现专业度，离成功更近一步。

微博头像是粉丝对你的第一印象。一般情况下，粉丝关注一个人，除了看其昵称外，还是查看微博头像。所以，一个清晰有特色的头像照片是必需的，要么真实，要么有个性。在设置头像时，一定要考虑大、中、小三种显现方式都足够清晰。微博头像对于品牌企业、政府机构和高校来说，是一个非常重要的象征，可以是 Logo、标志和校徽。旅游景区也可以设计一个独特的 Logo 或以标志性的景区地标作为头像。

简介是吸引别人了解你的个性的关键信息，内容要简明扼要，有个性化色彩。而且，简介需要在几句话里显示出自己的特长、个性等信息。简介对于品牌企业、政府机构和高校来说，同样是一项非常重要的信息，往往是一个人了解该企业、机构和高校的一种重要渠道。

微博用户在编辑个人资料时，可以输入标签信息。不要小看这个标签，它既可以展示自己的个人品牌、兴趣特长，也能让大家方便找到你。

微博用户可以设置一个自己的个性域名，方便粉丝或亲朋好友快速进入，这样就不需要打开微博再去微博搜索框搜索昵称，更加方便快捷。同时，将个性域名链接发送给亲朋好友，他们接受邀请后会成为你的粉丝。在工作及日常生活中，个性域名经常会被用到，如邮件的签名。同时，给好友发送你的个性域名链接时，如果直接复制个人主页的链接，会出现非常长的链接，不方便打开，也不美观。

知识拓展 8-1

旅游相关微博账号简介

马蜂窝旅游：年轻人用得更多的旅游网站！旅游之前，先上马蜂窝！

马蜂窝玩法：和一亿旅行者看世界，你的全球目的地玩乐专家。

马蜂窝旅游攻略：全球旅游消费指南，你的贴身旅行向导！

携程旅行网：为了及时处理您的问题，如有任何建议或问题，请致电 95010 或私信@携程客服，携程帮您预订全球 25 万家酒店，国内……

携程机票：携程机票官方微博。专注搞特价，定期送惊喜！

途家民宿：住民宿，上途家。

井冈山：井冈山管理局、井冈山旅游风景区官方微博。

黄山：黄山风景区全价门票每张 190 元；云谷、太平索道票，单程每张 80 元；玉屏索道票单程每张 90 元；西海观光缆车票……

中国黄山：展示大美黄山，服务游客职工，构建交流平台，欢迎关注黄山风景区管理委员会官方微博。

(资料来源：微博官网，https://weibo.com/)

二、微博营销的技巧

微博的发布形式越来越多元化，除了文字和图片外，还可以发布长微博(显示为"头条文章"和"文章")、视频(分为在线上传和本地上传两种形式)、音频(从新浪音乐库中选择内容或者其他支持的音乐链接)、投票、点评等。2016 年开始，微博更增加了直播发布。微博营销具体有如下几个技巧。

1. 利用热门话题制造热度

微博用户可以经常发布一些热门话题，只要话题够热、够新颖，就能引起别人的注意，从而制造话题的热度，获得事半功倍的效果。

微博上每天都有各种各样的新闻热点，微博用户可借助人们关注的热点，发表与热点结合的图片、文案、文章、视频、长微博等，同时也可以结合热门话题引出自己的想法，这样就会被网友从热搜中看到。如果你的内容足够有价值和创意，就会产生大量转发，也会给账户带来大量粉丝。

2. 利用图片提升内容的可读性

一条好微博如果配上合适的图片，会极大增加微博的转发量。文案和配图是需要一体化策划的，好文案能让一般的图显得活灵活现。

3. 巧用@功能增加转发量

(1) 微博中巧妙嵌入"大V"的信息，激发"大V"转发的兴趣。

(2) "大V"定期搞微访谈栏目互动时，向其提出几个有质量的问题。

(3)　给畅销书作者或出版社写书评，如读完某畅销书后写出读后心得。

(4)　给名人的话题微博写有质量的评论。例如，名人分享了一篇长文章，给名人的微博写出一篇有质量的评论，便会引发名人的转发。

(5)　给名人的话题微博写有质量的评论。例如，名人分享了一篇长文章，给名人的微博写出一篇有质量的评论，便会引发名人的转发。

(6)　对于关注过你的名人，你可以通过私信的方式提供他感兴趣的微博，邀请他转发。

4. 微博快速增粉技巧

对一个新注册的微博账号来说，除了前期账号的定位和内容规划运营以外，第一步也是最重要的一步是快速获得第一批粉丝。因为有了粉丝，发布的微博内容才会被人看到，才会产生互动传播，为微博账号带来更多的粉丝。

(1)　亲朋好友互粉。开通一个新微博账号后，通过与身边的亲戚、朋友、同学进行微博互粉，相互加关注，增加微博互动，是微博运营前期一种不错的增粉方式。

(2)　好友推荐。除了与身边的亲朋好友互粉以外，还可以通过好友推荐的形式来增粉。好友推荐的好处有两点：一是有推荐人的信任做背书，二是通过推荐语可以看出被推荐人的特点，推荐语是给其他人关注被推荐人的理由。

5. 打造微博营销矩阵

微博营销首先要建立一个能够产生影响力的平台，并建立链式传播系统，这就需要一个账号矩阵。一些成熟的微博运营企业都建立了完善的微博矩阵。例如，北京马蜂窝网络科技有限公司建立了以"马蜂窝旅游""马蜂窝玩法""马蜂窝旅游攻略""马蜂窝旅游 App 家族"为主要阵地的微博矩阵。

6. 维护微博粉丝的方法

微博的粉丝数量不是固定的，有增加也会有减少，如何才能维护微博粉丝呢？微博运营者可以从以下几方面入手：一是定期更新微博信息；二是善于回复粉丝的评论；三是善用微博私信；四是不要一味发商品广告，可以适当使用软文或者拍摄成创意视频。

知识拓展 8-2

微博营销的特点

一、立体化

微博营销可以借助先进的多媒体技术手段，用文字，图片，视频等方式对产品进行描述，使消费者能够更加直观地了解到有关产品的信息。

二、高速度

微博最显著的特征之一就是其传播迅速。一条关注度较高的微博在互联网及与之关联的手机 WAP 平台上发出后短时间内互动性转发就可以抵达微博世界的每一个角落，短时间内获得最多的目击人数。

三、便捷性

微博营销优于传统的广告行业，发布信息的主体无须经过繁复的行政审批，从而节约了大量的时间和成本。

（资料来源：https://www.weibo.com/ttarticle/p/show?id）

情境二　微信营销的应用

一、微信营销

随着移动互联网和智能手机的普及，以微信为代表的社交 App 得到蓬勃发展，成为移动端最主要的流量入口。这些社交平台占据了用户的大量时间，使用频次高、黏性强，流量价值极其丰富，成为各行各业企业营销的重中之重，旅游业的景区景点营销也不例外。微信营销已成为旅游景区的标配业务模块。

微信营销是网络经济时代企业对营销模式的创新，是伴随着微信的火热产生的一种网络营销方式，微信不存在距离的限制，用户注册微信后，可与周围同样注册的"朋友"建立联系，用户订阅自己所需的信息，商家通过提供用户需要的信息，推广自己的产品。

微信营销主要体现在以安卓系统、苹果系统为主的手机或者平板电脑的移动客户端进行的区域定位营销，商家则可通过微信公众平台，结合转介率微信会员管理系统展示商家微官网、微会员、微推送、微支付、微活动，形成一种主流的线上线下微信互动营销方式。

二、微信营销模式

目前，微信营销的模式有以下几种。

1. 草根广告式——查看附近的人

产品描述：微信中基于 LBS 的功能插件"查看附近的人"便可以使更多陌生人看到这种强制性广告。

功能模式：用户点击"查看附近的人"后，可以根据自己的地理位置查找到周围的微信用户。在这些附近的微信用户中，除了显示用户姓名等基本信息外，还会显示用户签名档的内容。所以用户可以利用这个免费的广告位为自己的产品打广告。

营销方式：营销人员在人流最旺盛的地方后台 24 小时运行微信，如果"查看附近的人"使用者足够多，这个广告效果也会不错。随着微信用户数量的上升，可能这个简单的签名栏也许会变成移动的"黄金广告位"。

2. 品牌活动式——漂流瓶

产品描述：移植到微信上后，漂流瓶的功能基本保留了原始简单易上手的风格。

功能模式：漂流瓶有两个简单功能：①"扔一个"，用户可以选择发布语音或者文字然后投入大海中，如果有其他用户"捞"到则可以展开对话；②"捡一个"，"捞"大海中无数个用户投放的漂流瓶，"捞"到后也可以和对方展开对话，但每个用户每天只有 20 次机会。

营销方式：微信官方可以对漂流瓶的参数进行更改，使合作商家推广的活动在某一时间段内抛出的"漂流瓶"数量大增，普通用户"捞"到的频率也会增加。加上"漂流瓶"模式本身可以发送不同的文字内容甚至语音小游戏等，如果营销得当，也能获得不错的营销效果。而这种语音的模式，也让用户觉得更加真实。但是如果只是纯粹的广告语，是会引起用户反感的。

3. O2O 折扣式——扫一扫

产品描述：二维码发展至今其商业用途越来越多，所以微信也就顺应潮流结合 O2O 展开商业活动。

功能模式：将二维码图案置于取景框内，微信会帮你找到好友企业的二维码，然后你将可以获得成员折扣、商家优惠抑或是一些新闻资讯。

营销方式：移动应用中加入二维码扫描，然后给用户提供商家折扣和优惠，这种 O2O 方式早已普及开来。而类似的 App 在应用超市中也多到让你不知如何选择，坐拥上亿用户且活跃度足够高的微信，价值不言而喻。

4. 互动营销式——微信公众平台

案例 8-2　四川航空旅行社有限公司的微信营销

产品描述：对于大众化媒体、明星以及企业而言，因为微信开放平台+朋友圈的社交分享功能，已经使微信成为一种移动互联网上不可忽视的营销渠道，那么微信公众平台的上线，则使这种营销渠道更加细化和直接。

任务三　旅游垂直 App 和小程序

任务目标

临近暑假，你作为某旅游平台的运营，准备提前为假期出游高峰做好营销策划，请结合所学知识在平台 App 和小程序中开展相应的营销推广策划。

任务实施过程

请每个小组将任务实施的步骤和结果填写到如表 8-3 所示的任务单中。

表 8-3　项目八之任务三的任务单

小组成员：		指导教师：
任务名称：	任务完成地点：	
工作岗位分工：		
工作场景：		
(1) 临近暑假，你作为某旅游平台的运营，准备提前为假期出游高峰做好营销策划；		
(2) 结合所学知识在平台 App 和小程序中开展相应的营销推广		
教学辅助设施	文字、图片、视频、PPT 等多媒体	

续表

任务描述	结合所学知识在平台 App 和小程序中开展相应的营销推广策划
任务重点	主要考查学生对 App 和小程序营销的认识和应用
任务能力分解目标	(1) App 营销； (2) 小程序营销
任务实施步骤	(1) 学习相关知识点； (2) 学生以小组为单位，结合所学知识在平台 App 和小程序中开展相应的营销推广策划； (3) 每小组以多媒体形式进行汇报展示； (4) 各小组进行互评，教师点评

任务评价

(1) App 营销。

(2) 小程序营销。

情境一 旅游 App 的发展

一、OTA 的发展

在线旅游(OTA)是旅游电子商务行业的专业术语，指"旅游消费者通过网络向旅游服务提供商预订旅游产品或服务，并通过网上支付或者线下付费，即各旅游主体可以通过网络进行产品营销或产品销售"。

随着用户群体从 PC 端向智能手持设备方面的大量转移，以及旅游用户预订习惯的转变，移动互联时代下的在线旅游市场极大改善了用户的消费体验，App 市场规模进一步扩大，小程序的特有优势也使其迅速发展并在旅游电子商务中占据了重要位置。

二、垂直搜索平台

随着互联网信息急剧膨胀，传统的搜索引擎技术很难帮助用户在短时间内准确地检索所需要的信息，最终导致用户信息搜索成本大大增加，在这种情况下，旅游垂直搜索平台应运而生。去哪儿网、酷讯旅游网、阿里旅行·去啊、欣欣等搜索平台的出现，使人们可以通过"比价搜索"选择服务提供商，在信息更加透明和对称的背景下，旅游者的自主选择权再次被扩大。

案例 8-3 去哪儿网

三、旅行类 App

随着智能手机的普及，人们在沟通、社交、娱乐等活动中越来越依赖于手机 App 软件

(App，英文 Application 的简称，即应用软件，通常是指 iPhone、安卓等手机应用软件)。手机软件是通过分析、设计、编码，生成软件，是一种特殊的软件。为了弥补手机原始系统的不足，使手机应用更具个性化，用户往往会在手机上安装十几个甚至几十个 App。也正因如此，旅游用户也逐渐迁移到移动端，旅游类 App 如雨后春笋般涌现。

旅游与移动互联网有着天然的结合优势，移动互联网的崛起和智能手机的普及，让旅游前、旅游中和旅游后的各种需求形成一种循环，几乎全部都可以在移动终端得以实现，典型的模式就是旅游 App。随着国内旅游市场主力消费人群转为 90 后和 00 后的年轻人，在线旅游市场渗透率逐步提升，旅游 App 被认为是未来旅游产品预订和销售的主力渠道。例如面包旅行、在路上、马蜂窝的各种 App(旅游攻略、旅游翻译官、马蜂窝自由行等)。

案例 8-4　面包旅行 App

知识拓展 8-3

旅行类 App 的分类

一、旅游攻略类

(1) 马蜂窝：提供全球超过 60 000 个旅游目的地的旅游攻略、旅游问答、旅游点评等资讯，以及酒店、交通、当地游等自由行产品及服务。

(2) 穷游：是一款出境旅行旅游指南 App 应用，为用户提供全球热门出境游目的地和新奇小众景点，针对特色美食，当地特色的活动和购物攻略等旅行资讯，该 App 既提供来自千万用户的真实点评和图片，也提供来自穷游锦囊、旅行达人的推荐榜单。

(3) Trip Advisor(猫途鹰)：收录逾 5 亿条全球旅行者的点评及建议，覆盖超过 190 个国家的 700 万个住宿、餐厅和景点，并提供丰富的旅行规划和预订功能。

(4) 十六番旅行：属于小而精华的攻略，泰国、日本和亚洲国家的内容比较多，但是这上面会有一些直播旅行和找旅伴的内容，小众但是有用。

(5) 小红书：有很多小众餐厅和住宿都是在小红书的笔记里发现的。

二、交通出行类

(1) 铁路 12306：是中国铁路客户服务中心推出的官方手机购票应用软件，数据及时准确，交易安全可靠。

(2) 租租车：出境自驾游租车平台，选定日子和车型，会显示取还地点、租车公司，还可以选择"上门取还"，勾选专人送车的选项，下单时填好取还车时间和酒店地址、联系电话；就会有工作人员联系你，送车到酒店。

(3) Uber：在外旅行不熟悉路线的时候可以打 Uber，相当于国际版的"滴滴打车"；不仅有专车，还可以打到摩托车，是不是很酷？

(4) 航旅纵横：航旅纵横 App 是中国民航官方出版的移动服务 App，能为旅客提供从出行准备到抵达目的地全流程的完整信息服务，提供完整航班起飞、延误、取消、备降等航班实时动态信息。

(5) 天巡旅行：特价机票查询神器，可以搜索到全世界各地的最低价机票。提供对一千多家航空公司的上百万条航线以及汽车租赁和酒店的即时在线比较，您可以作出最实惠的选择，让旅行预订更快捷，更便宜。

(6) 带我飞：这个 App 算是监控机票的神器了。选择你想去的目的地，平台会显示市场价格和最低价格，以及建议出行时间。此外，平台可以 24 小时帮你监控，遇到特价机票，自动为你抢。

三、酒店住宿类

(1) Booking：Booking 的业务遍布全球各地，超过 150 万家国内与国际酒店及住宿可供选择，他们提供的价格是税后价格，一般自己输好日期，总价就直接出来了，不用自己再加减，看到是多少就是多少钱，方便放心。主打现付酒店，退改政策都会比较灵活。多数房源只需要用信用卡担保，不需要提前支付。

(2) Agoda：先预付后入住，Agoda 的酒店业务主要集中在亚太地区，经常会有较高的折扣，东南亚旅游用 Agoda 订酒店会比较划算。缺点就是税费服务费分开算，且不够灵活，大多不能退。

(3) Airbnb：比起酒店，民宿更加能够体验到当地的风土人情。预订民宿的 App 里，爱彼迎应该不用多做介绍，大家都知道的。但是女孩子出门旅行还是要注意安全，选择民宿时也要多加留意哟，安全第一。个人觉得，如果一群朋友或者家庭出行，订整栋别墅或者整套房子还是不错的选择。

四、实用工具类

(1) Google 地图：国外自驾必备 Google 地图，这款软件的灵敏度非常高，境外自驾绝对不迷路。可以通过谷歌地图 App 搜索查看世界上的任意角落，是目前出国旅游的导航软件。亲测好用，根本离不开手。

(2) 有道翻译官：支持107种语言翻译，功能多样，可以满足离线翻译、AR 翻译、同传翻译，满足出国旅游购物的需求，减少了很多沟通上的麻烦。

(3) 如旅：旅行约游短视频分享社区，可以用短视频随心记录旅途美景，邂逅全球旅行达人，分享旅途精彩瞬间、发现更多旅行好去处，还可以快速交友一键匹配，多人约游说走就走。

(4) 极简汇率：我一般会前查好当地汇率，买的东西少的时候估算一个大致价格。说实话我觉得百度一下也很方便，强迫症可以提前下一个。

(5) Mori 手账：喜欢记录旅行过程的女生可以下载一个，这样既不会增加行李的负担，也方便你随时记录旅行见闻。

(6) 墨迹天气：支持196个国家70多万个城市及地区的天气查询，帮助你更好地作出生活决策，从容应对各类天气状况。

(7) 大众点评：大众点评大家再熟悉不过了，它的海外信息也越来越详细了。

(资料来源：知乎，https://www.zhihu.com/question/28105489/answer/599872162)

情境二　小程序的发展应用

小程序是一种不需要下载、安装即可使用的应用，它实现了触手可及的梦想，用户扫一扫或者搜一下就能打开应用，也实现了用完即走的功能，用户不用安装太多应用，应用

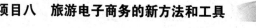

随处可用，但又无须安装卸载。

一、小程序的特征

1. 自带推广

上线小程序后可免费开通附近的小程序，可覆盖 5km 内的微信用户，解决当下商家广告无处可打的尴尬问题。且附近小程序按距离排名，与店铺品牌大小无关。

2. 触手可及，用完即走

这也是张小龙一直以来宣传的重点，小程序无须下载安装即可使用，能够以最低成本触达用户。随着小程序市场的打开，在未来两年内，80%的 App 功能都将能在小程序内实现。且小程序能将图标生成在手机桌面，不占内存。

3. 搜索小程序

微信+搜狗形成微信生态中强大的搜索功能，配合相关的关键词可以让公司、店铺获得有效的曝光率。且微信自带的搜索页面拥有小程序的快捷入口，能为常用的小程序带来更多的曝光和开启概率。

4. 小程序码

正如微信所宣传的一般，再小的店也有自己的品牌！每个小程序都拥有自己的小程序码，一张小程序码即可让用户看到店里的详细商品信息以及店铺开展的优惠活动。长相与二维码不相同，在实际场景应用中推广打开率也更高。

5. 成本更低

对于以下两类人来说，小程序可以大大降低运营成本。

对于大众创业者来说，大多数创业者的启动资金并不多，因此小程序也成为许许多多互联网创业者的首选。毕竟 App 的开发成本过高，周期过长，运营维护成本也更高。

对于一般的线下商家，除了每年交给公域流量平台的固定套餐费用外，还需被平台从流水中抽几个点，一年下来被抽取的利润很惊人。

但有了小程序后，可以将公众号的流量导流至小程序，且小程序在微信生态中有诸多流量入口。在整个微信生态中小程序无处不在。各大线下商家可建立自己的私域流量，无须再被公域流量平台所捆绑。对于需求突破却没太多资金的线下商家来说，小程序无疑是个完美的选择。

6. 更流畅的用户体验

小程序的使用流畅度可媲美 App，小程序在功能和体验上面可秒杀掉 H5 页面，H5 页面经常出现的卡顿、延迟、加载慢、权限不足的问题在小程序中都不会存在。H5 仅仅是一个网页页面，而小程序是一个应用程序，这足以使小程序的用户体验远优于 H5。

7. 更多的曝光机会

小程序仍在不断地释放新能力，如聊天小程序，这也意味着微信社群即将发生颠覆式的变化，对于小型零售商户而言，这简直就是福音，他们可以通过发展或合作优质社群来进行市场拓展与变现。

8. 使用即是用户

小程序与服务号一样，可以通过模板消息来召回用户，这一点就大大增加了用户的二次打开率和用户回购率。用户使用过小程序，就会成为此小程序的用户，该小程序会自动进入小程序发现栏和最近使用的小程序栏。

9. 在微信中的打开率更高

同样的一个广告链接，在公众号中插入外链、阅读原文、文末广告与小程序广告位中所获得的打开率完全不同，二者之间的打开率相差了 20 倍左右。用户对小程序中的链接接受率更高，这也是 App 使用习惯所致。

10. 公众号+小程序的完美结合

朋友圈、公众号、小程序分别对应着社交、内容和服务，这三者结合起来也正是目前微信生态圈最火爆的变现方式，即社交电商。行业内排名第一的"蘑菇街"就是走的这条路，借助于公众号+小程序在朋友圈传播，创造出两个月 300 万用户转化的神话。

二、小程序的优势

对于开发者而言，小程序开发门槛相对较低，难度不及 App，却能够满足简单的基础应用，适合生活服务类线下商铺以及非刚需低频应用的转换。对于用户来说，能够节约使用时间成本和手机内存空间；对于开发者来说也能节约开发和推广成本。

1. 去中心化，核心功能齐全

小程序是不用下载的应用程序，不占手机内存，小程序内容信息打开速度比较快，使用轻便。在分享过程中展现信息清楚，直接显示分享内容的图片和具体信息，分享成功率高。

2. 媲美 App，用户体验好

在用户体验上，小程序模块式的自由填充，可上传高清图片，目前也实现了产品视频的投放，在用户体验上不弱于原生 App。

3. 解放手机空间，节省流量

小程序无须下载安装、耗流低，彻底解放了手机空间。同时，可在手机桌面上生成快捷方式，方便二次使用。

4. 低成本、低门槛，操作简单

微信小程序的开发成本低，准入门槛低、申请简单，后台操作简易。

5. 裂变快

通过微信社交可快速裂变用户群体。小程序拼团、秒杀、多级分销等模式可使小程序快速曝光，用户可分享小程序链接，方便快捷。

6. 海量入口，流量互导，功能补充

目前小程序的入口已多达 60 多个，除了线下扫码、附近小程序、微信发现、微信搜索、公众号关联等常见入口外，前段时间实现的二维码图片分享，直接可以在朋友圈引流。而微信还在继续更新小程序的入口方式，未来还会有更多小程序的推广运营方法面世。

案例 8-5　南澳县"一部手机游南澳(体验版)"小程序正式上线

知识拓展 8-4

微信小程序的发展历程

2016 年 1 月 11 日，2016 微信公开课 PRO 版在广州举行，"微信之父"张小龙首次公开演讲，宣布微信公众号将推出"应用号"，通过公众号完成一些 App 的部分功能。

2016 年 9 月 21 日晚间，微信官方向部分公众号发出了应用号的内测邀请。

2016 年 9 月 22 日凌晨，微信正式对外声明已经开始内测。

2016 年 11 月 3 日晚间，微信团队宣布：微信小程序正式开放公测。

2017 年 1 月 9 日，微信小程序正式向 C 端用户开放，但由于早期小程序数量较少，入口相对较深，因此用户量增长比较缓慢。

2017 年 9 月 20 日，支付宝小程序向用户开放公测。

2017 年 12 月 28 日，微信小程序开放游戏类目以及在首页增加下拉访问小程序入口，并且将"跳一跳"作为微信升级版的开屏内容进行推广，从而让日活人数在年末迅速增长。

2018 年 1 月 "跳一跳"等小游戏在大量微信用户中开始传播，而下拉入口的便捷性也让小程序的访问量大增，日活用户大幅增长到 2.8 亿。

2018 年 2 月春节期间祝福红包类小程序及小游戏再次点燃用户访问热情，日活人数也达到上半年的高点。

2018 年 3 月，小米、中兴、华为、金立、联想、魅族、努比亚、OPPO、vivo、一加共 10 家手机厂商一起推出了快应用，虽然名字不同，本质上也是小程序。

2018 年 7 月，在百度 AI 开发者大会上，百度宣布百度智能小程序正式上线。这是继 2017 年 1 月微信上线小程序后，又一入局该领域的互联网巨头。BAT 三巨头均进军小程序领域，业内预测，未来两年小程序将取代 80% 的 App 市场。

2019 年 5 月 22 日，腾讯方面表示，QQ 小程序正在进行灰度测试，不出意外的话，将于 6 月正式上线。

2020 年 6 月 23 日，在 WWDC 2020 全球开发者大会上，苹果推出了一项新的"App Clip"小程序功能，该功能是基于卡片的快速应用程序，可让你在需要时访问应用程序的一小部分，而无须用户安装完整的应用程序。

(资料来源：百度百科，https://baike.baidu.com/item/%E5%B0%8F%E7%A8%8B%E5%BA%8F)

任务四　短视频营销与直播营销

任务目标

你是某景区的负责人，你准备带领运营团队为景区打造一个短视频 IP 账号，并策划一次直播活动。

任务实施过程

请每个小组将任务实施的步骤和结果填写到如表 8-4 所示的任务单中。

表 8-4　项目八之任务四的任务单

小组成员：		指导教师：
任务名称：	任务完成地点：	
工作岗位分工：		
工作场景： (1) 你是某景区的负责人，你准备带领运营团队为景区打造一个短视频 IP 账号； (2) 策划一次直播活动，并模拟直播		
教学辅助设施	文字、图片、视频、PPT 等多媒体	
任务描述	结合所学知识为某景区打造一个短视频 IP，尝试策划一次直播活动，并模拟直播	
任务重点	主要考查学生对短视频营销和直播营销的认识和应用	
任务能力分解目标	(1) 短视频营销； (2) 直播营销	
任务实施步骤	(1) 学习相关知识点； (2) 学生以小组为单位，共同为某景区打造一个短视频 IP 账号，并尝试策划一次直播活动； (3) 每小组模拟直播实操； (4) 各小组进行互评，教师进行点评	

任务评价

(1) 短视频营销。

(2) 直播营销。

情境一　短视频营销

随着网络的快速发展与普及，短视频营销正在成为新的品牌营销手段。在此趋势下，如何把握短视频营销是企业要研究的关键问题。

（1）短视频营销需要互动化。开展短视频营销，首先要找到一个能引爆用户群的"社交话题"，收集一个目标受众切实关心的问题，然后借助短视频的丰富表达力给予解答，从用户的角度来与受众对话。

（2）短视频营销需要场景化。没有人喜欢看广告，却没有人不爱听故事。开展短视频营销，要将一种品牌元素或价值主张融入富有感染力的故事，以吸引用户的注意力，打动用户，并让用户分享短视频。

（3）短视频营销需要年轻化。我国的"95后"群体规模已接近2.5亿，他们注重强互动和高体验感，只有"多场景+短内容+无缝化"切换和链接，才能让他们获得对精彩世界的即刻满足感。在短视频营销的传播方式上，借助"红人"资源的信任传递搭建与目标受众对话的情感纽带，是引爆一次成功短视频营销的关键词。这种交互式的、自下而上的传播模式，更符合年轻人的认知模式。

短视频依托4G移动网络技术，用户规模增长迅速。随着5G移动网络技术的介入，移动端的网速将大幅提升，费用将不断下降，这些变化将极大地推动短视频的发展。未来还可通过智能技术和虚拟现实技术的应用，提升短视频的内容丰富度和用户交互度。

一、短视频的特点

短视频的出现丰富了新媒体原生广告的形式，短视频需要清晰明了地为消费者展示产品的质量、特性、款式等内容。不同于微电影，短视频制作不需要特定的表达形式和团队配置要求，它在制作的过程中只选择其中一个要点说出来即可，内容要么有趣，要么有指导意义，要么能产生互动，要么能引发情感共鸣。只要短视频有一个吸引人的点，就会有人观看。例如：一封教师辞职信"世界那么大，我想去看看"引发一股旅游热流，旅游电商也纷纷借势营销旅游产品与服务。

短视频具有以下特点。

（1）性价比更高。短视频具有推广价格低廉和受众群体精准等优势。

（2）更具真实性。与文字和图片相比，短视频的真实性更高，再加上都是连续的片段，不会造成视觉上的太大疲劳。对于消费者来说，短视频传播的信息量更大、更连贯，真实性也更强。

（3）社交媒体属性更强。一方面，用户通过参与短视频话题，突破了时间、空间、人群的限制，参与线上活动变得简单有趣，也更有参与感；另一方面，社交媒体为用户的创造及分享欲提供了一个便捷的传播渠道。

（4）更能形成品牌特色。短视频可以为产品加上个性标签，进而形成自己的品牌营销力。

二、短视频营销的方式

1. 贴片广告

贴片广告指在视频片头、片尾或插片播放的广告等。作为最早的网络视频营销方式，贴片广告可以算是电视广告的延伸。

由于贴片广告的强制性显示和广泛性存在，从目前效果来看，也是成本较低、成效较高的一种方式。同样，由于贴片广告一般会在视频播放前或播放过程中自动播放，时长从10～60 秒不等，给用户观赏视频内容造成干扰，所以用户体验较差，不受用户喜欢。

为了改善用户体验，目前有些视频广告已经增加"跳过"选项，将广告的点播权下放给用户，但这样肯定会降低广告效果。

2. 内容营销

内容营销不是传统的广告植入，而是把商品包装成内容，内容即广告这种原生广告形式。相对于传统的广告，原生内容让广告与网站融为一体，与用户之间的接触更为精准，传播效果更具冲击力，与受众之间的关系也更为融洽。

3. 用户自创内容

用户将自制的视频内容上传至互联网平台进行展示和传播。为了实现用户自创内容营销，各大视频平台服务商相继推出了一些工具及平台服务，如抖音、快手、优酷的"拍客"、爱奇艺的"啪啪奇"等。这些工具和平台服务既让用户和企业的自创内容分享变得更容易，也使移动用户自创内容成为视频营销新的增长点。

4. 解答客户疑问

拍摄商品短视频，为客户解答疑问是短视频营销最基本的应用。很多品牌使用短视频营销就是从这里开始的。有时候，简短的"如何……"短视频可以快速并有效地解答客户的疑问。

5. 将商品制作过程整合成视觉展示

如果说一张图片可以道尽千言万语的话，那一段视频中可以表达的内容更是远超过想象。将商品的制作过程拍摄成一条短视频展现给潜在消费者，是一种利用短视频功能的营销方式。咖啡馆可以展示他们的咖啡制作工艺，蛋糕房可以展示蛋糕的制作过程等。

6. 展示品牌

短视频营销提供了一个充分展示企业品牌文化和特点的机会，让企业在竞争者中脱颖而出，比如拍摄制作公司活动视频、节日员工采访视频等。

对于短视频营销来说，品牌需要在很短的时间内展现其想要表达的重点，并将该重点展现给粉丝，向粉丝传递品牌文化。

三、短视频主流平台

短视频平台具有社交属性强、创作门槛低、观看时长短和场景便捷等特征，更为适应移动互联时代的碎片化内容消费习惯，包括抖音、微视、快手、美拍等平台。

1. 抖音

该软件于 2016 年 9 月上线，是一个专注年轻人音乐短视频的社区平台。用户可以通过这款软件选择音乐，拍摄音乐短视频，形成自己的作品。

2. 快手

快手也叫"GIF 快手"，诞生于 2011 年，是北京快手科技有限公司旗下的产品。最初是一款用来制作、分享 GIF 图片的手机应用。

2012 年 11 月，快手从纯粹的工具应用转型为短视频社区，成为一个其用户可以记录和分享生产、生活的平台。

3. 美拍

美拍隶属于美图公司，于 2014 年 5 月上线，是一款可以进行直播、制作小视频的软件，深受年轻人的喜爱。

4. 秒拍

秒拍是一个集观看、拍摄、剪辑、分享于一体的超强短视频工具，更是一个好玩的短视频社区。其中包含炫酷 MV 主题、清新文艺范的滤镜，外加个性化水印和独创的智能变声功能，使视频充满创意性。另外，秒拍支持将视频同步分享到微博、微信朋友圈、QQ 空间等平台，和更多好友分享视频。

5. 微视

微视是腾讯旗下的短视频分享社区。微视用户可通过 QQ、微信账号登录，并可以将拍摄的短视频同步分享给微信好友，以及分享到朋友圈和 QQ 空间等平台。

2018 年 4 月 2 日，腾讯微视发布 2018 年首次重大更新，推出三大首创功能——视频跟拍、歌词字幕、一键美型，并打通 QQ 音乐千万正版曲库，进行全面的品牌及产品升级。微视首创了歌词字幕玩法，用户在选择背景音乐之后，录制视频时可选择显示歌词字幕，实现轻松跟唱。

6. 小咖秀

小咖秀是一款自带搞笑功能的视频拍摄应用，用户可以配合小咖秀提供的音频字幕像唱 KTV 一样创作搞怪视频，同时小咖秀还支持视频同步分享。

以上 6 个短视频平台不仅支持广泛传播视频，还兼具了拍摄、剪辑、后期制作的功能，为运营者提供了方便。它们的不同点是不同的工具平台会有不同的剪辑方法和独特的特效，吸引的用户也不尽相同。随着互联网的快速发展，工具的更新也会更快，运营者可以根据自己的品牌特点选择合适的平台工具去制作和发布视频。

四、短视频制作

为了让视频能够高效拍摄，运营者需要提前策划主题、撰写脚本后再进行拍摄。视频制作有 4 个步骤，包括主题策划、脚本撰写、视频拍摄和视频处理。

1. 主题策划

我们在拍摄短视频之前需要确定拍摄的主题，无论是娱乐、美食、美景、读书、情感，还是干货分享等，都需要根据品牌特点策划拍摄的主题和大致方向。主题的策划一般可以分为系列主题和独立主题两种，系列主题是指针对某品牌的一系列视频的创作活动，通常风格和方向一致，例如，民宿的短视频账号可以把筹建过程拍摄下来，制作成系列主题视频；独立主题是针对单个视频的策划，如"冬游黄山必须知道的 8 件事"。

2. 脚本撰写

脚本就是把文案转化成能用视频形式表达的方式。比如哪一部分是要出境讲解的？哪一块是要拍摄实物的，有了文案脚本后再进行拍摄，可以大幅提高效率。

3. 视频拍摄

拍视频最简单的工具是手机和三脚架，追求视频效果可以用单反相机，刚开始制作的话，不需要投入这么大，用手机拍摄要选择高清模式，一般是 1080P，手持会出现抖动现象，如果用到三脚架或云台，观看体验会更好。

4. 视频处理

视频的处理包括视频的剪辑及字幕、配音、背景音乐、动作特效处理等。新手可以通过 VUE、剪映等手机软件实现简单剪辑，专业一点的可以用 Pr、Ae 等软件工具实现更高水平的剪辑。

情境二　直播营销

直播营销是企业以视频、音频直播为手段，以广播、电视、互联网为媒介，在现场随着事件的发生与发展进程同时制作和播出节目，最终达到品牌提升或产品销售的目的。

2020 年直播电商井喷式增长，截至 2020 年 3 月，我国网络直播用户规模达 5.6 亿，较 2018 年底增长 1.63 亿，占网民整体的 62%。在 2019 年兴起并实现快速发展的电商直播用户规模为 2.65 亿，占网民整体的 29.3%，如图 8-1 所示。

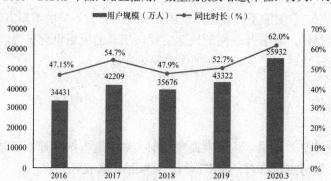

图 8-1　中国直播用户规模及增速

旅游+直播，可以让游客更加清晰、真实、全方位地感受到旅游产品特点，这与以往传统的以风景图、旅游宣传片为主的营销方式相比，显然更受游客青睐。视频营销主要以直播营销和短视频营销两种形式为主。直播营销是指在现场随着事件的发生、发展进程同时制作和播出节目的播出方式，以该营销活动为载体，达到企业获得品牌的提升或是销量的增长的目的。短视频即短片视频，是一种互联网内容传播方式，一般是在互联网新媒体上传播的时长在 5 分钟以内的视频传播内容；随着移动终端普及和网络的提速，短平快的大流量传播内容必将逐渐获得各大平台、粉丝和资本的青睐。

一、直播营销的优势

直播营销的核心价值在于它聚集注意力的能力，其特点和优势使其成为企业品牌提升或产品营销推广的标配。直播营销的优势有下述几点。

（1）实时互动。直播作为一个可以和用户面对面交流的平台，开播前必须通过多种造势手段，将网络上分散各个角落的目光集中吸引到某个时段中的某个平台。在直播过程中，主播不应只顾自己，而应让用户获得参与感。例如，发弹幕、喜欢谁就直接献花或打赏，主播也可以对用户的提问给予及时的回复，对用户的打赏表示感谢，这满足了用户更为多元化的需求。与传统的营销模式相比，直播营销的社交性更强，实时互动的形式更能抓住当下的用户，用户对企业或品牌的黏性也会在无形中得到增强。

（2）用户精准。用户在观看直播时，需要在一个特定的时间共同进入播放页面。这种播出时间上的限制，能够让主播识别并抓住对企业及产品具有忠诚度的精准目标人群。

（3）高效。相对于其他营销方式，直播营销让用户和主播直接接触，企业可以在短时间内完成产品或品牌特性的宣传、产品使用效果的传递，并能及时解答用户的疑问。用户能够在直播过程中直接下单购买，营销的效果自然成倍增长。

（4）情感共鸣。移动互联网的发展，使我们处于一个去中心化、碎片化的时代，这让人们在日常生活中的交集越来越少，情感交流越来越浅。直播能让一批志趣相投的人聚集在一起，聚焦在相同的爱好、兴趣上，情绪相互感染，形成情感共鸣。

二、直播营销的常见平台

现阶段，在线直播类软件已成为软件市场最火爆的类目之一。根据平台主打内容划分，直播平台可以分为综合类、游戏类、秀场类、商务类、教育类等。需要强调的是，此分类仅表示该平台的主打内容，实际上绝大多数平台并非单一属性，会出现"既有游戏直播，又有教育直播，还有秀场直播"的多维度定位。

三、直播活动的运营设计

一场直播活动，看起来只是几个人对着镜头说说话而已，但背后却有着明确的营销目的——要么通过直播营销提升企业品牌形象，要么利用直播营销促进产品销量。

直播营销的运营设计包含直播营销前期、直播营销过程和直播营销后期三个阶段的运营设计。

1. 直播营销前期

1) 直播营销方案的准备

完整的思路设计是直播营销的灵魂，但仅依靠思路无法有效地实现营销目标，企业必须将抽象的思路具象化，以方案的形式进行呈现。

直播营销方案的作用是传达。作为传达的过渡或桥梁，直播营销方案需要将抽象概述的思路转换成明确传达的文字，使所有参与人员尤其是直播相关项目的负责人既了解整体思路，又明确落地方法及步骤。

完整的直播营销方案包括直播目的、直播简述、人员分工、时间节点、预算控制五大要素。

2) 直播营销方案的执行规划

直播营销方案应让所有参与直播的人员知晓，而直播营销方案的执行规划具有更强的针对性，需要参与者烂熟于心。直播营销方案的执行规划一般由项目操盘规划、项目跟进规划、直播宣传规划组成。

项目操盘规划可以用来保障项目推进的完整性，主要以项目操盘规划表的形式出现。项目操盘规划在方案的整体推进上进行了大致安排，而项目跟进规划则在方案执行的细节上进行细化，明确每个阶段的具体工作是什么、完成时间是什么、负责人是谁等。项目跟进表的制定并非完全固定，在不改变制作项目跟进表目的的基础上，可根据具体需求进行表格调整，以满足项目跟进的需求。

3) 宣传与引流的方法

设计直播宣传，企业要将研究用户经常活动的平台作为第一步。常见的引流渠道或方法包括硬广、软广、视频、直播、问答、线下等。

企业可以在传统的问答网站，包括百度知道、搜狗问问等平台回答网友所提的问题，同时为自身做宣传。如果企业有线下渠道，可以借助线下渠道，以海报、宣传单等形式宣传直播内容，引导线下消费者关注直播。

4) 硬件筹备的三大模块

为了确保直播的顺利进行，企业首先需要对硬件部分进行筹备。直播前期的硬件筹备主要由场地、道具、设备三大模块组成。

直播活动的场地可分为户外场地和室内场地。直播道具由展示产品、周边产品及宣传物料三部分组成。直播设备是确保直播清晰、稳定进行的前提。在直播筹备阶段，相关人员需要对手机、电源、摄像头等设备进行反复调试，以达到最优状态。

目前，直播的主流设备是手机，直播方只要在手机端安装直播软件，通过手机摄像头即可进行直播。当使用手机进行直播时，至少需准备两部手机，并同时登录直播账号，此外还需要借助直播辅助设备进行优化。

2. 直播营销过程

1) 直播活动的开场技巧

直播的开场是企业给观众留下的第一印象，其重要性不言而喻。观众进入直播间后，会在短时间内决定是否要离开，因此，一个好的开场会让你的工作事半功倍。

直播活动的开场设计需要从五个层面考虑：第一，引发观众兴趣；第二，促进观众推荐；第三，代入直播场景；第四，渗透营销目的；第五，平台资源支持。各大直播平台通常会配备运营人员，对资源位置进行监控与设置。资源位置包括首页轮转图、看点推荐、新人主播等。

2）　直播互动的常见玩法

直播活动中的互动由发起方和奖励两个要素组成。其中，发起方决定了互动的参与形式与玩法，奖励则直接影响互动的效果。横轴为发起轴，纵轴是奖励轴，由发起轴与奖励轴划分成四个象限，分别包含了直播互动的四种常见玩法，如图8-2所示。

图8-2　直播互动的四种常见玩法

3）　直播收尾的核心思路

(1) 销售转化。将流量引导至销售平台，从收尾表现上看，即引导进入官方网址或网店，促进购买与转化。通常留在直播间直到结束的观众，对直播内容都比较感兴趣，对于这部分网友，主播可以充当售前顾问的角色，在结尾时引导观众购买商品。

需要注意的是，销售转化要有利他性，能够帮助观众省钱或帮助观众抢到供不应求的商品，否则，在直播结尾时植入太过生硬的广告，只会引来观众的反感。

(2) 引导关注。将流量引导至自媒体平台，从收尾表现上看，即引导观众关注自媒体账号。在直播结束时，主播可将企业的自媒体账号及关注方式告诉观众，以便直播后继续向观众传播企业信息。

(3) 邀请报名。将流量引导至粉丝平台，从收尾表现上看，即告知粉丝平台加入方式，邀请报名。在同一场直播中积极互动的观众，通常比其他观众更同频，更容易与主播或主办单位建立联系，也更容易参与后续的直播。主播可以在直播收尾时将这类观众邀请入群，结束后通过运营该群，逐渐将直播观众转化为忠实粉丝。

4）　直播重点与注意事项

(1) 反复强调营销重点。因为网络直播随时会有新人进入，主播需要在直播中反复强调营销重点。

(2) 减少自娱自乐，增加互动。直播不是单向沟通，观众会通过弹幕把自己的感受发出来，并且希望主播予以回应。

(3) 掌握节奏，防止被打扰。直播进行中，网友的弹幕是不可控的，部分观众对主播的指责和批评也无法避免。如果主播过于关注负面评价，就会影响整体的直播效果。

在直播活动中，全场的掌控者是主播，因此主播必须掌握直播节奏，避免被弹幕影响，特别需要避免与部分观众现场发生争执而拖延直播进度。

3. 直播营销后期

1) 做好直播活动总结

直播结束后要及时跟进活动的订单处理、奖品发放等，确保用户的消费体验，特别是在发货环节，一定要及时跟进，及时公布中奖名单，并与中奖用户取得联系。

案例 8-6　淘宝云旅游直播互动营销

2) 做好粉丝维护

在直播过程中，我们会添加各类粉丝，直播结束后，做好粉丝的维护是很关键的，可以跟粉丝沟通交流，调研粉丝对此次活动的评价，便于后期的优化和提升。同时，主播可以对直播观看、销量、活动效果、中奖名单等进行宣传，并对直播视频进行剪辑，包装到推文中。

项 目 小 结

本项目主要让学生了解旅游电子商务的新方法和工具，了解和分析各类方法、工具的功能和优势，能够根据场景需要使用不同的工具，能够协作策划营销活动，懂得短视频和直播策划与运营流程，最后能够进行短视频拍摄、剪辑和简单的直播模拟。

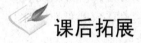

课后拓展

一、简答题

1. 微博有哪些类型？
2. 微信营销的模式有哪些？
3. 小程序的优势是什么？
4. 短视频营销的方式有哪些？
5. 短视频制作流程是怎样的？

二、实战训练

以小组为单位，以家乡的某个景点及其文化内涵为主题，撰写一篇短视频脚本文案。

参 考 文 献

[1]   赵立群. 旅游电子商务[M]. 北京：清华大学出版社，2018.

[2]   郑红. 大数据背景下北京旅游电商营销模式创新研究[M]. 北京：旅游教育出版社，2017.

[3]   朱松节. 旅游电子商务[M]. 南京：南京大学出版社，2015.

[4]   尚奕彤，张铷钫. 消费者行为对电商旅游平台的影响研究：以马蜂窝旅游平台为例[J]. 现代营销：经营版，2020(11).